Jauß
Probleme des Verstehens

Hans Robert Jauß
Probleme des Verstehens

Ausgewählte Aufsätze

Nachwort von Rainer Warning

Philipp Reclam jun. Stuttgart

Universal-Bibliothek Nr. 9764
Alle Rechte vorbehalten
© 1999 Philipp Reclam jun. GmbH & Co., Stuttgart
Gesamtherstellung: Reclam, Ditzingen. Printed in Germany 1999
RECLAM und UNIVERSAL-BIBLIOTHEK sind eingetragene Marken
der Philipp Reclam jun. GmbH & Co., Stuttgart
ISBN 3-15-009764-9

Inhalt

Der Menschenfeind als Menschenfreund. Ein
›Charakter‹ im Horizontwandel des Verstehens . .   7

Der Tartuffe-Skandal im Lichte von Mimesis und
Simulation 40

Karl Löwith und Luigi Pirandello. *Das Individuum
in der Rolle des Mitmenschen* – wiedergelesen . . . 74

Ich selbst und der Andere: Bemerkungen aus
hermeneutischer Sicht 122

Probleme des Verstehens: Das privilegierte Du und
der kontingente Andere 136

Das Verstehen von Geschichte und seine Grenzen . . 188

Textnachweise 211
Nachwort 213

Der Menschenfeind als Menschenfreund
Ein ›Charakter‹ im Horizontwandel des Verstehens

I

Daß die scheinbar immer gleiche Natur des Menschen in Wahrheit ihre Geschichte hat, mehr noch: daß diese Geschichte – der Niederschlag immer neu versuchter und wieder zurückgelassener Entwürfe der Selbstbestimmung des Menschen – als seine zweite Natur verstanden werden kann, ist eine Ausgangserfahrung der heute wieder geforderten historischen Anthropologie. Das damit Gemeinte kann der Literaturhistoriker kaum besser erläutern als am Wandel der Auffassung ethischer Charaktere. So zeitlos sie im Spiegel der Komödie und in der Reflexion der Moralistik auch erscheinen mögen, so wenig sind sie in der abendländischen Tradition zu aller Zeit repräsentiert. Charaktere des alltäglichen Lebens tauchen erst in einer späteren Phase der griechischen Literatur, in der Neuen Komödie Menanders auf, als Theophrast zum ersten Mal eine Charakterologie aus Beobachtungen des zwischenmenschlichen Verhaltens erstellt hatte (wie Menander das Muster der von Theophrast definierten, beschriebenen und klassifizierten dreißig *ethikoí charaktêres* aufgenommen und was er ihnen durch literarische Ausarbeitung hinzugefügt hat, bleibt zu fragen). Damit gewann die europäische Komödie eine Grundausstattung von Charaktertypen. Diese wurden indes mit dem Kontinuitätsbruch der christlichen Ära zunächst aus dem Kanon des Darstellungswürdigen verdrängt und lebten nur unterschwellig in schwer faßbaren mündlichen Überlieferungen der sogenannten Mimologie (kurzen und derben Szenen der Volksposse) weiter.

Die christliche Literatur des Mittelalters hat ihren offiziellen Kanon von Charakteren aus einem anderen Repertoire, aus der antiken Tierfabel und aus folkloristischen Tierschwänken geschöpft, das kreatürliche Dasein des Menschen in der Analogie von tierischem Wesen und menschlicher Natur neu begriffen und in seiner eigensten Schöpfung, der scherzhaften Satire des Tierepos mit Reinhart Fuchs als Titelhelden, der Idealität heroischer Dichtung entgegengesetzt.[1]

Die antike Typenwelt von Charakteren des Alltags ist erst eigentlich mit der Wiederentdeckung der plautinischen Komödie im Humanismus erneuert und durch produktive Rezeption bis zur Gipfelgestalt der klassischen französischen Komödie entfaltet worden. Ihrer reinsten Ausprägung, der Charakterkomödie Molières, trat wiederum eine moralphilosophische Charakterologie zur Seite. Es sind die *Caractères ou les mœurs de ce siècle* (1688), mit denen La Bruyère, Theophrast aufnehmend und überbietend, nichts Geringeres versuchte, als das gesellschaftliche Leben der Epoche Ludwigs XIV. im Ganzen, in seinen Sitten wie in seinen Institutionen, zu schildern. Er verfolgte dabei die Absicht des Moralisten, zu ergründen, was am Verhalten und den Lebensäußerungen seiner Mitmenschen allgemeine Menschennatur und was zeitbedingt sei, und so seines Amtes als Beobachter und zugleich als Kritiker seiner Zeit zu walten.[2] Das geschichtliche Denken der Aufklärung, das sich hier noch zaghaft ankündigt, hat dann nicht allein diese Moralistik, in der man eine Proto-Soziologie sehen kann[3], sondern auch die Komödie in der Art Molières außer Gel-

---

1 Vgl. dazu H. R. Jauß, *Alterität und Modernität der mittelalterlichen Literatur*, München 1977, S. 26 ff.
2 Nach G. Hess, »Einleitung in La Bruyères *Charaktere*«, in: G. H., *Gesellschaft – Literatur – Wissenschaft. Gesammelte Schriften 1938–1966*, München 1967, S. 116–122.
3 R. Callois, zit. von J. Starobinski, »Einleitung«, in: Montesquieu, *Les Lettres persanes*, Paris 1973, S. 13.

tung gesetzt. Für »Charakterstücke« – so stellte Goethe im Jahre 1800 lapidar fest – »ist der Zeitmoment vorüber«[4].

Wie Goethe zu dieser Prognose gelangen konnte, bleibt noch zu fragen. Daß sie zutraf, scheint die weitere Geschichte der Komödie durchaus zu bestätigen. Denn *Der Schwierige* von Hofmannsthal ist – wie Peter Szondi bemerkte – bisher »der einzige Moderne in der Charaktergalerie großer Lustspieldichtung« geblieben.[5] Er kann als unzeitgemäße Ausnahme die historische Regel höchst instruktiv bestätigen, sofern er erkennen läßt, was es erforderte, als Replik auf Molières *Misanthrope* eine so unvergeßliche Gestalt wie Graf Bühl unter der erschwerten Bedingung zu erfinden, nur in den Augen der andern ein ›Charakter‹ sein zu sollen, ohne in den eigenen Augen einen Charakter zu haben. Seit dieser Zeit ist auch die Charakterologie mehr und mehr in das Museum der Wissenschaftsgeschichte verwiesen worden; die wissenschaftliche Psychologie kennt heute nurmehr soziale Normen und Funktionen, bezweifelt die Klassifizierbarkeit moralischen Handelns und kompensiert »Charakter«, der unter ihren Grundbegriffen schon gar nicht mehr genannt ist, offenbar durch eine Theorie der »Persönlichkeit«, für die nicht mehr etwas wie menschliche Natur, sondern nur noch die Interaktion von Dispositions- und Situationsmerkmalen benötigt wird.[6]

Für die folgende Betrachtung habe ich den Charakter des Misanthropen gewählt, weil er am Anfang, auf dem Gipfel und am Ende dieser Tradition durch bedeutende Werke Menanders (gerade der *Dyskolos* ist das einzig fast vollständig erhaltene seiner Stücke), Molières und Hofmannsthals re-

---

4 J. W. Goethe, »Dramatische Preisaufgabe« (1800), in: J. W. G., *Sämtliche Werke*, (Artemis-Ausgabe), hrsg. von E. Beutler, Zürich 1977, Bd. 14, S. 61.
5 P. Szondi, *Theorie des modernen Dramas*, Frankfurt a. M. 1956, S. 75.
6 Nach dem *Handbuch Psychologischer Grundbegriffe*, hrsg. von Th. Hermann [u. a.], München 1977, s. v. »Moralisches Verhalten« und »Persönlichkeitstheorie«.

präsentiert ist. Der Misanthrop fällt sowohl aus der aristotelischen Klassifikation der zehn Affekte der Seele, die naturbedingt und von Lust oder Schmerz begleitet sind, als auch aus Theophrasts Klassifikation der moralischen Eigenschaften heraus, wie sie im sozialen Leben zutage treten. Fehlt der Misanthrop im anthropologischen oder moralphilosophischen Traktat, weil es sowohl gegen die Natur wie gegen die soziale Bestimmung des Menschen ist, ein Menschenfeind zu sein? Dann wäre seine Erscheinung nicht zufällig schon eine Gestalt der poetischen Fiktion, ersonnen, um am äußersten Grenzfall zu erproben und auszuspekulieren[7], was der Mensch von Natur aus ist, wenn er auch gegen seine Natur zu handeln vermag, und wie er aus seiner Unnatur wieder in das rechte Maß zurückgebracht werden kann. Mit solchen Fragen läßt sich in vorläufiger Weise bestimmen, was Menander dazu tun mußte, um aus einem vergleichbaren Typus zwischenmenschlichen Verhaltens wie der von Theophrast beschriebenen *apistía* (*Charaktere* 18: »Der Mißtrauische«) den literarischen Charakter des *Dyskolos* zu machen. Die literarische Hermeneutik hat in der Untersuchung solcher Umsetzungen von philosophischen Fragen in Möglichkeiten einer literarischen Antwort, mithin in ihrer Erprobung durch ästhetische Erfahrung, ihr genuines Arbeitsfeld. In der folgenden Betrachtung möchte ich die philosophische Begriffsgeschichte nutzen[8], um an der Geschichte eines literarischen Charakters den Horizontwandel eines menschlichen Selbstverständnisses aufzuhellen, das Interpretation von Dichtung, historische Anthropologie und Wissenschaftsgeschichte gemeinsam betrifft.

---

7 Die literarische Funktion des »Ausspekulierens« hat A. Adler eingeführt und als neuen Zugang zum altfranzösischen Epos erprobt; in: A. A., *Epische Spekulanten*, München 1975.
8 Ich stütze mich dabei im besonderen auf den Artikel »Charakter« von Ch. Seidel in: *Historisches Wörterbuch der Philosophie*, hrsg. von J. Ritter, Basel 1971.

II

Charakter (von griech. *charássein* ›einritzen‹) hat die Grundbedeutung des Eingegrabenen, Geprägten, mithin des Unauslöschlichen; im Lateinischen treten die Bedeutungen des Brandmals, des Buchstabens, des militärischen Kennzeichens und im übertragenen Sinn schließlich auch der schriftstellerischen Eigenart hinzu. In der aristotelischen Poetik steht für Charakter noch *êthos/êthe* ein. Aristoteles definiert den ›Charakter‹ (*êthos*) einer Person durch das, »was die Neigungen (*proaíresis*) und deren Beschaffenheit zeigt« (*Poetik*, 1450b4). Als solcher bleibt er in der Tragödie dem Primat der Handlung untergeordnet, die ihr übergreifendes Ethos haben kann: »Folglich handeln die Personen nicht, um die Charaktere (*êthe*) nachzuahmen, sondern um der Handlungen willen beziehen sie Charaktere ein« (1450a20)[9]. Den ersten, hier noch ausgeschlossenen Fall wird die Neuere Komödie realisieren, zu einer Zeit als charákter (ursprünglich nur auf Dinge bezogen) von der äußeren auf die innere Natur übertragen wurde: von Theophrast an hat charáktēr die moralische Bedeutung einer ausgeprägten Eigenschaft erlangt. Daß die *ethikoí charaktêres* für Theophrast menschliches Verhalten als von Natur verschieden, mithin als angeboren und unveränderbar begreifen sollen, entspricht durchaus seiner von Aristoteles abweichenden Auffassung, Erziehung sei nach der Entfaltung der Anlagen im Heranwachsen der Jugend nicht mehr möglich. Gleichwohl wertet auch Theophrast seine Charaktere nach der Mesotes-Lehre der aristotelischen Ethik: ihre Beschrei-

---

9 Zit. nach der Übersetzung von M. Fuhrmann: Aristoteles, *Poetik*, München 1976, S. 54 und S. 52; zur Differenz zwischen *êthos/êthe* bei Aristoteles und *charaktêr* bei Theophrast vgl. T. G. Rosenmeyer, »Aristotelian Ethos and Character in Modern Drama«, in: *Proceedings of the IXth Congress of the International Comparative Literature Association*, hrsg. von Z. Konstantinovic [u. a.], Innsbruck 1981, Bd. 1, S. 119–125.

bung erläutert die vorangestellte Definition (z. B. der *apistía*, 18: »Das Mißtrauen ist ein Verdacht der Unredlichkeit gegen jedermann, der Mißtrauische aber etwa von folgender Art«) durch Beobachtungen, die mosaikhaft zu einem Portrait zusammengesetzt werden, um eine ›Art‹ menschlichen Verhaltens als Übermaß oder Untermaß zu der idealen, aber verfehlten Mitte vorzustellen. Die ethischen Charaktere sind von Anbeginn negativ, durch ihren Mangel am rechten Maß des guten Lebens, mithin durch Schwächen oder ›Laster‹ bestimmt. Von Tugenden gibt es offenbar keine Charaktere, wie die spätere Tradition auch in der christlichen Ära vollauf bestätigen wird (die tätige Tugend des Heiligen hebt alle Verschiedenheit menschlicher Natur wieder auf).

Die Literarisierung, wie sie zuerst im Schritt von Theophrast zu Menander zutage tritt, entfaltet die ethischen Charaktere nicht allein in einer dramatischen Fabel, die sie in mitmenschliche Konflikte verstrickt. In der poetischen Ausarbeitung wird gelegentlich auch schon ihr naturhaftes Sosein zum Bewußtsein erhoben, nicht anders sein zu können. Die Charaktere des tölpischen Bauern, des Mißtrauischen, des Abergläubischen, des Menschenscheuen, des Weiberfeinds, des Menschenfeinds werden als Titelfiguren Menanders nicht einfach zum Gegenstand des Gelächters, weil die Züge ihres Verhaltens in der komischen Übertreibung die Einseitigkeit ihrer Natur ansichtig machen und damit die verfehlte Norm des guten Lebens ex negativo für den unbetroffenen Zuschauer bestätigen. Die Komödie stellt die Abweichungen von der ethischen Norm zugleich als ein völliges Befangensein in dieser Natur vor Augen, das dem Betroffenen mehr oder weniger bewußt werden, unter dem er leiden, das er aber auch trotzig behaupten kann, und zwar oft gerade auch dann, wenn das affektgebundene, in sich selbst kreisende Verhalten in die Negation seiner

Zwecke umschlägt.[10] Als Beispiel für diese spezifische Komik sei aus dem Eingang des *Dyskolos* angeführt, wie der Griesgram Knemon einen Besucher sogleich mit der Anrede: »Verbrecher« abweist, obschon ihm ein gutes Geschäft angeboten werden soll, wie er ihn dann mit Steinen und Erdklumpen traktiert und zuletzt, »mangels anderer Munition«, mit Birnen, dem kostbaren Produkt seines kärglichen Landes (V. 109–123), bewirft. Knemon ist indes nicht allein dadurch charakterisiert, daß sich seine Verachtung aller Geselligkeit immer wieder bis zur Selbstschädigung steigern, ja sogar in den Wunsch der Selbstaufhebung umschlagen kann. So beim Auftreten des zukünftigen Schwiegersohns Sostrates, wenn sich Knemon erst wünscht, wie Perseus mit einem Medusenhaupt einherzugehen, »vor dem das Lebende zu Stein erstarrt« (V. 156), und dann Klage führt, es sei »nirgends Ruh, / kein Ort, wo man sich wenigst hängen könnt« (V. 169). Menanders Menschenfeind übertrifft den einfacheren Charakter des Mißtrauischen auch darin, daß die Unnatur von Knemons Verhalten auch auf die natürlichsten Bindungen der Familie und der Verwandtschaft übergreift, die Theophrast den Mißtrauischen noch respektieren läßt.[11]

Zum Grenzfall gesteigert, der im Horizont der literarischen Fiktion die äußersten Möglichkeiten und Widersprüche der menschlichen Natur ausspekulieren kann, wird der

---

10 Weitere Beispiele aus Plautus, *Aulularia*, und Molière, *L'Avare*, finden sich in meinem Beitrag zu *Das französische Theater*, hrsg. von J. v. Stackelberg, Düsseldorf 1968, Bd. 1, S. 295 ff. – Der *Dyskolos* wird im folgenden zitiert nach der Übersetzung von D. Vicenzi, Frankfurt a. M. 1962 (Exempla Classica, 72).
11 »Und kommt jemand sich einige Becher ausleihen, so schlägt er es in der Regel ab, wenn es aber ein Verwandter oder guter Bekannter ist, so leiht er sie ihm wohl, aber erst, nachdem er sie fast einer Feuerprobe unterworfen, gewogen und beinahe einen Bürgen (für die Rückgabe) verlangt hat«; zit. nach der Übersetzung von W. Plankl, in: Theophrast, *Charaktere*, Wien 1947, S. 53.

Dyskolos vor allem aber noch durch eine kühne Hypothese, die Menander offenbar nur in dieser Komödie erprobt hat: die Peripetie der Handlung – der Sturz in den Brunnen, die Begegnung mit dem Tod und die Rettung durch den Stiefsohn – bringt Knemon zur Einsicht, einer Irrung verfallen zu sein: »die Maske der Unmenschlichkeit wird ihm abgenommen, und dem Blick des Zuschauers enthüllt sich der verkrampfte Schmerz einer quälenden Seele, die sein Mitleid fordert«[12]. Knemons großer Monolog (IV,3), in dem er den Glauben, stark genug zu sein, »ohne jedes Menschen Hilfe dieses Leben durchzustehen«, und damit das philosophische Ideal der Autarkie als Verblendung erkennt und aufgibt (V. 713), läßt den modernen Zuschauer erwarten, daß aus der Sinnesänderung nunmehr ein anderer, von seiner Unnatur befreiter und für seine Mitwelt offener Knemon hervorgehe. Es muß uns darum um so mehr befremden, daß diese Erwartung völlig enttäuscht wird und daß es offenbar der Einstellung des antiken Zuschauers durchaus entsprach, wenn Knemon im letzten Akt desto entschiedener in seine einsame Natur zurückkehrt und dafür in der abschließenden Verfoppungsszene noch bestraft wird.

Diese hermeneutische Crux läßt eine für uns archaische Auffassung erkennen, derzufolge die antike Komödie auch im Durchspielen eines Grenzfalls die Tiefe eines Charakters nur ausloten konnte, um seine unveränderbare Natur ans Licht zu bringen und als letztlich grundlos zu erweisen. Zwar findet sich Menander mit dem Grundlosen der Natur seines Dyskolos nicht einfach ab. Seine Komödie impliziert

---

12 A. Schäfer, *Menanders »Dyskolos«*, Meisenheim am Glan 1965, S. 92. An diese gründliche und auch poetologisch versierte Untersuchung konnte ich meine Interpretation anschließen, die im übrigen meinem gräzistischen Kollegen H. J. Newiger die einschlägige Beratung verdankt (s. a. seine Darstellung Menanders im Kapitel: »Die griechische Komödie« des *Neuen Handbuchs der Literaturwissenschaft*, hrsg. von E. Vogt, Wiesbaden 1981, Bd. 2, S. 216 ff.).

eine Frage, die sich Theophrast in seiner Charakterologie noch nicht stellte: wie einer gegen seine menschliche Natur zum Feind der Menschengattung werden konnte? Doch die Antwort, die Knemons Monolog darauf gibt, erhellt nicht den Grund seiner Misanthropie; sie löst nur seinen Irrtum auf, dem philosophischen Prinzip der Autarkie gefolgt zu sein. Hat ihm Gorgias durch seine Rettungstat bewiesen, daß zwischen Menschen selbstlose Hilfe (*eúnoia*) doch benötigt und gewährt wird (vgl. V. 718), so ist der vom Wahn der Autarkie Befreite damit nicht auch schon von seiner Misanthropie geheilt. Knemon wiederholt nicht einfach das Geschick Timons, bei dem Sturz aus Macht, Reichtum und Freigebigkeit in Ruin und Verlassenheit die Verachtung von Menschen und Göttern schlüssig motivierte. Vielmehr kehrt der Moment der Einsicht angesichts der Todesgefahr, in dem der Wahn Timons von ihm abfällt, erst eigentlich das Grundlose und Unabänderliche seiner Misanthropie hervor. Denn Knemon gibt nunmehr in einem Akt, der Versöhnung und Abschied zugleich ankündigt, die Rechte und Pflichten des Familienoberhaupts an den adoptierten Stiefsohn ab, um hinfort ganz allein außerhalb aller menschlichen Gemeinschaft leben zu können (»Keiner ist sympathisch mir. / Aber mich laßt weiter leben, wie ich selbst für gut befind«, V. 719). Dieser Entschluß ist die einzige, von Knemon selbst ausgehende Handlung in einem Spiel, das ihn – seinem Charakter gemäß – immer nur in Reaktion, nicht in Aktion zeigt. Doch Knemons Entschluß, so sein zu wollen, wie er von Natur aus sein zu müssen glaubt, kann so wenig das letzte Wort der Komödie sein wie die Feier der Doppelhochzeit ihre letzte Szene, obschon sich damit auf der kultischen Ebene des Opfergeschehens, das den *Dyskolos* umrahmt, das von Pan vorausgesagte gute Ende erfüllt. Denn Knemons letzte Bitte, auch noch die alte Küchenmagd zur fröhlichen Feier mitzunehmen, damit er ganz allein im Hause verbleiben könne (V. 868), verletzt nicht nur die Solidarität der Familie, der er nicht mehr angehören will, sondern auch die in der Opfergesellschaft repräsentierte menschliche Gemeinschaft im Ganzen. Die Provokation dieser äußersten Absonderung wird darum von den geringsten Gliedern der Gemeinschaft geahndet, von einem Sklaven und einem Koch, die sich daran machen, an ihrem vormaligen Herrn die Natur mit Prügeln auszutreiben und mit solch gründlicher »Veredelung« (V. 902) das Charakterstück im dionysischen Moment eines Komos beenden[13], der sich als Strafe einer uns fremden »poetischen Gerechtigkeit« zwar historisch erklären, aber schwerlich noch komisch finden läßt.

III

»Überhaupt läßt sich nichts Entgegengesetzteres auffinden als die Dinge, worüber die Menschen lachen«[14]. Diese lapidare Feststellung aus Hegels Ästhetik kann eine Interpretation des *Dyskolos*, die den antiken Menschenfeind in der hermeneutischen Differenz von Text und Gegenwart – dem fernen und dem gegenwärtigen Horizont des Verstehens – zu begreifen sucht, nur bestätigen. Nicht eigentlich das Lächerliche der Einzelzüge eines Charakters, die im *Dyskolos* die Einseitigkeit seiner Natur hervorkehren und die ver-

---

13 A. Schäfer ([s. Anm. 12], S. 74) weist darauf hin, daß die Ludificatio als Parodie der Theoprastischen Paideia-Theorie (nach dem bei Stobaeus 2,31,124, p. 240 W, erhaltenen Fragment) verstanden werden kann, sofern sie »für eine Aufgabe eingesetzt wird, bei der ihr nicht mehr die geringste Erfolgsaussicht bleibt«. – Die Ironisierung der ›Erziehung‹ findet sich schon seit Aristophanes, *Die Wolken*. – Zum Komödienschluß, der das dionysische Moment eines Komos bewahrt, s. Newiger (»Die griechische Komödie« [s. Anm. 12], S. 223).
14 G. W. F. Hegel, *Ästhetik*, hrsg. von F. Bassenge, 2 Bde., Berlin 1955, S. 1074.

fehlte wahre Mitte einer ethischen Norm erkennbar machen sollen, sondern allererst das Grundlose seiner Natur, das die literarische Fiktion zutage bringt, ist die stärkste, bleibende Provokation des Dyskolos und zugleich die tiefste Quelle einer Komik, über die wir heute offenbar nicht mehr geradezu und naiv lachen können!

Diese These projiziert keineswegs nur eine moderne Einstellung auf den alten Text zurück, sondern deckt an ihm auf, was schon Menander in seiner Komödie angelegt hatte. Sein Dyskolos ist nicht, wie sein Analogon in Platons *Phaidon*, aus mehrfach enttäuschtem Vertrauen, erst zum Menschenfeind geworden[15]: er ist es von Anbeginn, fällt nach dem Erkennen des Trugbilds der Autarkie in seine unentrinnbare Natur zurück und spielt damit die Beziehung des Grundlosen der menschlichen Natur zum Komischen aus, die nicht zuletzt den Vorrang der antiken Charaktere in der Geschichte der europäischen Komödie bedingt haben dürfte. Die These, daß ihre Wirkungsmächtigkeit nicht so sehr aus der Prägung vermeintlich zeitloser Muster als aus der Resistenz einer archaischen Erfahrung der menschlichen Natur zu erklären ist, läßt auch schärfer erkennen, daß die hier entdeckte Quelle des Komischen den späteren und vor allem den modernen Autoren ständig den Anstoß gab, das unergründlich Komische menschlicher Charaktere immer wieder anders auszuspielen, ihre tragische Seite aufzudecken und schließlich die antike Prämisse der unveränderbaren menschlichen Natur selbst in Frage zu stellen, anders

---

15 Platon, *Phaidon* 89 C–E: ›Die Menschenfeindschaft nämlich entsteht, wenn man einem auf kunstlose Weise zu sehr vertraut und einen Menschen für durchaus wahr, gesund und zuverlässig gehalten hat, bald darauf aber denselben als schlecht und unzuverlässig erkennt und dann wieder einen, und wenn einem das öfter begegnet und bei solchen, die man für die vertrautesten und besten Freunde hält, so haßt man denn endlich, wenn man immer wieder anstößt, alle und glaubt, daß überhaupt an keinem irgend etwas Gesundes ist.‹

gesagt: den Selbstwiderspruch zwischen So-sein-Wollen und So-sein-Müssen in einem neuen Selbstverständnis des Menschen aufzuheben.

Die vornehmste Quelle aller Komik – so sagt der Theophrast-Übersetzer und Fortsetzer seiner Charaktere, La Bruyère, und benennt damit zugleich die ästhetische Norm der französischen Klassik, an der die Komödie Molières gemessen werden soll – könne nicht Pointen, Obszönitäten oder Zweideutigkeiten, also nicht dem sprachlichen Witz entspringen. Sie müsse allein der Natur der Charaktere entnommen sein, wenn sie die Weisen und Tugendhaften, mithin das gebildete Publikum zum Lachen bringen soll.[16] Aus welchem Grund menschliche Charaktere die reinste Wirkung des Komischen auslösen sollen, hat La Bruyère nicht erklärt, geschweige denn danach gefragt, aus wie verschiedenen Gründen zu verschiedener Zeit über sie gelacht werden konnte. Auch Molière wußte dieser apodiktischen Behauptung theoretisch kaum etwas hinzuzufügen. Wo er sich selbst einmal über das ›befremdliche Unterfangen‹ äußert, die »honnêtes gens« zum Lachen zu bringen, beruft er sich nur darauf, es sei nicht damit getan, die Menschen nach ihrer Natur zu schildern. Die Schwierigkeit beginne erst eigentlich damit, diese Natur so zu schildern, daß in ihren Schwächen die Menschen dieser Epoche getroffen werden – eine Schwierigkeit, die sich für die Tragödie nicht stelle, die Molière darum für die weniger anspruchsvolle Gattung hielt.[17] Für La Bruyère wie für Molière, die sich zur Nachahmung der Antike bekannten, scheint die Vollkommenheit des Vorbilds alle eigene Bemühung um eine theoretische

---

16 Œuvres de La Bruyère, hrsg. von G. Servais, Bd. 1, Paris 1865 (Les grands écrivains de la France), S. 14 f.
17 Molière, Œuvres complètes, hrsg. von M. Rat, Paris 1951 (Bibliothèque de la Pléiade), Bd. 1, S. 538 (Dorante in der Critique de l'école des femmes in den Mund gelegt).

Rechtfertigung ihres Tuns erübrigt zu haben. Das zeigt auch eine zweite, kryptische Äußerung Molières: »Das Lächerliche« – wird dort definiert – »ist die äußere und wahrnehmbare Form, welche die Vorsehung allem beigefügt hat, was unvernünftig erscheint«[18]. So läßt sich die kirchliche Kritik an der unsittlichen Wirkung der Schaubühne verblüffend einfach widerlegen: die Komödie, die im *ridiculum* die Abweichung vom Natürlichen und Vernünftigen aufdeckt, um das ›berühmte quod decet der Alten‹ zur Geltung zu bringen, könne letztlich nur dem Plan der christlichen Vorsehung dienen. Hat uns die Weisheit der Vorsehung mit dem Lächerlichen nicht ein ›wahrnehmbares Zeichen‹ gesetzt, damit wir am Makel der menschlichen Natur erkennen, was das vernünftige Maß des rechten Lebens von uns erfordert?

Doch Theorie und Praxis kommen gerade im Bereich der Künste selten zur Deckung. Derselbe Molière, der – theoretisch als »Ancien« – das *ridiculum* zur Institution der Vorsehung erheben will, um den moralischen Anspruch der klassischen Komödie zu legitimieren, hat – praktisch als »Moderne« – in der Auffassung seiner Charaktere die naive Harmonisierung dieser Theorie auf das entschiedenste in Frage gestellt. Sein Geizhals oder sein Heuchler sind mit der klassischen Norm des Lächerlichen so wenig zu fassen wie sein Sosias oder sein George Dandin oder wie sein ›eingebildeter Kranker‹ und sein ›Bürger als Edelmann‹. Denn diese modernen Charaktere gehen nicht mehr in der mimetischen Darstellung ihrer einseitigen Natur auf, sondern verstricken sich mehr und mehr in den Zwiespalt zwischen Soseinmüssen und Soseinwollen, naturhaftem Sein und reflektierendem Bewußtsein. Sie tragen ihren Selbstwiderspruch in einer Weise aus, bei der dem Zuschauer das Lachen stän-

---

18 In der *Lettre sur la comédie de l'imposteur*; s. dazu G. Poulet, *Etudes sur le temps humain*, Paris 1952, S. 87: »Le ridicule est la forme extérieure et sensible que la providence a attachée à tout ce qui est déraisonnable.«

dig wieder vergeht, bald in Mitleid, bald in Erschrecken umschlagen kann. Weit entfernt, das wahrnehmbare Zeichen einer selbstverständlichen, providentiellen Ordnung der Welt zu sein, zielt das Lächerliche hier nicht mehr nur auf einzelne Schwächen und Laster, sondern auf den Anspruch dieser Gesellschaft, schon zu wissen, was das Natürliche und Vernünftige sei. Ich habe anderweitig in einer Interpretation des *Avare* schon gezeigt, wie im Monolog Harpagons die Unnatur des im Geiz verfangenen Bewußtseins selbst wieder produktiv wird und sich aller natürlichen und gesellschaftlichen Ordnung überheben kann. Molière bringt damit eine spezifisch christliche Problematik: das in der Unnatur und im Selbstwiderspruch der Charaktere mehr und mehr enthüllte Böse oder anders gesagt: ein Stück der gefallenen Natur zum Vorschein.[19] Doch bleibt auch diese moderne Auffassung der Charaktere noch unberührt von der Entdeckung des Individuellen. Sie zeigt der Hintergrund der Begriffsgeschichte in einem Bedeutungswandel an, mit dem sich die christliche Auffassung der Natur des Menschen gegen das Erbe der antiken Anthropologie allmählich durchgesetzt hat.

IV

Die christliche Phase der Begriffsgeschichte von Charakter setzt eine neue Bestimmung der menschlichen Natur voraus, die mit dem neuen Wert des individuellen Daseins noch nicht zulänglich erfaßt ist. Denn Augustin, der das individuelle Ich des Christen im Akt der *conversio* entdeckt, hat in seinen normgebenden *Confessiones* die Verfassung der christlichen Subjektivität von Anbeginn als eine entzweite,

---

19 H. R. Jauß, in: *Das französische Theater*, hrsg. von J. v. Stackelberg, Düsseldorf 1968, Bd. 1, S. 290–310.

zeitlich gebrochene und – als Abbild ihres Schöpfers – notwendig unvollkommene Existenz beschrieben. Der in seiner gefallenen Natur mit sich selbst entzweite Mensch erhält seine unauslöschliche Prägung indes durch den Akt der Taufe. Dafür hat Augustin aus der volkstümlichen Sprache die Wendung: *militiae character* aufgenommen und als *character crucis* auf die trinitarische Taufformel übertragen. Seither ist nach christlicher Auffassung der Getaufte mit den Sakramenten durch ein »unauslöschliches Siegel«, ein »geistliches Malzeichen in der Seele«, gekennzeichnet, wie der Wortgebrauch sowohl bei Thomas als auch noch bei Luther bezeugt.[20] Die weitere Entwicklung scheint im Schritt von der theologischen zur philosophischen Bedeutung von *charaktér* dahin gegangen zu sein, daß das Merkmal des Unauslöschlichen vom Akt der Taufe übernommen wurde, um die *individualitas* des Menschen als seinen spezifischen Charakter und damit als Grund seiner Natur auszuzeichnen. Dasselbe Wort, das in antiker Auffassung das unveränderliche Sein der verschiedenen Arten oder ›Naturen‹ des Menschen meinte, gewinnt in christlicher Auffassung einen dynamischen, später historischen Sinn. Nach Leibniz wirkt in den mathematischen Charakteren die Kraft der Ideen, näherhin in der Formel als dem Bildungsgesetz, das eine Unendlichkeit von Zahlen zusammenfassen kann. Lessing spricht bereits von der »Bildung eines Charakters«, der dem Geschehen im Drama seine Einheit zu geben vermöge. Der deutsche Idealismus hat danach die Umkehrung der Bedeutung von Charakter als Bestimmung der Natur zur Bestimmung der Freiheit vollendet. Kant führte die Unterscheidung zwischen dem physischen und dem moralischen Charakter ein, setzte den letzteren als Denkungsart von den Naturanlagen des Naturells und des Temperaments ab und

---

20 Nach Seidel, »Charakter« (s. Anm. 8), S. 984.

bestimmte den Menschen als vernünftiges Wesen durch das, was er »aus sich selbst zu machen bereit ist«, näherhin dadurch, »daß er einen Charakter hat, den er sich selbst schafft, indem er vermögend ist, sich nach seinen von ihm selbst genommenen Zwecken zu perfectionieren«[21].

Es gehört zu den interessantesten Verschiedenheiten der französischen und der deutschen Sprache und Kultur, daß die Bedeutung des sich selbst bildenden Charakters, wie ihn Philosophie und Dichtung der deutschen Klassik geprägt haben, im Französischen erst ein Jahrhundert später belegt ist. Für den berühmten Vers aus Tasso: »Es bildet ein Talent sich in der Stille / Sich ein Charakter in dem Strom der Welt« (I,2,304 f.) hat die französische Sprache erst seit André Gide und André Maurois das Äquivalent »former son caractère«[22]! Darin bezeugt sich der Vorrang der Fragerichtung nach der gesellschaftlichen Natur des Menschen: was La Bruyère und Molière in ihren *Charakteren* erfaßten, wurde als spezifisches Erbe der französischen Klassik von der Moralistik und Psychologie weiterentwickelt, auch von der deutschen Aufklärung in der literarischen Gestalt ›moralischer Bildnisse‹ (Gellert) aufgenommen, und später in den sogenannten Physiologien oder *Tableaux* (*de Paris, de France*) fortgesetzt, die im 19. Jahrhundert als Form der Gesellschaftsbeschreibung periodisch erneuert wurden und schließlich in das ehrgeizige Projekt Balzacs eingegangen sind, als »historien des mœurs« ein Gesamtbild seiner Zeit

21 Ebd., S. 988.
22 Belege bei P. Robert, *Dictionnaire Alphabétique et Analogique de la Langue Française*, Paris 1965, s. v. »caractère«, Nr. 41: »on ne peut connaître son caractère et surtout l'influence qu'on a sur lui, qu'autant qu'on a passé par beaucoup d'alternatives de joie et de malheur« (Stendhal, interessant als Beleg des Übergangs: hier wird der noch vorgegebene Charakter »im Strom der Welt« erst allmählich erkennbar!), Nr. 44: »Les traits les plus marquants d'un caractère se forment et s'accusent avant qu'on en ait pris conscience« (Gide); Nr. 44: »Mais on peut former son caractère, on peut le refaire« (Maurois).

zu erstellen. Demgegenüber setzt die spezifisch deutsche Entwicklung mit einem Prozeß der Singularisierung ein, analog zu dem Paradigmenwechsel von Geschichten zur Geschichte, den Reinhart Koselleck ins Licht gerückt hat: der Charakter als Vermögen des Individuums, sich selbst zu schaffen und zu »perfectionieren«, löst sich von den Charakteren der gesellschaftlichen Natur ab und begründet einen Begriff ästhetischer Bildung, der in Deutschland zur idealen Lebensform erhoben und zum Bildungsroman literarisiert wurde, in die französische Kultur und Literatur des 19. Jahrhunderts aber keinen Eingang fand. Von diesem mehrfachen, hier nur in seiner größten Spannweite umrissenen Horizontwandel ist der von Molière geschaffene moderne Charakter des Misanthropen am stärksten betroffen, wie seine Rezeptionsgeschichte zeigt, die erst dadurch in ihrer historischen Konsequenz verstehbar wird.

V

Um Molières Komödie wieder vor Augen zu stellen, folge ich nun selbst einem Muster der französischen Klassik und versuche, aus den Einzelzügen im Verhalten Alcestes ein Portrait ›à la manière de Théophraste‹ zu erstellen: ›Unter Misanthropie könnte man das melancholische Temperament eines Griesgrams ('esprit chagrin' in der Sprache der Zeit) verstehen, der ohne ersichtlichen Grund allen grollt und sich in jede Angelegenheit einmischt, um die Verderbnis der menschlichen Natur anzuprangern und in diesem Tun seine einsame Befriedigung zu finden. Der Misanthrope ist aber etwa von folgender Art: Er will seinem einzigen Freund die Freundschaft aufkündigen, nur weil dieser einen Dritten mit ausgesuchter Höflichkeit empfing und hernach gestehen mußte, daß ihm diese Person in Wahrheit völlig gleichgültig sei. Er versteigt sich dabei zu der Behauptung, daß er – hätte er sich auf einer solchen Unaufrichtigkeit ertappt – sich stante pede aufhängen wollte. – Wenn er einen Prozeß zu führen hat, verläßt er sich vor Gericht allein auf sein gutes Recht, schlägt allen guten Ratschläge in den Wind und kündigt an, er würde einen großen Preis dafür bezahlen, wenn er seine Sache »pour la beauté du fait« verlöre; ist sein Prozeß in der ersten Instanz verloren, weigert er sich, vor die zweite Instanz zu gehen, weil er mit 20 000 Francs die Genugtuung nicht zu teuer bezahlt habe, von nun an mit Fug und Recht gegen die Ungerechtigkeit der ganzen Menschheit wettern zu können. – Wenn ihm ein Dichterling sein jüngstes Produkt vorträgt und auf seinen Beifall wartet, sagt er ihm unumwunden: »Franchement, il est bon à mettre au cabinet« und fügt, um den Affront vollständig zu machen, gleich noch ein Gegenbeispiel hinzu, um den guten, nämlich seinen Geschmack zu demonstrieren. – In Liebesdingen hält er sich nicht an das Mädchen, das seiner Gesinnung am nächsten käme, sondern gesteht sein Faible für eine höchst mondäne und kokette junge Witwe, die er trotz ihrer Fehler lieben wolle, um ihre Seele davon zu purgieren; wenn ihm die Angebetete zu verstehen gibt, daß sie ihn bevorzüge, erzürnt er sie sogleich mit der Frage, ob sie dergleichen nicht allen Bewerbern zu sagen pflege, und erklärt seine Liebe mit dem bizarren Kompliment: »Et c'est pour mes péchés que je vous aime ainsi«. – Wenn er sich zu guter Letzt entschlossen hat, der ganzen Menschheit den Rücken zu kehren, verstrickt er sich in den Widerspruch, doch noch ein Mitglied der ihm so verhaßten Gesellschaft mitnehmen zu wollen – seine skandalöse Geliebte, die hinfort seine Einsamkeit teilen soll, dazu aber natürlich nicht bereit ist.‹

Das fingierte Charakterportrait läßt wohl schon erkennen, worin sich der moderne Misanthrop von seinem antiken Vorgänger abhebt, den Molière allenfalls in der späten

Gestalt von Shakespeares *Timon von Athen* gekannt haben könnte. Nicht mehr die Einöde, in der Knemon oder der ins Unglück gestürzte Timon den Boden hacken muß, sondern die Gesellschaft selbst ist nun der Schauplatz, auf dem der Ungesellige seinen Widerspruch zur ganzen Menschheit austragen muß, um ihr am Ende in desto tieferer Einsamkeit den Rücken zu kehren. Hier wird nicht eigentlich der Menschenfeind von den andern belehrt, zur Einsicht in den Wahn seiner Autarkie gebracht und im Ausgang der Komödie, als er unbelehrbar in seiner Unnatur beharrt, durch Prügel bestraft, die für den antiken Zuschauer noch die Erwartung poetischer Gerechtigkeit erfüllte. Nun ist es der Misanthrop selbst, der dem Freund, der Geliebten und nach und nach jedermann ständig die Lehre erteilt und sich als Richter seiner Zeit aufspielt, wobei sich in der komischen Unverhältnismäßigkeit gleichwohl unterschwellig immer wieder die Frage nach dem tieferen Recht der gesellschaftlichen Konvention stellt und die Bestätigung einer poetischen Gerechtigkeit ausbleibt. So hat Molière zum Beispiel die ›Marschälle Frankreichs‹ – die höchste Schlichtungsinstanz der höfischen Gesellschaft – aufgeboten, um sie darüber befinden zu lassen, ob Orontes Sonett so schlecht sei, wie der daraufhin doppelt aufgebrachte Alceste behauptet. Hier schlägt das Lachen, das der alberne Anlaß und der Ingrimm des misanthropischen Kunstrichters auslösen, insgeheim um und trifft am Ende die Anmaßung der königlichen Autorität, durch ein Machtwort entscheiden zu wollen, was als schön gelten soll.[23] Der moderne Misanthrop, der auf diese Weise »im offiziell Geltenden das Nichtige und im offiziell Nichtigen das Geltende sichtbar wer-

---

23 »Hors qu'un commandement exprès du Roi me vienne / De trouver bons les vers dont on se met en peine, / Je soutiendrai toujours, morbleu! qu'ils sont mauvais, / Et qu'un homme est pendable après les avoir faits« (V. 769). Siehe dazu F. Orlando, *Lettura Freudiana del Misanthrope*, Turin 1979, S. 43 ff.

den läßt«[24], ist im Sinne der bekannten Formel von Joachim Ritter komisch und zugleich moralisch zutiefst ambivalent: im sozialen Handeln durch den bis zur Selbstgefährdung aufrecht erhaltenen Charakter seiner »âme austère« inmitten einer zur »bienséance« erzogenen Gesellschaft, aber gewiß auch durch das Grundlose seiner Natur, das Molière – auch darin das Dekorum der antiken Komödie überschreitend – ins Zwielicht einer zeitgenössischen Pathologie tauchte.

Molière hat die grandiose Einseitigkeit seines Menschenfeinds durch einen Gegencharakter in die Schwebe gebracht: Alceste wird mit Philinte, der Melancholiker mit dem Phlegmatiker kontrastiert, und den beiden männlichen Temperamenten sind in Célimène, Eliante und Arsinoë wiederum kontrastierende weibliche Figuren gegenübergestellt, so daß sich in der Handlung ein kommunikatives System von Charakteren herausbildet, die ihre Natur mehr dialogisch als monologisch im reziproken Rollenspiel entfalten müssen. Alceste und Philinte sind bis in ihre Sprachgebärden hinein als Temperamente nach der traditionellen Theorie der vier Körpersäfte (*humores*) vorgestellt, die in der Medizin der Zeit noch in ungebrochenem Ansehen stand.[25]

---

24 J. Ritter, »Über das Lachen« (1940), in: J. R., *Subjektivität*, Frankfurt a. M. 1974, S. 62–92, und O. Marquard, »Exile der Heiterkeit«, in: *Das Komische*, hrsg. von W. Preisendanz und R. Warning, München 1976, S. 141 ff. (ich benutze die zusammenfassende Formulierung O. Marquards).

25 Siehe dazu R. Jasinski, *Molière et le Misanthrope*, Paris 1951, S. 125 ff. Der ursprüngliche Untertitel lautete: »l'atrabilaire amoureux«. Aus den Beschreibungen in Wörterbüchern und medizinischen Traktaten der Zeit sind folgende Stellen für den Charakter Alcestes erhellend: »Maladie qui consiste dans une rêverie sans fièvre et sans fureur, accompagnée ordinairement de crainte et de tristesse sans cause apparente« (Furetière, ebd., S. 127); in dem Traktat *Les Caractères des Passions* des Physiologen und Arztes Cureau de la Chambre wird die Endphase der »haine mélancholique« wie folgt beschrieben: »C'est alors qu'une personne perd le souvenir de ses amis, de ses occupations et de ses divertissements; tous les hommes lui paraissent comme autant d'ennemis qu'elle fuit; enfin elle se hait elle-même, et, se dégoûtant de la vie, elle la laisse consumer peu à peu par la tristesse, ou la finit par quelque violence« (ebd., S. 128).

Wie Gossmann unlängst nachwies, repräsentierte Alceste gegen Philinte für das zeitgenössische Publikum die seit der Gegenreformation bekämpfte Melancholie, die nicht länger als Auszeichnung eines dissidenten, wenn nicht genialen Kopfes gelten durfte.[26] Aber auch wenn später Zuschauer den ideologischen Hintergrund der pathologischen Charaktere Alcestes und Philintes nicht mehr verstehen konnten, forderte sie der Konflikt der so vollkommen kontrastierten Temperamente doch ständig zu der Frage heraus, auf welche Seite man sich stellen oder wie man eine vernünftige Mitte zwischen den beiden Extremen finden sollte, wenn dabei die herrschende Vernunft und Selbstgerechtigkeit der Gesellschaft selbst in Frage stand. Diese ernste Frage, die in der Rezeptionsgeschichte bis zur Stunde von mindestens drei Parteien der Interpreten verschieden beantwortet wird, drohte von Anbeginn, alle Komik des Stücks in moralische Reflexion aufzuheben. Doch stellte sich das Lachen oder Lächeln stets auch wieder bei einer letzten Eigenheit des modernen Misanthropen ein, die ihn von Knemon oder Timon am stärksten unterscheidet und die recht eigentlich der Grund war, aus dem die »honnêtes gens« über Alceste nach der Theorie La Bruyères und Boileaus auch lachen durften: sein Zwiespalt zwischen Soseinmüssen und Soseinwollen, sofern er sich in dem komischen Selbstwiderspruch äußert, ein »atrabilaire amoureux«, nämlich im Prinzip Menschenfeind und ausnahmsweise doch verliebt zu sein.

---

26 L. Gossmann, »Molière's Misanthrope. Melancholy and Society in the Age of the Counterreformation«, in: *Theatre Journal* (The Journal of the University and College Theatre Association) 34 (1982) S. 323–344.

VI

Über den Widerhall bei den Zeitgenossen verlautet, daß schon sie umlernen mußten, um zu erkennen, womit es Alceste bei seiner komischen Erscheinung bitterer Ernst war[27]. Das Parterre (damals: die schlichten Konsumenten) fand überhaupt nichts zu lachen, die Galerie (damals: die Kenner und Kritiker) lachte an der falschen Stelle.[28] Es mußte zum Beispiel belehrt werden, daß Orontes Sonnet, das man erst ganz schön fand, als modisches Machwerk eines Möchtegern-Dichters verspottet wurde. Symptomatisch für dieses Umlernen ist der Fall eines Herrn von Montausier. Er lud Molière wutentbrannt vor, weil man ihm hinterbracht hatte, der belachte Alceste sei sein Schlüsselportrait. Doch dann empfing der hohe Herr den zitternden Verfasser mit einer überraschenden Auszeichnung: er habe das Werk inzwischen selbst gelesen und könne Molière jetzt nur noch danken, denn sein *Misanthrope* sei der vollkommenste Ehrenmann, der ihm in seinem Leben vorgekommen.[29] Das erste Publikum Molières begann Alceste in dem Maße zu bewun-

---

27 Die Formulierung ist Hegels Kritik an Molières Charakteren entnommen, denen es »mit ihrem Zwecke bitterer Ernst ist«, so daß sie – ganz in ihrer »bornierten Leidenschaft« befangen – »zu keiner Befreiung des Gemüts von dieser Schranke gelangen« können. Was den Charakteren Molières in der Deutung Hegels an wahrer Komik mangelt, wird den »höheren Naturen« der aristophanischen Komödie zugesprochen: die »Seligkeit und Wohligkeit der Subjektivität, die, ihrer selbst gewiß, die Auflösung ihrer Zwecke und Realisationen ertragen kann«, zit. nach: Hegel, *Ästhetik* (s. Anm. 14), S. 1103 ff., und S. 1075 ff. So wird diese neue ästhetische Norm der Individualität in naiver Horizontverschmelzung als »klassische Kunstform« auf die alte griechische Komödie zurückprojiziert und gegen die französische Klassik gewendet, um ihrer Charakterkomödie das *eigentlich Komische* überhaupt abzusprechen!
28 Nach G. Michaut, *Les luttes de Molière*, Paris 1925, S. 203 ff.
29 Beleg in der Sammlung der Rezeptionsdokumente von G. Mongrédien, *Recueil des textes et des documents du XVIIe siècle relatifs à Molière*, Paris 1965 (4 Juin 1666).

dern, als es im Lächerlichen seines Verhaltens und im Bizarren seiner Reden die Kehrseite einer bislang unbekannten Tugend zu sehen begann, die »besser über die geheimen Laster der Zeit zu sprechen wußte, als es einer ihrer Feinde vermocht hätte«[30]. Die zeitgenössische Kritik ging soweit, die Konsequenz zu rühmen, mit der Alceste in allen Situationen »seinen Charakter aufrechterhalte«[31], als ob es nicht das Verhängnis seiner Natur, sondern sein freier Wille und eigenes Verdienst sei, seiner Gesellschaft dieses Beispiel zu geben. »Soutenir bien son caractère« – in dieser neugeprägten Bedeutung zeigt sich an, daß für die Auffassung der französischen Klassik der Begriff Charakter Natur und Willen des Menschen zusammenschloß. Ihr neues Verständnis setzt bereits die Selbstbehauptung eines vorgeprägten Charakters in seiner gesellschaftlichen Rolle voraus, rührt aber noch nicht an die singulare und private, von der öffentlichen Rolle sich abhebende Individualität. Dieses moderne Verständnis, das in Alceste das unverstandene Individuum inmitten einer denaturierten Gesellschaft sehen wollte, ist erst von der deutschen Klassik erreicht und in der Romantik konkretisiert worden, nach der großen Wende, die

---

30 »[…] qu'il ne pouvait chosir un personnage qui vraysemblablement pût mieux parler contre les hommes que leur ennemy«, zit. nach: »*Lettre Ecrite sur la Comédie du Misanthrope*«, Donneau de Visé, in: J.-G. Prodhomme, *Vingt Chefs-d'Œuvre jugés par leurs Contemporains*, Paris 1930, S. 40.

31 Ebd., S. 41: »qu'il soûtiendra bien son caractère, puisqu'il commence si bien de la faire remarquer«; ebd., S. 43: »il fait voir ce que peut l'amour sur le cœur de tous les hommes, et sur celui du misanthrope mesme, sans le faire sortir de son caractère«; ebd., S. 46: »on peut dire qu'il soûtient son caractère jusques au bout«. – Karl Maurer macht mich darauf aufmerksam, daß eben dieses »être maître de son sort« zur Dignität der Tragödienhelden in der französischen Klassik gehörte. Die provokative Ausnahmerolle werde dadurch noch profiliert, daß Alceste die bei Molière einzige Komödienfigur sei, die in der Peripetie noch einmal die Wahl habe; seine Situation nach Célimènes Debakel sei der Situation von Racines Andromaque nach Pyrrhus' Einlenken vergleichbar (V. 977 f.: »Je vous l'avais prédit, qu'en dépit de la Grèce, / De votre sort encor vous seriez la maîtresse«).

Rousseau mit seiner Kritik an Molière für alle weitere Interpretation des *Misanthrope* eingeleitet hat.³²

Das klassische Verständnis des *Misanthrope* ist kaum ein Jahrhundert später Punkt für Punkt aufgekündigt worden. Es war Rousseau, der Molière vorwarf, er habe seine Komödie dem herrschenden Geschmack und – schlimmer noch – der undurchschauten Ideologie seiner Gesellschaft angepaßt, indem er gerade den allein Aufrichtigen, ja den einzigen Gerechten, der den Mut aufbringe, ihre Laster beim Namen zu nennen, der Lächerlichkeit preisgebe. Das ›Lächerliche der Tugend‹ (»le ridicule de la vertu«) auf den Pranger der Schaubühne zu stellen, sei die letzte und schlimmste Sünde, einer Gesellschaft vorbehalten, die sich darüber betrüge, daß der vielgerühmte Fortschritt ihres Wissens und ihrer Künste durch den nicht weniger großen Verfall ihrer Moral und Sitten erkauft sei. Der verlachte Menschenfeind sei in Wahrheit der verkannte Menschenfreund, denn nur weil Alceste die Menschen liebe, müsse er ihre Laster hassen und anklagen.³³ In dieser völligen Umkehrung der klassischen Deutung setzt sich ein neues Bild der menschlichen Natur durch: in der Sicht Rousseaus nimmt Alceste den *homme naturel* der französischen Aufklärung, sein Scheitern das typische Geschick des »citoyen de Genève« vorweg, der in seiner Aufrichtigkeit den gesellschaftlichen Schein zerreißen und den Weg zu einem natürlichen Dasein vorleben wollte.

32 Im begrenzten Rahmen dieses Beitrags kann ich nur noch auf diesen Horizontwandel, auf eine zweite große Wendung, die gegenläufig zu Rousseau die gegenwärtige Interpretation bestimmt, und auf die letzte literarische Konkretisation, Hofmannsthals Replik auf Molières *Misanthrope*, eingehen und ankündigen, daß die historische Ausarbeitung der ungemein reichen Rezeptionsgeschichte in eine geplante größere Abhandlung eingehen soll.
33 J.-J. Rousseau, »Lettre à M. D'Alembert«, in: J.-J. R., *Du contrat social*, hrsg. von P. Burgelin, Paris 1960, S. 150 ff. – Bei Molière findet sich der *ami du genre humain* schon einmal (V. 64), doch in der pejorativen Bedeutung eines falschen Freundes, der im Umgang nicht zu unterscheiden weiß.

Daß ein neues Verständnis klassischer Werke oft durch einen Zugewinn und zugleich durch einen Verlust an Bedeutung erkauft wird, zeigt sich auch an der Folgewirkung der neuen Deutung Rousseaus. Er selbst empfahl, das Stück so umzuschreiben, daß Alceste ganz zur tragischen Figur werden könne, mithin auf den »misanthrope amoureux« zu verzichten und statt dessen Philinte als Konformisten der Lächerlichkeit preiszugeben.[34] Der einsame »Konflikt mit der socialen Welt, in der man ohne Verstellung und Flachheit nicht mehr umhergehen kann« (so nahm Goethe Rousseaus Deutung auf), verträgt sich nicht mehr mit dem Geist einer Komödie; Molières *Misanthrope* könne nicht als ein »bloß komisches Sujet« verstanden werden, weil sich in seiner gesellschaftlichen Tragik zugleich die innere Welt eines großen Individuums offenbare (»ob jemals« – fragt sich Goethe – »ein Dichter sein Inneres vollkommener und liebenswürdiger dargestellt habe« als der von Schlegel so völlig verkannte Molière?[35]). Der tragische Alceste hat nach Rousseau nicht allein bei Goethe und den Romantikern Schule gemacht. Die französische Rezeption hat daraus die andere Konsequenz gezogen, daß Alceste nur im Ancien régime belacht werden oder tragisch empfunden werden konnte: ist die republikanische Freiheit einmal verwirklicht, hat auch das Lustspiel ausgespielt und der tragische Alceste sein Recht zur Klage verloren. Der besten Kronzeuge ist Stendhal[36], der lapidar feststellte, den Kindern der Revolution seien die Vergnügungen der klassischen Komödie nicht mehr zuzumuten. Statt ihrer Charaktere sei eine neue

---

34 Ebd., S. 153 ff.
35 In der Rezension von J. Taschereau, *Histoire de la vie et des ouvrages de Molière* (1828); Goethe, *Sämtliche Werke* (s. Anm. 4), Bd. 14, S. 948 f.
36 Stendhal, *Racine et Shakespeare* (1823–25), in: St., Œuvres complètes, hrsg. von P. Arbelet und E. Champion, Bd. 14, P. Martino, Paris 1925, S. 45, 79 sowie das Kapitel »Le Rire« (S. 25–38), das mit der Formel »se tromper sur le chemin qui mène au bonheur« schließt.

Quelle des Komischen zu suchen, die er nicht mehr im Konflikt mit der sozialen Welt, sondern in der individualistischen Formel: »se tromper sur le chemin qui mène au bonheur« gefunden zu haben glaubte. Alceste im besonderen hätte einsehen müssen, daß alle seine Leiden von der monarchistischen Herrschaft herrührten. Darum ist Molière für das Publikum des 19. Jahrhunderts nur noch historisch interessant, es sei denn, man interpretierte seinen Menschenfeind – was nach 1789 wirklich geschah – als einen Jakobiner avant la lettre.[37]

Die zweite große Wende in der Rezeptionsgeschichte des *Misanthrope* ist aus der Umkehrung von Rousseaus Paradigma hervorgegangen. Nun wird gerade seine fraglose Prämisse in Zweifel gezogen, daß Aufrichtigkeit der letzte Grund im Verhalten Alcestes sei. Es war die psychoanalytische Deutung, die eine Fülle auch ästhetisch belangvoller Interpretationen nach sich gezogen[38] und damit das Vorurteil entkräftet hat, dieser Zugang reduziere den Kunstcharakter eines Werkes auf ein kunstfremdes Interesse. Das neue Verständnis läßt sich in den folgenden, zuvor nicht gestellten Fragen zusammenfassen: Ist die komische Erscheinung Alcestes in der Tat ohne Rest auf den modernen, in der Tradition vor Molière nicht vorfindlichen Charakter ei-

---

37 *Journal* in *Œuvres intimes T. 1*, hrsg. von V. del Litto, Paris 1981, S. 94 f. (7. Juli 1804, aus Anlaß von Fabre d'Eglantines Stück *Philinte de Molière*) und S. 119–21 (28. August 1804, mit eingehender Kritik an Molières *Misanthrope*). Zuvor Camille Desmoulins: »Molière dans *Le Misanthrope* a peint en traits sublimes le caractère du républicain et du royaliste. Alceste est un *jacobin*; Philinte un feuillant achevé«, zit. nach: P. Schunk, »Zur Wirkungsgeschichte des *Misanthrope*«, in: *Germanisch-romanische Monatsschrift* 21 (1971) S. 7.

38 Aus dieser Forschungsrichtung seien hervorgehoben: L. Gossmann, *Men and Masks*, Baltimore ²1965; J. D. Hubert, *Molière and the Comedy of Intellect*, Berkeley 1962; Orlando, *Lettura Freudiana* (s. Anm. 23); K. Stierle, »Formen des Komischen und Form der Komödie in Molières M.«, in: *Molière*, hrsg. von R. Baader, Darmstadt 1980 (Wege der Forschung, 261), S. 406–439.

nes Aufrichtigen[39] zurückführbar und nicht selbst wieder zutiefst zweideutig? Wenn Alceste von Philinte und nach und nach von jedermann fordert: »je veux qu'on soit sincère« (V. 35), steht dann nicht immer nur die Aufrichtigkeit der andern, aber nie die eigene in Frage? Warum eigentlich sucht er noch die bedingungslose Anerkennung der andern (»je veux qu'on me distingue« (V. 63), wenn er sie unverbesserlich findet und ihm die Menschheit in toto verhaßt ist? Steht hinter seiner Forderung bedingungsloser Aufrichtigkeit vielleicht noch etwas anderes – das zwanghafte Bedürfnis, sich allen fremden Willen zu unterwerfen? Schlägt darum sein zunächst legitimer Protest gegen die Selbstgerechtigkeit und den Selbstbetrug der Gesellschaft ständig in die weltverachtende Hybris dessen um, der sich allein für gerecht hält? »In Molières *Misanthrope*« – so formulierte Karlheinz Stierle – »wird eine elementare gesellschaftliche Befürchtung, die Aufhebung der Gesellschaft durch das sich absolut setzende Ich, zum Thema gemacht, und zwar so, daß sich ein Publikum im Lachen davon befreit«[40]. Doch wenn wir unterstellen, daß sich das Publikum der französischen Klassik im Lachen von solchen Befürchtungen wieder befreien konnte, dürfte dem Publikum unserer Tage beim Anblick eines Menschenfeindes, in dem ein möglicher Tyrann zum Vorschein kommt, das Lachen nicht eher wieder vergehen?

---

39 Nach L. Trilling, *Sincerity and Authenticity*, Harvard University Press ⁵1974, und neuerdings R. Galle, *Geständnis und Subjektivität*, München 1985.
40 Stierle, »Formen des Komischen« (s. Anm. 38), S. 409.

VII

Über Hofmannsthals *Schwierigen* hingegen kann man gewiß auch heute noch – oder wieder – frei lachen. Von Molière kommend läßt sich das so erklären, daß diese verspätete Charakterkomödie ihr klassisches Vorbild gleichsam korrigiert. Wenn hier wider alle Erwartung der klassischen Tradition – eine Erwartung zudem, die eine höchst intrikate Handlung fast bis zum Ende noch bestärkt – zu guter Letzt doch noch das nie Geglückte: die Heilung des Misanthropen, eintritt, wird die komische Katharsis dadurch ermöglicht, daß Hofmannsthal in Graf Bühl eine Figur ersonnen und »ausspekuliert« hat, die ein im eminenten Sinne moderner ›Charakter‹ ist. Denn dieser *Schwierige*, eingangs noch mit den traditionellen Zügen eines Hypochonders vorgestellt (I,3), die auf Molières Misanthropen zurückweisen, ist – genauer besehen – längst kein naturhaft geprägter Charakter mehr. Graf Bühl ist vielmehr – wie Musils gleichzeitig entstandener Romanheld – ein »Mann ohne Eigenschaften«, näherhin auch ein »Mann ohne Absicht« (wie ihn Hofmannsthal in einem wieder aufgegebenen Titel erst nennen wollte).[41] So lösen sich in seiner Gestalt ineins der naturhafte Charakter der französischen und der sich bildende Charakter der deutschen Klassik auf! Seine komische Souveränität rührt daher, daß die Eigenschaften, die ihm mangeln, von den andern im Gang der Handlung Zug um Zug zu einem festen Bild seines Wesens erstellt werden, das er für sich verneint und am Ende durch eine unerwartbare Handlung zunichte macht. Dabei wird der Selbstwider-

---

41 Zit. nach: Hugo von Hofmannsthal, *Der Schwierige. Der Unbestechliche*, Frankfurt a. M. 1956, hier S. 36. – Zum früheren Titel *Der Mann ohne Absicht* s. etwa R. C. Norton, »The Inception of Hofmannsthal's *Der Schwierige:* Early Plans and their Significance«, in: *Publications of the Modern Language Association of America* 79 (1964) S. 98 f.

spruch der Molièreschen Charaktere, ihr Zwiespalt zwischen Natur und Wille, in den neuen, spezifisch modernen Widerspruch zwischen Selbstsein und Sein für die andern überführt und im kathartischen Ausgang der Komödie aufgelöst. Diese Lösung ist keineswegs ein Triumph des Narzißmus, in dem sich das Prinzip der Individualität bestätigen würde. Graf Bühl, der es als eine Naivität ansieht, »daß man etwas aus sich machen kann« (I,13), ist auch kein Charakter im Sinne des deutschen Idealismus. Sein komisches Dilemma erwächst nicht aus der Autonomie einer Subjektivität, »die ihrer selbst gewiß die Auflösung ihrer Zwecke und Realisationen ertragen kann«[42], sondern aus der Heteronomie einer Handlung, die seine Schwierigkeit am Ende löst und ihn nolens volens das Soziale wieder erreichen läßt.

Sieht man in Hofmannsthals Lustspiel eine Palinodie, den ironischen Gegengesang zu Molières Charakterkomödie, so entspringt die Komik des *Schwierigen* der Gegensinnigkeit einer Handlung, die den »Mann ohne Absichten«, der nichts schwieriger findet, »als wie man von einer Sache zur andern kommt« (I,9), in die »odioseste Konfusion« (III,10) verstrickt: er soll auf einer Soiree, die ihm ein Graus ist, gleich drei höchst delikate Absichten – die Aussöhnung einer nicht mehr Geliebten mit ihrem Gatten, das Verlöbnis des Neffen mit Helene und das eigene Adieu an die insgeheim Geliebte – diplomatisch lösen. Die ironische Umkehrung der klassischen Rolle des Menschenfeinds setzt damit ein, daß Graf Bühl nicht mehr der kritische Widerpart, sondern der vollkommene, von allen bewunderte Repräsentant der aristokratischen Gesellschaft Alt-Wiens ist und souverän über ihre untergehende Kunst der Konversation verfügt. Seine Schwierigkeit rührt also nicht so sehr daraus, daß ihm das Medium der Konversation, über das er ständig

---

42 In der Formulierung Hegels (s. Anm. 27).

meditiert, an sich selbst problematisch würde. Er gerät erst eigentlich dadurch in einen unentwirrbaren Knäuel von Mißverständnissen, daß er andern Lektionen erteilen soll, obschon er im Gegensatz zu Alceste Lektionen für unmöglich hält (I,7), daß seine Mission Punkt für Punkt scheitert, ja ins Gegenteil des Beabsichtigten umschlägt und daß ihm selbst zu guter Letzt von Helene die unerwartetste indiskreteste und zugleich einfachste aller Lektionen erteilt wird, die alle von ihm angerichteten Konfusionen durchschlägt und ihn der Schwierigkeit seines Charakters für immer enthebt.

Die Lektion der Komödie (III,8) ist zum einen, was den Charakter des *Schwierigen* betrifft, die Erklärung, die Helene für sein bizarres Verhalten findet – eine Erklärung, die durchaus würdig ist, die lange Interpretationsgeschichte des Misanthropen vorläufig zu beschließen, weil sie den unvordenklichen Grund seines Selbstwiderspruchs neu verstehen läßt: »Was Sie hier hinausgetrieben hat, das war Ihr Mißtrauen, Ihre Furcht vor Ihrem eigenen Selbst (...) – vor Ihrem eigentlichen tieferen Willen« (III,8). Die Lektion der Komödie ist zum andern, was das Verhältnis des *Schwierigen* zur Gesellschaft betrifft, die Heilung des Ungeselligen durch das Bekenntnis Helenes zu ihrer Liebe – durch eine gesellschaftliche »Enormität« (III,8), die das merkwürdige Paar im Sich-Finden das Soziale erreichen läßt, indem es sich dabei selbst aus der Sozietät ausgrenzt: aber »es ist die letzte Soirée«, kündet Graf Bühl an, »auf der sie mich erscheinen sieht«. »Das erreichte Soziale: die Komödien« lautet eine so lapidare wie programmatische Aufzeichnung Hofmannsthals.[43] Sein Lustspiel *Der Schwierige* löst sie gewiß nur ironisch ein. Die lösende Kraft des Komischen vermag im Ausgang der Komödie die Einsamkeit des Schwie-

---

43 Die Formulierung findet sich in: Hugo von Hofmannsthal, *Aufzeichnungen*, Frankfurt a. M. 1959, S. 226.

rigen nur in der Zweisamkeit des sich findenden Paares aufzuheben. Die Erwartung, daß sich damit nun auch eine Aussöhnung mit der Gesellschaft anbahne, wird sogleich wieder zurückgenommen: der Verlobungskuß, der nicht fehlen darf, muß von den andern, der Schwester des Bräutigams und dem Vater der Braut, in absentia und stellvertretend vollzogen werden. Doch läßt dieser ironische Ausgang mit der versöhnlichen Geste der andern, die den normativen Ernst des Sozialen rettet, indem sie ihn fingiert, nicht auch noch eine andere Deutung zu als die herkömmlich pessimistische? Enthält der ironische Ausgang vielleicht doch auch eine »promesse du bonheur«, die das sich selbst ausgrenzende Paar nicht mehr nur allein betrifft?

An diesem vorletzten Punkt meiner Interpretation möchte ich die pessimistische Deutung erst noch durch eine Perspektive verstärken, die mein germanistischer Kollege und Mentor Wolfgang Preisendanz in die Diskussion eingebracht hat. *Der Schwierige* sei als Rückgriff auf die obsolet gewordene Charakterkomödie nach Molière zugleich im Blick auf das geistige Milieu seiner Entstehung zu interpretieren: Wien nach der Jahrhundertwende, das allererst die Aktualität, mehr noch: die gewollte Nichtaktualität dieses Lustspiels verstehen lasse. Das Dementi der Identität des Ichs, der idealistischen Einheit des sich bildenden Charakters, der Transparenz des Selbstgefühls, all dies sei um 1913/ 1914, als Hofmannsthal den *Schwierigen* konzipierte, in Wien bis in die Kaffeehäuser das Tagesgespräch gewesen, nicht also Hofmannsthals Lustspiel als neue Wendung zuzuschreiben. Der naturhafte Charakter der französischen wie der sich bildende Charakter der deutschen Klassik habe sich auch in Deutschland schon während des 19. Jahrhunderts aufgelöst. Die interessanteste Spur dieser Auflösung sei der Begriff der ›Charaktermaske‹, dessen Anfang nicht erst bei Marx, sondern schon 1822 bei Heinrich Heine zu finden sei, der sich über Schopenhauer zu Nietzsche verfolgen lasse (man könne nicht *mehr* Identität haben als ›sich zu heucheln‹, als Charakter der Gesellschaft wie vor sich selbst) und der schließlich in den Empirokritizismus Machs eingegangen sei, also in jene Bewegung, mit der sowohl Hofmannsthal wie auch Freud, Schnitzler e tutti quanti verhaftet waren. Vor diesem Hintergurnd werde evident, daß Hofmannsthal, vom Krieg zurückgekehrt und wie der Schwierige selbst wieder beginnend, sich mit seiner 1921 vollendeten Charakterkomödie ganz bewußt auf verlorenem Boden wissen mußte – daß die Wiederaneignung Molières nicht so sehr eine ironische Korrektur der französischen Klassik als der konservative Rückgriff auf eine verlorene Kultur sei, gerichtet an eine Gesellschaft, deren Antagonisten nicht von ungefähr Helene Altenwyl und Herr Neuhoff hießen, mithin: daß Hofmannsthals *Der Schwierige* letztlich ein Dementi all jener Dementis sei, die um 1900 mit Freud und den Seinen in Wien auftauchten...

So weit, so gut. Ich kann und brauche der Deutung von Wolfgang Preisendanz nicht zu widersprechen, sondern mich nur dafür zu bedanken, daß er die meinige in den historischen Horizont eingerückt hat, der den aktuellen Sinn der letzten, modernen Replik auf die säkulare Tradition eines unvergeßlichen Charakters erst zu präzisieren erlaubt. Die letzte, noch aufgeschobene Frage meiner Interpretation ist damit indes nicht erübrigt, eher verschärft: ob der ironische Ausgang nur die pessimistische Deutung – das nicht erreichte Soziale – oder auch eine optimistische Lesart zuläßt? Konservativ oder progressiv hin oder her: mir scheint, der ironische Ausgang von Hofmannsthals Charakterkomödie enthalte doch auch eine versteckte »promesse du bonheur«, nämlich die Hoffnung, wenn schon nicht das Soziale, so doch das Soziable zu erreichen. Zum einen, weil das Lustspiel der vielleicht einzig verbliebene Ort ist, an dem man seine ›Charaktermaske‹ bejahen kann, seine Rollendistanz genießen darf und sich nicht schämen muß, ein Ich zu haben, auch wenn es die herrschende Theorie dementiert. Zum andern, weil die Wahrheit, zu der Graf Bühl durch das Bekenntnis Helenes zu ihrer Liebe gelangt und ineins damit der Charaktermaske des Schwierigen enthoben wird, nicht nur eine Wahrheit für einen, sondern schon eine Wahrheit für zwei Menschen, obschon noch keine Wahrheit für alle Menschen ist. Wenn eine Wahrheit, die sogleich alle Menschen überzeugen soll, im Zeitalter des Ideologieverdachts zu groß für uns, und wenn andererseits eine Wahrheit, die das autonome Individuum mit niemand teilen will, zu klein für uns geworden ist, gibt es dann nicht doch noch manche Dinge – vorab: miteinander reden, aber auch: »einander ohne Wort verstehen; miteinander lachen; miteinander weinen; miteinander schweigen; miteinander schlafen; miteinander auf den Tod warten«, und so fort – Dinge, die eine Wahrheit zwischen zwei Menschen sein können?[44] Wenn dem so ist, enthält dann der ironische Ausgang von Hofmannsthals Lustspiel nicht vielleicht doch eine ernste »promesse du bonheur«: daß die komische Katharsis, wenn sie die Einsamkeit des Schwierigen in der Zweisamkeit eines wiedererreichten Soziablen aufzuheben vermochte, auch für den Zuschauer eine Hoffnung hinterläßt – die Hoffnung, daß durch Graf Bühl und Helene Altenwyl, ein wiederum erstes Paar, die gefundene Wahrheit für zwei, die den Trug der Wahrheit des einen löste, eines schönen Tages auch wieder eine Wahrheit für alle eröffnen kann?

---

44 Nach O. Marquard, »Das Über-Wir. Bemerkungen zur Diskursethik«, in: *Das Gespräch*, hrsg. von K. Stierle und R. Warning, München 1984 (Poetik und Hermeneutik, I), S. 44.

Der Tartuffe-Skandal im Lichte von Mimesis und Simulation

L'hypocrisie est un hommage que le vice rend à la vertu
(La Rochefoucauld)

I

La Rochefoucaulds Maxime (Nr. 218)[1] bezeugt einen Wendepunkt in der Begriffsgeschichte von ›Hypokrisie‹. Wird hier doch die Verstellung des Heuchlers nicht mehr bloß auf einen erkennbaren Widerspruch zwischen verborgener Absicht und äußerer Erscheinung seines Tuns, sondern nunmehr auf eine bislang unerkannte, mimetische Beziehung zwischen Tugend und Laster zurückgeführt. Hier ist es die Sprache der Frömmigkeit selbst, die der Hypokrit zu nutzen weiß, um in der puren Simulation den Schein des Echten und Wahren zu erzielen, der die Falschheit in den Worten selbst unerkennbar werden läßt. Damit stellt sich das Problem einer »Linguistik der Lüge« in voller Schärfe: Wie kann man durch Sprache täuschen, wenn es doch – wie Harald Weinrich behauptet und triftig begründet hat – nicht die Sprache selbst sein kann, die uns belügt?[2]

Die Frage nach dem Grund der Täuschung durch die Sprache wird bei La Rochefoucauld dadurch intrikat, daß das Laster nicht allein sich in der Gestalt der ihm entgegengesetzten Tugend verbergen kann, wie es auch zahlreiche

---

[1] Die *Maximen* La Rochefoucaulds und Molières *Tartuffe* werden im folgenden zitiert nach: François La Rochefoucauld, *Œuvres complètes*, hrsg. von Louis Martin-Chauffier, Paris 1950 (Bibliothèque de la Pléiade) [mit Nr. der *Maximen*]; Molière, *Œuvres complètes*, hrsg. von Georges Couton, Bd. 1, Paris 1971 (Bibliothèque de la Pléiade) [mit Seiten- bzw. Verszahl].
[2] Harald Weinrich, *Linguistik der Lüge*, Heidelberg 1966.

andere Maximen bezeugen. So zum Beispiel Nr. 254: »L'humilité n'est souvent qu'une feinte soumission, dont on se sert pour soumettre les autres; c'est un artifice de l'orgueil qui s'abaisse pour s'élever.« Der Fall der Hypokrisie gibt dem Motto der *Maximes*: »Nos vertus ne sont le plus souvent que des vices déguisés«, den besonderen, verschärften Sinn, daß dieses Laster nicht allein die Gestalt (»la figure de l'humilité«, Nr. 254) einer Tugend annehmen und dazuhin ihr sprachliches Gewand usurpieren kann. Vielmehr scheint es der Tugend mit solcher List sogar noch Reverenz zu erweisen, ihre Geltung in einem Zug anzuerkennen und insgeheim zu unterhöhlen, denkt man an die implizite Argumentation: ›was ich von mir zu sagen weiß, habe ich von dir gelernt!‹, denn die Sprache der Tugend kann sich solchem Mißbrauch offenbar nicht entziehen, also auch die Evidenz ihrer Wahrheit nicht länger von sich aus verbürgen. Der Aphorismus überführt den Gegensatz von Echtheit und Schein des Wahren, von Tugend und Laster, von Gut und Böse in die paradoxe Beziehung einer *coincidentia oppositorum*, die ihre bislang nie angefochtene ontologische Geschiedenheit in Frage stellt.

Auf die religiöse Praxis appliziert, mußte dies zum Eklat führen. Wird damit doch nicht weniger bedeutet, als daß auch die Sprache der Frömmigkeit in ihrem Gebrauch nicht mehr sichtbar zu machen vermag, ob sie aufrichtig oder nur simuliert ist, ob aus ihr der schlichte Glaube spricht oder ob sie die Absicht einer Täuschung verbirgt, wenn nicht gar eine Selbsttäuschung verrät. Dieser Eklat – so meine These – tritt im Tartuffe-Skandal zutage. Denn die *Querelle des dévots*, die dieses Schauspiel bei den Zeitgenossen auslöste, entzündete sich an dem Vorwurf, daß Molière die Sprache der Frömmigkeit als solche im Munde seines Hypokriten zweideutig gemacht und durch diesen Mißbrauch des Heiligen den christlichen Glauben selbst verhöhnt habe.

II

Daß diese Problematik im Wesen der Hypokrisie selbst schon angelegt war, bringt wohl erst der Streit um Molières *Tartuffe* zum Vorschein; in der theologischen und moralphilosophischen Tradition ist davon – wie die Begriffsgeschichte zeigt – noch nicht eigens die Rede. Das Verb *hypokrínesthai*, ursprünglich: ›antworten, erklären, auslegen‹, erhält im Anschluß an: ›eine Rolle spielen‹ den übertragenen Sinn von: ›sich verstellen, heucheln‹. Die Ambivalenz einer positiven und einer negativen Bedeutung dürfte im Lateinischen zu der Spezifizierung geführt haben, neben *simulare* ein *dissimulare* (und entsprechend: *simulatio/dissimulatio, simulator/dissimulator*) zu bilden. Die Vulgata nimmt nicht die lateinische Wortsippe auf, sondern greift auf das griechische *hypokrisia* und *hypokrites* zurück, wobei *hypokrites* (griech.: ›Schauspieler‹) in der übertragenen Bedeutung ›Heuchler‹ erst in der Septuaginta und im Neuen Testament bezeugt ist und von dort in die spätere Tradition einging (frz. seit dem 12. Jahrhundert).[3]

Die Bevorzugung der griechischen Lehnworte mag darauf beruhen, daß *Hypokrisie* in der Polemik gegen die Pharisäer besondere Geltung erlangte: Es wurde ihnen als ihr Hauptlaster vorgeworfen, wonach offenbar der Name ›Pharisäer‹ per se zum Schimpfnamen geworden ist. Das Alte Testament hat für Hypokrisie noch kein besonderes Wort. Ps. 50,19: »Deinen Mund läßest du Böses reden, und deine Zunge flicht Betrug« trifft die Gottlosen. Im Neuen Testament trifft es hingegen vorab die Pharisäer: »Wehe aber euch, ihr Schriftgelehrten und Pharisäer, ihr Heuchler, daß ihr das Reich der Himmel vor den Menschen zuschließt« (Mt. 23,13) als Heuchler par excellence. Die siebenfachen

---

3 *Lexikon für Theologie und Kirche*, Bd. 5, 2., völlig neu bearb. Aufl., Freiburg 1960, Sp. 314 f.

Der Tartuffe-Skandal 43

Weherufe Jesu zielen primär auf ihre ›geistige Blindheit‹, mit der sie ihre frommen Übungen vollbringen, ihren alten Ritualen anhängen und nicht sehen wollen, daß erst die neue Auslegung des Gesetzes den Weg zur Seligkeit eröffnet. In dieser Ursprungsszene der Wortgeschichte taucht Hypokrisie offensichtlich als ein durchaus polemischer Begriff auf! Denn sofern die Pharisäer doch nur ihrem Glauben folgen, trifft sie der Vorwurf der Heuchelei de facto zu Unrecht. Also muß ihnen polemisch unterstellt werden, daß sie anders handeln, als sie lehren: »Alle ihre Werke aber tun sie, um von den Menschen gesehen zu werden« (Mt. 23,5), daß sie inwendig anders sind, als sie nach außen erscheinen: »So erscheint auch ihr auswendig den Menschen als gerecht, inwendig aber seid ihr voll von Heuchelei und Gesetzesverachtung« (Mt. 23,28).

Wo das mimetische Verhältnis von Innen und Außen gebrochen ist, kann der Vorschein des Wahren zu seinem Trugbild, die äußere Erscheinung des Gerechten zum bloßen Schein des Heiligen werden und dabei der Heuchler selbst die Gestalt des Scheinheiligen annehmen. Wortgeschichtlich ist ›scheinheilig‹ späten Datums, eine spezifisch deutsche Bildung, 1581 als Lehnübersetzung von niederländ. *schijnheilig* zuerst bei Fischart belegt[4]; sie fällt also in die Zeit, in der Jean Baudrillard den Übergang vom obligatorischen Zeichen der Feudalordnung zum kompetitiven Zeichengebrauch der bürgerlichen Gesellschaft angesetzt hat, wonach das Verbindliche nurmehr als Simulacrum des Natürlichen auftreten kann (»C'est donc à la Renaissance que le faux est né avec le naturel«).[5] In derselben Zeit zeichnet sich auch im Blick auf den Bedeutungswandel von Simulakrum eine Krise der Ähnlichkeitsbeziehung ab, wie Renate Lachmann zeigte. Im concettistischen Weltentwurf

---

4 Hermann Paul, *Deutsches Wörterbuch*, Tübingen ⁵1966, S. 538.
5 Jean Baudrillard, *L'échange symbolique et la mort*, Paris 1976, S. 78 ff.

des 17. Jahrhunderts beginnen die freigesetzten Ähnlichkeiten zu flottieren. Wo das Simulakrum Ähnlichkeit nur noch vorgibt, ohne abzubilden, tritt »statt mimetischer Stellvertretung ein Verdoppelungsmechanismus ein, eine falsche Doppelgängerei, die das Modell nicht vorordnet, sondern nebenordnet (es gibt weder Urbild noch Abbild oder: indem es nicht mehr repräsentiert werden kann, wird auch das Urbild zum Trugbild)«.[6] Am kritischen Punkt einer solchen Ähnlichkeitsbeziehung: der »ressemblance du vice avec la vertu«, entzündete sich denn auch der Skandal, den Molière mit der provokativen Figur seines Scheinheiligen auslöste.

III

Der königliche Erlaß nach der Uraufführung des *Tartuffe* (12. Mai 1664), der weitere öffentliche Aufführungen untersagte, war kein purer Akt absolutistischer Willkür. Es war vielmehr das erste, in seiner klugen Begründung beachtliche Zeugnis der mehr als vierjährigen Debatte, derer es bedurfte, um Molières Komödie gegen den Widerstand der militanten katholischen Orthodoxie durchzusetzen. Bedenkt man, daß noch am 1. September 1662 ein Claude Lepetit auf der Place de Grève lebendig verbrannt wurde, weil er eine satirische Ode auf die Heilige Jungfrau verfaßt hatte,[7] so war der Vorwurf der Gotteslästerung für Molière gewiß riskant genug. Er wurde in der Tat von einem fanatischen Priester, Pierre Roullé, in einem Pamphlet gegen den Verfasser des *Tartuffe* erhoben. Dessen Sakrileg verdiene nichts anderes als den Feuertod, handle es sich doch um »un crime si grief de lèse-majesté divine, qui va à ruiner la religion catholique en blâmant et jouant sa plus religieuse et

---

6 Renate Lachmann, *Gedächtnis und Literatur*, Frankfurt a. M. 1990, S. 30 ff.
7 Herman P. Salomon, *Tartuffe devant l'opinion française*, Paris 1962, S. 33.

sainte pratique, qui est la conduite et direction des âmes et des familles par de sages guides et conducteurs pieux«.[8] Hingegen ignoriert das berichtete Urteil des Königs die unterstellte Blasphemie völlig und bringt aus höherer Warte ein subtiles Argument zur Geltung, das die Intention der Komödie rechtfertigen konnte, es aber zugleich opportun erscheinen ließ, sie zunächst zurückzuziehen:

> mais quoi qu'elle eût été trouvée fort divertissante, le Roi connut tant de conformité entre ceux qu'une véritable dévotion met dans le chemin du ciel et ceux qu'une vaine ostentation des bonnes œuvres n'empêche pas d'en commettre de mauvaises, que son extrême delicatesse pour les choses de la religion ne put souffrir cette ressemblance du vice avec la vertu, qui pouvaient être prise l'une pour l'autre.[9]

Das königliche Edikt ist in der Tat von ›äußerster Feinfühligkeit‹, in Rücksicht auf das religiöse Empfinden wie auf das ästhetische Urteil, und darum ein Goldkorn in der Geschichte der Zensur des Ancien régime. Ihm zufolge war Molières Stück, »contre les hypocrites« verfaßt, nicht zu tadeln, weil es den Mißbrauch der wahren Frömmigkeit im Munde der Heuchler aufzeigte. Diese moralisch legitime Intention werde erst dort problematisch, wo die Simulation der Tugend durch das Laster ästhetisch so perfekt gelang, daß das Wahre vom Falschen nicht mehr für jedermann unterscheidbar sei, weshalb schlichtere fromme Gemüter vor Schaden bewahrt werden müßten (»pour n'en pas laisser abuser à d'autres, moins capables d'en faire un juste discernement«[10]).

---

8 Marcel Hervier, *Les écrivains français jugés par leurs contemporains*, Paris 1911, S. 358.
9 Ebd., S. 357 f.
10 Ebd., S. 358.

Sapienti sat! Wer hier nicht zu unterscheiden und gerecht zu urteilen vermag, hat das Skandalon seinem eigenen, untertänigen Verstand zuzuschreiben; wer in *Tartuffe* die Wahrheit des Glaubens verletzt sieht, muß sich fragen lassen, ob er nicht insgeheim selbst getroffen war. So formuliert in den Versen, mit denen Boileau den Freund in Schutz nahm:

> En vain de cents défauts leur esprit revêtu
> Se couvre du manteau d'une austère vertu;
> Leur cœur qui se connaît, et qui fuit la lumière,
> S'il se moque de Dieu, craint Tartuffe et Molière.[11]

IV

Wie hintergründig das königliche Edikt zu verstehen war, trat in seiner Wirkung zutage: die Frage, wer denn oder welche Art von Frömmigkeit überhaupt mit Molières Hypokriten gemeint und zu Recht oder zu Unrecht getroffen sein konnte, bewegte hinfort die Gemüter in allen Lagern. Das zeigt vorab das starke Interesse, für *Tartuffe* zeitgenössische Vorbilder auszumachen. Die Reihe der vermeintlichen Schlüsselfiguren ist stattlicher als bei anderen Stücken Molières[12], obschon sich kein vergleichbarer Fall ausmachen ließ, in dem eine reale Person seine seelsorgerliche Autorität bis zum Ruin einer ihr botmäßigen Familie mißbraucht hätte[13]. Das entscheidende Gravamen war gewiß die Rolle des ›directeur de conscience‹, in der sich Tartuffe bei Orgon eingeschlichen hat:

---

11 *Recueil des textes et des documents du XVIIe siècle relatifs à Molière*, hrsg. von G. Mongrédien, Bd. 1, Paris 1965, S. 225.
12 G. Michaut, *Les luttes de Molière*, Paris 1925, S. 91; Henri d'Alméras, *Le Tartuffe de Molière*, Paris 1946, S. 58 ff.
13 Salomon, *Tartuffe devant l'opinion française* (s. Anm. 7), S. 36.

C'est de tous ses secrets l'unique confident
Et de ses actions le directeur prudent   (V. 187/8)

Doch der schon bei Roullée auftauchende konkrete Vorwurf der Verhöhnung einer ›heiligen Praxis‹ erklärt nicht geradezu, wer sich damit getroffen sehen mußte. Denn die familieninterne, privatisierte Seelsorge galt zu dieser Zeit schon als eine in der religiösen Praxis umstrittene, weil unkontrollierbare Institution. Von Saint Vincent de Paul bis Fénelon finden sich Zeugnisse, die den Mißbrauch solcher privaten Seelenlenkung rügten[14], so daß Molière eigentlich nicht befürchten mußte, mit seinem *Tartuffe* die offizielle Meinung der Kirche zu verletzen.

Getroffen in der Ostentation zelotischen Glaubenseifers schien vielmehr die gleichfalls von der Amtskirche nicht autorisierte, seit Mazarin verbotene und im Geheimen wirkende *Compagnie du Saint-Sacrement*.[15] Dort saßen die geschworenen Feinde der Molièreschen Komödie: »Ces faux monnayeurs en dévotion, qui veulent attraper les hommes avec un zèle contrefait et une charité sophistique.« Damit kehrt Molière im *Premier placet au Roi* die Richtung des Angriffs um: Die Feinde seines *Tartuffe* sind als ›Falschmünzer der Devotion‹ die ›wahren Tartuffes‹. Hat sie die Komödie in ihrer Hypokrisie getroffen, so haben sie es mit dem von ihnen angezettelten Verbot geschickt bewerkstelligt – darin gipfelt die kühne Metaphorik der Falschmünzerei –, die Hypokrisie der Originale durch Unterdrückung der sie entlarvenden Kopien wieder zu vertuschen (»et les originaux enfin ont fait supprimer la copie, quelqu'innocente qu'elle fût, et quelque ressemblante qu'on la trou-

---

14   Ebd., S. 15 ff.
15   Zu ihrem Programm an guten Werken gehörte u. a. die Betreuung von Hospitälern, Galeeren, Gefängnissen (so auch für »Tartuffe«); vgl. Michaut, *Les luttes de Molière* (s. Anm. 12), S. 34 ff.

vât«[16]). Bemerkenswert ist dabei auch die Pluralisierung »les Tartuffes«, die Molière selbst polemisch zur Kennzeichnung seiner Feinde einführt. Der Name selbst war nicht von ihm erfunden; er geht auf ein seit 1609 belegtes »tartuffe« mit der Bedeutung ›falscher Stein‹ zurück.[17] Mit der Pluralisierung des Eigennamens erlangte dieser den Charakter einer Gattung von Leuten, denen Hypokrisie unterstellt wird – ein Wortgebrauch, der sich in der Öffentlichkeit offenbar so verbreitet hat, daß sich Molière genötigt sah, den Namen *Tartuffe* im Titel durch *Panulphe* zu ersetzen.[18] In der weiteren Debatte über das trotz des Verbots privat verbreiteten Stücks wurden die beiden konkurrierenden religiösen Parteien gleichermaßen der *Tartufferie* (belegt seit 1669) bezichtigt. Die outrierten Züge und Rituale der Devotion Tartuffes konnten auf den Rigorismus der jansenistischen Frömmigkeit und asketischen Lebensführung, die zweideutigen Reden, mit denen der verführte Verführer die religiösen Skrupel Elmires zu beschwichtigen sucht, auf die Akkomodationen der jesuitischen Moral bezogen werden. Der siebte und neunte Brief von Pascals *Les Provinciales* mit der Kritik am Prinzip des ›diriger l'intention‹ und der ›dévotion aisée‹ tritt in der Tat unverkennbar vor Augen, wenn Tartuffe unverhohlen beteuert:

> Le ciel défend, de vrai, certains contentements;
> Mais on trouve avec lui des accommodements.
> Selon divers besoins, il est une science
> D'étendre les liens de notre conscience,
> Et de rectifier le mal de l'action
> Avec la pureté de notre intention   (V. 487–492)

---

16 *Recueil des textes* (s. Anm. 11), S. 223.
17 Salomon, *Tartuffe devant l'opinion française* (s. Anm. 7), S. 34.
18 Ebd.

Zur wechselseitigen Schadenfreude der Jesuiten und der Jansenisten, wie Racine bemerkt: »On vous avait dit que les jésuites étaient joués dans cette comédie; les jésuites, au contraire, se flattaient qu'on en voulait aux jansénistes«.[19] Es folgt die offizielle Stellungnahme des Pariser Episkopats von 1667; sie untersagt allen Gläubigen unter Androhung der Exkommunikation, das inzwischen *L'imposteur* benannte Stück anzusehen. Die Gefahr für die katholische Religion wird wie im königlichen Edikt begründet, nun aber dem Verfasser als böswillige Absicht seiner Komödie unterstellt: »que, sous prétexte de condamner l'hypocrisie ou la fausse dévotion, elle donne lieu d'en accuser indifféremment tout ceux qui font profession de la plus solide piété et les expose par ce moyen aux railleries et aux calomnies continuelles des libertins«.[20] So konnte am Ende der Vorwurf der Tartufferie auf Molière selbst umgekehrt werden: »(qui) est lui-même un Tartuffe achevé et un véritable hypocrite, (qui) ressemble à ces comédiens dont parle Sénèque, qui corrompaient de son temps les mœurs sous prétexte de les réformer, et qui, sous couleur de reprendre le vice, l'insinuoient adroitement dans les esprits«.[21]

V

Die Exposition der Debatte hat hier den Punkt erreicht, an dem sich die orthodoxe Kritik stillschweigend zu eigen gemacht haben dürfte, was sie vor dem Skandal schwerlich konzediert hätte: daß Hypokrisie – gleichviel ob auf der Bühne oder im Leben – den Ausdruck wahrer oder falscher Frömmigkeit ununterscheidbar zu machen vermag.

19 *Recueil des textes* (s. Anm. 11), S. 222.
20 Ebd., S. 292.
21 Salomon, *Tartuffe devant l'opinion française* (s. Anm. 7), S. 44.

> Comme la vraie et la fausse dévotion ont je ne sais combien d'actions qui leur sont communes; comme les dehors de l'une et de l'autre sont presque tous semblables, il est non seulement aisé, mais d'une suite presque nécessaire, que la même raillerie qui attaque l'une, intéresse l'autre [...].

– so beginnt Bourdaloue eine Predigt (1670), um Molière vorzuwerfen, mit seiner ambivalenten Darstellung eines imaginären Hypokriten die ›vraie piété‹ profaniert zu haben.[22] Daß diese Argumentation, die sich zuvor (1665) schon bei Rochemont[23] und bei Bossuet[24] findet, letztlich den Echtheitsanspruch der Devotion selbst schmälern und durch das Zugeständnis der Verkennbarkeit ihrer Sprache gefährden mußte, wurde offenbar von keinem dieser Kritiker bemerkt. Ob Molière selbst diese Problematik bereits absah, in der sich ein früher Aspekt der Dialektik der Aufklärung ankündigt, ist kaum zu entscheiden. Begnügt er sich in seiner Verteidigung doch mit der Beteuerung, er habe alles Erdenkliche getan und sogar zwei ganze Akte vorbereitend darauf angelegt, die Figur des Hypokriten mit der eines ›vrai dévot‹ unverwechselbar zu machen (Préf. 678: »il ne tient pas un seul moment l'auditeur en balance«).

Das Problem der Verkennbarkeit echter Devotion in der Simulation ist damit zur Seite geschoben, doch nicht eigentlich ausgetragen. Denn Molières Verteidigung ist eine Argumentation pro domo, die genauer besehen Zweifel auslösen kann und neue Fragen aufwirft: Ob der Zuschauer in der Tat keinen Augenblick über die wahre, finstere Absicht des ›Imposteur« im Zweifel ist (wäre damit die Komödie nicht auf die banale Aktion eines Verbrechers reduziert)? Ob der

---

22 Ebd., S. 90.
23 Ebd., S. 45.
24 Michaut, *Les luttes de Molière* (s. Anm. 12), S. 117.

Zuschauer Tartuffe nur darum durchschauen kann, weil er vorgewarnt wurde (wie anders würde er wohl reagieren, wäre er unwissend wie Orgon und Madame Pernelle)? Ob es denn ausgemacht ist, daß Tartuffe die Sprache der Devotion von Anbeginn mala fide verwendet (wäre es denkbar, daß ihn sein Glaube selbst täuscht, also nicht nur und erst die anderen täuscht)? Die Vereindeutigung Tartuffes in Molières defensiver Strategie unterschlägt das Faszinosum seines Charakters, den Ursprung der Macht, die er über andere auszuüben vermag. Das hat der scharfsinnigste aller Kommentatoren, der Verfasser der *Lettre sur l'Imposteur*, allein bemerkt, wenn er als das Erstaunlichste rühmt, hier habe Molière »le pouvoir étrangé de la religion sur les esprits des hommes« vor Augen geführt, »qui ne leur permet pas de faire aucune réflexion sur les défauts de ceux qu'ils estiment pieux, et qui est plus grand lui seul que celui de toutes les autres choses ensemble«.[25]

VI

Die zeitgenössische Kritik hat sich, soweit ich sehe, auf diese Problematik nicht eingelassen. Sie wird eskamotiert, wenn man meinte, es hätte nur der positiven Gegenfigur eines ›vrai dévot‹ bedurft (so Rochemont[26]) oder nur die genauere Zeichnung eines ›vrai hypocrite‹ erfordert (so La Bruyère), um die fatale Verwechslung von wahr und falsch zu vermeiden. Wie man sich eine Gegenfigur zur Hypokrisie Tartuffes vorstellte, läßt sich dem Portrait eines ›véritable dévot‹ entnehmen, das der Debatte als Beispiel diente:

---

25 *Lettre sur la comédie de l'imposteur*, in: Molière, *Œuvres*, Paris 1978, Bd. 4, S. 529–566, hier S. 537.
26 Salomon, *Tartuffe devant l'opinion française* (s. Anm. 7), S. 47.

> Je vous dirai pourtant que les véritables dévots ne sont
> point composés, que leurs manières ne sont point af-
> fectées, que leur grimaces et leurs démarches ne sont
> points etudiées, que leur voix n'est point contrefaite, et
> que, ne voulant point tromper, ils n'affectent point de
> faire paroître que leurs mortifications les ont abattus.
> Comme leur conscience est nette, ils en ont une joie
> intérieure qui se répand jusque sur le visage.[27]

Das Portrait erfaßt in der Tat die Differenz zwischen echter und falscher Frömmigkeit: Alles, was der Hypokrit nur simulieren kann, vollzieht sich beim Frommen spontan, aus reiner Empfindung. Doch gerade diese Differenz ist als solche nicht darstellbar, aus dem schon von Rochemont genannten Grund: »L'hypocrite et le dévot ont une même apparence [...]; il n'y a que l'intérieur qui les distingue«.[28] Die Differenz zwischen echter und simulierter Devotion kann auf der Bühne weder durch einen Blick ins Innere, noch durch ein (nie versuchtes) positives Double zum negativen Tartuffe visualisiert werden. Um sie aufzudecken bedarf es einer dritten Person, die Molière ja auch schon in Gestalt von Cléante, als Kontrapost eines »véritable homme de bien« (Préf. 678), eingeführt hat und schon im I. Akt alles darlegen läßt, was über ›faux dévot‹ und ›dévot de cœur‹, über ›artifice‹ und ›sincérité‹ zu sagen ist. Doch gegen den Augenschein der simulierten Devotion erweist sich die Vernunft als ohnmächtig, »parce que les hommes jugent plus par les yeux que par la raison«, wie die *Lettre* kommentiert.[29] Cléante, der ›raisonneur‹, vermag den Starrsinn Orgons nicht zu brechen und das Unheil von der Familie abzuwenden, so daß die Frage nach der Macht der Verblen-

27 Ebd.
28 Ebd., S. 45.
29 *Lettre sur la comédie de l'imposteur* (s. Anm. 25), S. 549.

dung, die Hypokrisie auszuüben vermag, nach wie vor offen bleibt.

Sie wird auch bei La Bruyère nicht geklärt, der seine Kritik an Tartuffe in dem berühmten Portrait seines *Onuphre* (1691) ausbrachte. Es handelt sich um eine ungewöhnliche Form paradoxer Kritik: Der angegriffene Tartuffe sei noch gar nicht ein echter Hypokrit, wie ihn La Bruyère nunmehr mit allen Finessen portraitiert, ohne zu bedenken, daß er damit nur noch mehr Öl in das Feuer der kirchlichen Kritik gießt. Sein Charakterportrait wird von Molières Tartuffe mehrfach derart abgesetzt, als sei dieser ein noch ganz ungeschickter Anfänger in der Hypokrisie, während La Bruyères Onuphre die Kunst, als der zu erscheinen, der er nicht ist, vollkommen beherrscht und seine Interessen ganz in der Stille zu betreiben weiß: »un homme dévot n'est ni avare, ni violent, ni injuste, ni même intéressé; Onuphre n'est pas dévot, mais il veut être cru tel, et par une parfaite, quoique fausse imitation de la piété, ménager sourdement ses intérêts« (*De la mode*, Nr. 24). Als perfekter Hypokrit auf der Höhe der Moden seiner Zeit (»il porte des chemises bien déliées, qu'il a grand soin de bien cacher«, etc.) weiß Onuphre alle ostentativen Züge des Übereifers zu vermeiden, durch den sich Tartuffe ständig verrät. Er sagt nicht: »Ma haire et ma discipline«, sondern benimmt sich so, daß man glaubt, er trage ein Büßerhemd und gebe sich die Geißel. »Il joue son rôle«: Scheinheiligkeit beherrscht er wie eine Rolle, aus der er nie herausfällt, ständig darauf bedacht, daß es nie zum Eklat kommt. Wenn er bei einem wohlhabenden Mann zum Parasiten avanciert ist, hütet er sich, dessen Frau zu umwerben; er hält sich vielmehr bei anderen schadlos: »Les femmes d'ailleurs qui fleurissent et qui prospèrent à l'ombre de la dévotion lui conviennent, seulement avec cette petite différence qu'il néglige celles qui ont vieilli, et qu'il cultive les jeunes« (etc., bis zu dem köstlichen Schluß: »qui pourrait n'en être pas édifié: elles sont dévotes et il est dévot«). Er wird sich nie einem so hohen Risiko aussetzen wie Tartuffe in der Familie Orgons, schon auch darum, weil seine Schliche keinesfalls dem Fürsten zu Ohren kommen dürfen. Er wird sich vielmehr damit begnügen, einen ›frommen Zweck‹ durch eine kleine Médisance zu erreichen.

Ob danach aus La Bruyères Portrait des mit allen Wassern gewaschenen Scheinheiligen eine alternative Komödie hätte hervorgehen und seine Entlarvung besser hätte motivieren können als Molières Stück mit seinem oft angefochtenen Schluß, darf man füglich bezweifeln. Soviel ist sicher: La Bruyères *Onuphre* war nicht dazu angetan, die Kritik der Kirche an der Anmaßung des Theaters, das Laster der Hypokrisie vor Augen zu stellen, zu entschärfen. Das Portrait Onuphres, das Molières *Tartuffe* korrigieren sollte, erweist sich gerade in seiner Vollkommenheit als ein nicht weniger riskanter Fall: Im Vorschein der Vollkommenheit des äußeren Verhaltens wird es noch schwieriger, der Täuschung durch die simulierte Sprache der Devotion gewahr zu werden. Das zeigt eine Fußnote, die La Bruyère dem folgenden Satz glaubte beifügen zu müssen: »Il est encore plus éloigné d'employer pour la flatter et pour la séduire le jargon de la dévotion«. Onuphre würde den ›Jargon der Devotion‹ nie gebrauchen, heißt es weiter, wenn er befürchten müßte, sich damit lächerlich zu machen. *Fausse dévotion*, verdeutlicht die Fußnote, um den Finger darauf zu legen, daß der Jargon, d. h. die Sondersprache der Frömmigkeit, im Munde des Scheinheiligen nur simuliert sei und darum die wahre Devotion selbst nicht profanieren und der Lächerlichkeit preisgeben könne. Gerade dies zu bezweifeln ist der springende Punkt der kirchlichen Kritik, die damit den säkularen Streit über den moralischen Anspruch des Theaters wieder aufnahm, bei dem nunmehr das Prinzip der Mimesis, ihrer kognitiven Leistung wie ihrer problematischen Wirkung, neu in Frage gestellt war.

VII

»Les Marquis, les Précieuses, les Cocus et les Médecins ont souffert doucement qu'on les ait représentés, et ils ont fait semblant de se divertir, avec tout le monde, des peintures que l'on a faites d'eux; mais les Hypocrites n'ont point entendus raillerie«: so beginnt Molière sein Vorwort zum endlich publizierten Text seines *Tartuffe ou l'Imposteur*. Wenn es die vornehmste Aufgabe des Theaters ist, der Gesellschaft den Spiegel ihrer Sitten vorzuhalten, warum soll dann einzig das so verbreitete Laster der Hypokrisie eine Ausnahme bilden und für die Komödie unangreifbar sein? Weil Hypokrisie kein Laster unter den anderen, sondern – wie Bossuet 1665 in einer Predigt über das *Jugement dernier* verkündet – die schlimmste aller Sünden ist:

> De tous les pêcheurs qui se cachent, aucuns ne seront découverts avec plus de honte que les faux dévots et les hypocrites. Ce sont ceux-ci, Messieurs, qui sont les plus pernicieux ennemis de Dieu, qui combattent contre lui sous ses étendards. Nul ne ravilit davantage l'honneur de la piété que l'hypocrite, qui la fait servir d'enveloppe et de couverture à sa malice. Nul ne viole la sainte Majesté de Dieu d'une manière plus sacrilège que l'hypocrite, qui, s'autorisant de son nom auguste, lui veut donner part à ses crimes, et le choisit pour protecteur de ses vices, lui qui en est le censeur. Nul donc ne trouvera Dieu juge plus sévère que l'hypocrite, qui a entrepris de le faire en quelque sorte son complice.[30]

Was liegt hier näher als anzunehmen, daß Bossuet mit seiner zum Äußersten gesteigerten Anklage der Hypokrisie,

---

30 Michaut, *Les luttes de Molière* (s. Anm. 12), S. 117.

hinter der die sieben Todsünden fast verblassen, auf die Tartuffe-Debatte antwortet und aus ihr ein theologisches Fazit zieht? So verstanden wollte die Kirche das gefährliche Thema nicht länger der Komödie überlassen, dessen Ambivalenz und Mißverständlichkeit gewiß auch Molière selbst nicht verkannt hat. Schon in Cléantes Rede über die ›faux dévots‹ wird gewarnt, sie seien »D'autant plus dangereux dans leur âpre colère / Qu'ils prennent contre nous des armes qu'on révère«. Auch die Veränderung von Versen zwischen der ersten und der Druckfassung: »O ciel, pardonne-lui la douleur qu'il me donne« (statt: »comme je lui pardonne«[31]) oder: »Et ce n'est pas pécher que pécher en silence« (statt: »Et c'est une vertu de pécher en silence«[32]) sowie die Fußnote zu: »Le Ciel défend, de vrai certains contentements; / Mais on trouve avec lui des accommodements« (»C'est un scélérat qui parle«) dürften bezeugen, daß Molière Zugeständnisse machen mußte, um den »jargon de la dévotion«, den er Tartuffe in den Mund legt, gegen ein ihn naiv aufnehmendes, falsches Verständnis abzugrenzen. Der Kommentator der *Lettre* erklärt diese Ambivalenz aus dem Wesen der Hypokrisie, »dont les plus stupides sont capables et par où les plus fins se laissent duper«.[33] Ihre verblendende Kraft rühre aus einem »voile vénérable et révéré que l'hypocrite met au-devant la chose qu'il dit«[34], aus dem Nimbus der Heiligkeit und Tugend, der den zu umgeben scheint, der seine Absichten in ihre Sprache zu kleiden weiß. Dies erläutere aufs schönste der Versuch Tartuffes, Elmire zu verführen, wenn er beginnt »à lui conter fleurette en termes de dévotion mystique«, auf eine Weise, die sie abstoßend findet und doch nicht tadeln darf, »(parce qu') il lui

31 Ebd., S. 75.
32 *Lettre sur la comédie de l'imposteur* (s. Anm. 25), S. 548.
33 Ebd., S. 536.
34 Ebd., S. 541.

prouve si bien, par un raisonnement tiré de l'amour de Dieu, qu'il la doit aimer, qu'elle ne sait comment le blâmer«[35]. Aus alledem erhellt, daß sich schwerlich ein treffenderer gemeinsamer Nenner für die Umschreibungen der heimtückischen Kraft der Hypokrisie finden ließe als die darum ins Motto gerückte Maxime La Rochefoucaulds: »L'hypocrisie est un hommage que le vice rend à la vertu«.

VIII

Der Tartuffe-Skandal bringt dabei auch ans Licht, daß Hypokrisie nicht allein aus dem katholischen Kanon der Laster, sondern auch aus dem antiken Kanon der Charaktere herausfällt.[36] Die eigentümliche Ambivalenz des Scheinheiligen entspringt daraus, daß er – im Unterschied zu allen klassischen Charakteren – nicht ist, als der er erscheint, daß er kein eigenes Wesen hat und nur simulieren kann, ein anderer zu sein, mithin daß er als ›faux dévot‹ ein Mensch ohne eigenen Charakter oder – in den Worten Cléantes (V. 381) – ein ›faux caractère‹ ist. Mimesis und Simulation verschlingen sich nunmehr auf intrikate Weise. Wo Simulation an die Stelle der Nachahmung tritt, bleibt auch das Vorbild vom täuschenden Abbild nicht unbetroffen: im Simulakrum wird die Wahrheit des Nachgeahmten aus der Sphäre des Authentischen in die Sphäre des Reproduzierbaren und Vertauschbaren, in unserem Fall: die ›Sprache der Frömmigkeit‹ in den ›jargon de la dévotion‹ gezogen. Frz. *jargon* hat im 17. Jahrhundert primär die pejorative Bedeutung ei-

---

35 Ebd., S. 540.
36 Hypokrisie taucht im Sündenkatalog, soweit ich sehe, zuerst als »Papelardie« im ersten Rosenroman auf, an deren Stelle Jean de Meun »Faux Semblant« (»C'est vrai, mais je suis hypocrite«, V. 11 202) setzt. Dazu Daniel Poirion, *Le roman de la Rose*, Paris 1973, S. 168 ff.

ner heruntergekommenen, deformierten, auch: unverständlichen Sprache; aus ›nur verständlich für die Eingeweihten‹ leitet sich die Bedeutung einer Sondersprache (›le jargon des Précieuses‹) her. Bei La Bruyère, wo wir auf die Wendung stießen, hat ›jargon de la dévotion‹ durchaus die abschätzige Bedeutung eines zur Gewohnheit abgesunkenen (und darum von Onuphre vermiedenen) bigotten Sprachgebrauchs. Dieser findet sich in Molières Stück nicht allein bei Tartuffe, sondern auch im Munde der von seiner Suada Verblendeten. Dabei tritt vor Augen, wie in der naiven Nachahmung der falschen Devotion das Urbild – hier der Urtext des Evangeliums – gleichsam mit verfälscht erscheinen kann. So wenn Orgon seine Wandlung durch Tartuffe wie folgt beschreibt und dabei die Weisung zur Nachfolge Christi (Mt. 10,37) travestiert:

> Il m'enseigne à n'avoir affection pour rien,
> De toutes amitiés il détache mon âme,
> Et je verrais mourir frère, enfants, mère et femme,
> Que je m'en soucierais autant que cela   (V. 276–279)

Oder wenn Madame Pernelle nach der Entlarvung Tartuffes seinen Betrug gegen den Augenschein weiterhin bestreitet und zuletzt auf dem Paradox des Evangeliums: ›nicht sehen und doch glauben‹ (Joh. 20,29) beharrt:

> Mon Dieu! le plus souvent l'apparence déçoit
> Il ne faut pas toujours juger sur ce qu'on voit
>   (V. 1879 f.)

Solche Beispiele belegen am ›jargon de la dévotion‹ vorzüglich die negative Funktion der Mimesis, näherhin die Kritik an der Dichtung als Nachahmung des Nachgeahmten, wie sie seit Platon und den ihm folgenden Kirchenvätern vor allem gegen das Theater erhoben wurde. Der Fall des Hypokriten verschärft die Problematik. Die Simulation macht die Wahrheit des Nachgeahmten zu einem Trugbild, das die erborgte und mißbrauchte Autorität des Glaubens unangreifbar erscheinen und ineins damit die vermeintliche Nachfolge Christi zur bloßen Nachahmung verkommen läßt. »Imitatio Christi« und antike Mimesis stehen sich ursprünglich gewiß sehr fern. Wenn sie wie hier zusammengerückt werden, kommt ein Gegensatz zum Tragen, der die christliche Kritik an der paganen Ästhetik von Anbeginn, obschon meist unausgesprochen, motiviert hat und der in Kants *Kritik der Urteilskraft* wiederkehrt, wo er die Autonomie des Geschmacksurteils analog zum Beispiel der Tugend oder Heiligkeit auf den Begriff der Nachfolge bringt, die von bloßer Nachahmung streng zu scheiden sei (*Kritik der Urteilskraft*, § 32). Der Fall des Hypokriten führt vor Augen, wie die Simulation das Exemplarische der Heiligkeit in einen bloßen »Mechanismus der Nachahmung« verwandelt. Der mimetischen Poetik insgesamt bestreitet die theologische Kritik vorab den Anspruch, als Spiegel der Sitten nicht nur die Schaulust zu befriedigen, sondern zugleich das moralische Urteil zu wecken, mit der Anmaßung, zu rügen, was der Kirche allein, nicht aber dem Theater zukomme:

> Et voilà, chrétiens, ce qui est arrivé, lorsque des esprits profanes, et bien éloignés de vouloir entrer dans les intérêts de Dieu, ont entrepris de censurer l'hypocrisie, non point pour en reformer l'abus, ce n'est point de leur ressort, mais pour faire une espèce de diversion dont le libertinage pût profiter, en concevant et en faisant concevoir d'injustes soupçons de la vraie piété par de malignes représentations de la fausse.[37]

---

37 Hervier, *Les écrivains français* (s. Anm. 8), S. 332.

So wettert Bourdaloue in seinem *Sermon sur l'hypocrisie*, gefolgt von Bossuet, der seine *Maximes et réflexions sur la comédie* in dem Verdikt über Molière gipfeln läßt: »Il a fait voir à notre siècle le fruit qu'on peut espérer de la morale du théâtre qui n'attaque que le ridicule du monde, en lui laissant cependant toute sa corruption«[38], nicht ohne dem in Anspielung auf Molières Sterben auf der Bühne die makabre Drohung anzufügen: »Malheur à vous qui riez, car vous pleurez«. Ein erstaunliches Zeugnis christlicher Lachfeindschaft, gegen die Molière die hermeneutische Moral der Komödie gerade von der Funktion des ridiculums aus zu verteidigen suchte.

IX

> Ceux qui souhaiteront de voir la plus scandaleuse (pièce de Molière) ou du moins la plus hardie, pourront jeter les yeux sur le *Tartuffe*, où il a prétendu comprendre dans la jurisdiction du théâtre le droit qu'ont les ministres de l'Eglise de reprendre les hypocrites et de déclamer contre la fausse dévotion.[39]

Diese Kritik von Adrien Baillet nimmt das Argument von Bourdaloue mit einer zukunftsträchtigen (bisher kaum beachteten) Formulierung auf. »La jurisdiction du théâtre« findet sich – gewiß ohne Kenntnis des Vorgängers – in Schillers *Schaubühne als moralischer Anstalt* (1784) wieder, mit dem berühmten Satz: »Die Gerichtsbarkeit der Bühne fängt an, wo das Gebiet der weltlichen Gesetze sich endigt.« Was den Zorn der theologischen Gegner Molières heraufbeschwor, war nicht allein die vermeintliche Profanierung der Devotion, sondern zugleich und wohl mehr noch der Über-

---

38 Ebd., S. 334. 39 Ebd., S. 363.

griff auf einen Bereich des Lebens, über den allein zu urteilen sich bislang die Kirche vorbehalten hatte. Indem ihr Molière dieses Privileg streitig machte (»Si l'emploi de la Comédie est de corriger les vices des hommes, je ne vois pas pour quelle raison il y en aura de privilégiés«, Préf. 678), erhob er – in Frankreich wohl erstmalig – den Anspruch auf die unbegrenzte Kompetenz und Legitimität der ›Schaubühne als moralische Anstalt‹. Die damit beanspruchte ästhetische und moralische Autonomie der Dichtung ist mithin im Tartuffe-Skandal für die französische Klassik erkämpft worden!

In seiner Begründung schlägt Molière schon aufklärerische Töne an. Gerade die nach der Doktrin der Klassik geringer geschätzte Komödie sei vorzüglich geeignet zu leisten, was der Predigt und der Philosophie so schwer gelinge:

> Les plus beaux traits d'une sérieuse morale sont moins puissants, le plus souvent, que ceux de la satire; et rien ne reprend mieux la plupart des hommes que la peinture de leurs défauts. C'est une grande atteinte aux vices que de les exposer à la risée de tout le monde. On souffre aisément des répréhensions; mais on ne souffre point la raillerie. On veut bien être méchant; mais on ne veut point être ridicule (Préf. 678).

Der letzte Satz ist ein Aphorismus auf dem Niveau La Rochefoucaulds. Warum wohl nimmt man lieber in Kauf, für böse gehalten zu werden, als sich lächerlich zu machen? Das Lächerliche legt etwas bloß, was man nicht erwarten konnte, was man nicht preisgeben wollte, wogegen man sich nicht wehren kann. Es verletzt die Eigenliebe (›amour-propre‹), was im Fall des Bösen nicht eintreten muß. In den Augen der andern als böse zu gelten, setzt ein moralisches

Urteil voraus, dem man sich stellen und dabei sein Recht als Person wahren kann. Anders das Lächerliche! Sofern es das Gewohnte mit dem Ungewohnten konfrontiert, das scheinbar Selbstverständliche durchbricht und aufdeckt, was man hätte verbergen wollen, kann es vorzüglich zum Instrument werden, um die Verblendung durch Trugbilder der Hypokrisie aufzulösen, angesichts derer die Vernunft für sich allein sich oft so ohnmächtig erweist wie der ›raisonneur‹ Cléante im *Tartuffe*.

Der Kommentator der *Lettre* wendet sich gegen Kritiker, die nicht das Theater als solches verwerfen, wohl aber ihm untersagen wollen, »à se mêler de prêcher l'Evangile«[40], ja den Gegenstand von Religion überhaupt zu berühren.[41] Er führt dagegen nicht allein die heidnische Antike ins Feld, die so weise war, ihre Götter selbst in ihrem gerechten Walten auf der Bühne vor Augen zu stellen, sondern auch die geistlichen Spiele der christlichen Väter. Diese seien der Schlichtheit des Evangeliums noch so nahe gestanden, daß sie die natürliche Neigung des Volkes für das Schauspiel nutzen wollten, um ihm die Passion Christi und andere fromme Gegenstände undogmatisch nahezubringen.[42] Am originellsten wird der Kommentator, wo er die dogmatischen Verächter des Theaters mit einem theologischen Argument widerlegen will.[43] Wenn diese behaupten, die Schaubühne sei kein würdiger Ort, um die evangelische Botschaft zu lehren, spreche daraus nur ihr Unverständnis der göttlichen Wahrheit, die auch noch an den geringsten Stätten der Welt leuchte. Sie mißachteten damit zugleich das Gebot der

---

40 Ebd., S. 361.
41 Dazu gehörte merkwürdigerweise der sonst keineswegs kirchenfromme Abbé d'Aubignac in seiner *Dissertation sur la condamnation du théâtre* von 1666 (S. 49); vgl. Salomon, *Tartuffe devant l'opinion française* (s. Anm. 7), S. 49.
42 *Lettre sur la comédie de l'imposteur* (s. Anm. 25), S. 557.
43 Ebd., S. 554 ff.

Caritas, die keine Grenzen dulde, wenn es um die Bekehrung der Bösen und um die Heiligung unserer Brüder gehe. Es sei falscher Anstand (»une fausse bienséance«), wenn man die religiöse Lehre auf Schulen und Kirchen beschränke, wo sie doch nur diejenigen erreiche, die sie schon kennen und lieben, nicht aber ihre Feinde oder die Gleichgültigen, die man an den profansten Stätten aufsuchen müßte. Gerade dies sei der Ort, an dem christliche Nächstenliebe ihre schönsten Triumphe erringe:

> c'est elle qui les rend dignes d'elle, ces lieux si indignes en eux-mêmes: elle fait, quand il lui plaît, un temple d'un palais, un sanctuaire d'un théâtre, et un séjour de bénédiction et de grâces d'un lieu de débauche et d'abomination. Il n'est rien de si profane qu'elle ne sanctifie, de si corrompu qu'elle ne purifie [...].[44]

X

Dieser erstaunlichen Evangelisation der Schaubühne (»un sanctuaire d'un théâtre«) steht in der *Lettre sur l'Imposteur* eine Rechtfertigung des ›ridiculum‹ gegenüber, die besondere Beachtung in der Begriffsgeschichte verdient. Gegen den Topos der lachfeindlichen Theologie, die der Komödie alle moralische Wirkung absprach: »qui n'attaque que le ridicule du monde, en lui laissant cependant toute sa corruption« (Bossuet)[45], wird hier behauptet, gerade das ›ridicule‹ sei – im Leben wie auf der Bühne – »une des plus sublimes matières de la véritable morale«[46]. Das Lachen über etwas oder über jemand gebe uns etwas zu verstehen, was wir – sei es aus

---

44 Ebd., S. 557.
45 *Recueil des textes* (s. Anm. 11), S. 334.
46 *Lettre sur la comédie de l'imposteur* (s. Anm. 25), S. 559 f.

Schwäche, sei es aus Faulheit – sonst verkennen würden. Das Zeichen, das die Natur gesetzt hat, um das Unvernünftige zu kennzeichnen, das die Sicht auf das Vernünftige verstellt, sei das Vergnügen, das dem Lächerlichen entspringt – ein mit Verachtung gemischtes Gefühl, weil es im Belachten etwas erkennt, was aus Torheit oder Irrtum der Vernunft ermangelt.

Der Erläuterung dieses »kältesten von allen Gefühlen«[47] wird später noch hinzugefügt, selbst das Böse sei noch durch einen Grad an Lächerlichkeit gekennzeichnet. Könne es doch ein Gefühl der Überlegenheit im nicht Betroffenen hervorrufen, gemischt aus Freude und Verachtung – ein Gefühl, das der Kommentator auf die ›ältesten Krankheiten des Menschengeschlechts‹: »l'orgueil et la complaisance dans les maux d'autrui«[48] zurückführt, ohne zu bemerken, daß er damit seine moralische Rechtfertigung der *vis comica* überschritten und sich bedenklich dem ›sündigen Lachen‹ genähert hat.[49] Seine viel zitierte Bestimmung des Begriffs fügt die Vorsehung eher beiläufig in die Ordnung der Natur ein: »Le ridicule est donc la forme extérieure et sensible que la providence de la nature a attachée à tout ce qui est déraisonnable, pour nous en faire apercevoir, et nous obliger à le fuire«.[50] Damit gipfelt der für das *ridiculum* erhobene moralische Anspruch in einer kleinen Theodizee: Ist die Weisheit der Vorsehung in der Natur nicht zu bewundern, die dafür gesorgt hat, alles, was vom Vernünftigen und Natürlichen abweicht, mit dem Lächerlichen so sinnfällig zu kennzeichnen, daß alle Makel an Menschen und Dingen kompensiert werden, und am Ende nur die verborgene Vernunft der Weltordnung bestätigen kann?

---

47 Ebd., S. 562.
48 Ebd., S. 565.
49 Die Beschreibung des »rire de supériorité« antizipiert in mancher Hinsicht »le comique significatif« in Baudelaires Essai *Le rire*.
50 *Lettre sur la comédie de l'imposteur* (s. Anm. 25), S. 560.

XI

Hier dürfte die Apologie der Molièreschen Komödie den Punkt erreicht haben, wo sie vollauf mit der klassischen Episteme (um auch Foucault einmal die Ehre zu geben) übereinstimmt: das *ridiculum* als unmißverständliches Zeichen, das die providentielle Ordnung der Dinge auch noch in ihrer Gestörtheit wahrnehmbar macht, setzt das Verhältnis wechselseitiger Repräsentation von Welt und Bewußtsein, Sprache und Denken voraus. Blickt man dann aber vom Apologeten Molières auf diesen selbst zurück, so bemerkt man bald, daß Molières Theater die klassische Episteme zwar noch voraussetzt, aber nurmehr als Grenze ihrer Geltung, die gerade der *Tartuffe*, aber auch andere seiner großen Komödien überschreiten und in Frage stellen.

Der Apologet hat seine Argumentation nicht zufällig fast ganz auf die Dekuvrierung der Galanterie abgestellt, die er für ein Hauptübel der zeitgenössischen Gesellschaft hält.[51] So kann er zwar rühmen, wie nachhaltig in der letzten Szene zwischen Elmire und Tartuffe die Listen der Verführung ins Lächerliche gezogen seien; doch verliert er dabei die Rolle der Hypokrisie ganz aus den Augen. Gelacht wird hier indes über die Situation des verführten Verführers, nachdem seine falsche Devotion bereits durchschaut ist, nicht über den Charakter des Hypokriten und seine Kunst der Simulation als solche. Auf diese würde die zitierte Definition des *ridiculum* nicht zutreffen. Denn eine geglückte Simulation entzieht sich ja gerade dem Verhältnis wechselseitiger Repräsentation: sie hebt die Transparenz der Zeichen auf und macht das vermeintlich Bezeichnete unerkennbar. So unerkennbar wie das Wesen der wahren Devotion im täuschenden Spiegel der falschen! Nur so erklärt sich die

---

51 Ebd., S. 558.

gefährliche Gewalt der Hypokrisie Tartuffes, die über Orgons Verblendung und seine Desillusionierung hinaus die ganze Familie an den Rand des Ruins bringt. Das Machtwort des Königs, das sie in extremis rettet, ist darum nicht ein bloßer Coup de théâtre, sondern liegt ganz in der Konsequenz des Verlusts der klassischen Episteme. Wo auf wahrnehmbare Zeichen einer verborgenen Vernunft in der Korruption der gegenwärtigen Gesellschaft nicht mehr vertraut werden kann, bedarf es einer höheren Instanz, um die Verwirrung zu lösen und einen gerechten Ausgang herbeizuführen – der souveränen Instanz, die schon dem ersten Tartuffe das salomonische Urteil über sein rechtes Verständnis auf den Weg gab.

Die Überschreitung und Infragestellung der klassischen Episteme im *Tartuffe* kann auch im Blick auf die Ablösung eines rituellen durch ein reflexives Lachen verdeutlicht werden, die Rainer Warning in seinem Projekt einer Pragmasemiotik der Komödie ins Licht gerückt hat. Deren Grundbestimmung lautet:

> Die Komödie zeigt sich als Spiel. Sie spielt Gegensinniges, erfindet negative Gegenwelten im Aspekt der Norm, die sie verletzt, positive Gegenwelten im Aspekt des Vergnügens, das sie dem Publikum bereiten. Die komische Positivierung von Negativität ist wesentlich an dieses Vergnügen gebunden. Wo sie in reflektierte Kritik am Geltenden übergeht, hört im allgemeinen der Spaß und das Lachen auf.[52]

Trifft das Lachen in Molières Komödie die Störenfriede und Außenseiter der Gesellschaft als monomanische Verfehlun-

---

52 Rainer Warning, »Elemente einer Pragmasemiotik der Komödie«, in: *Das Komische*, hrsg. von Werner Preisendanz und Rainer Warning, München 1976 (Poetik und Hermeneutik, VII), S. 332.

gen der ›raison‹, so kann es doch die ausgegrenzte ›déraison‹ auch wieder lachend positivieren und damit – nach Joachim Ritters berühmter These – die geheime Zugehörigkeit des Ausgegrenzten, Nichtigen zum Lebensganzen bejahen. Diese Theorie wird indes, wie Warning in ihrer Revision zeigt, der Ambivalenz der Molièreschen Komödie nur zum Teil gerecht.[53] Hier stößt die komische Positivierung des Negativen immer wieder an eine Grenze, wo der Antwortcharakter des Lachens reflexiv gebrochen wird, sei es daß dem Lachenden die Frage gestellt ist, warum er lacht, sei es daß ihm der Grund des Lachens entzogen wird (wie gerade in der Komödie Molières häufig der Fall).[54] Die Leistung verstehender Hereinnahme des Ausgegrenzten, die Ritter dem Akt des Lachens selbst zuschreibt, leuchtet am ehesten bei der romantischen Auffassung des Humors ein, schwerlich bei Molière, dessen oft bittere Komik – wie Hegel treffend bemerkte – seinen Charakteren versagt, am Ende »frei und befriedigt mitlachen [zu können]«.[55] Der Tartuffe zeigt gegenüber anderen Komödien Molières, von denen man sagen kann: »sie leben von der Norm, die sie verletzen und der sie gleichwohl gehorchen«[56], den skandalträchtigen Grenzfall, daß hier das Lachen nicht den zwielichtigen Charakter des Hypokriten, sondern die Opfer seiner Simulation trifft, die eine bisher fraglos anerkannte Norm – die Devotion – mit ins Zwielicht zieht. Der Hypokrit ist kein monomanischer Ausgegrenzter, die Hypokrisie keine Negativität, die sich im verstehenden Lachen positivieren ließe.

---

53 Rainer Warning, »Komik und Komödie als Positivierung von Negativität«, in: *Positionen der Negativität*, hrsg. von Harald Weinrich, München 1975 (Poetik und Hermeneutik VI), S. 356.
54 Siehe dazu mein Statement: »Reflexives Lachen«, in: *Positionen der Negativität* (s. Anm. 53), S. 552 f.
55 Georg Wilhelm Friedrich Hegel, *Ästhetik*, hrsg. von Friedrich Bassenge, Berlin 1955, S. 1103.
56 Warning, *Elemente* (s. Anm. 52), S. 333.

Auch nach der Entlarvung Tartuffes als eines wirklichen Verbrechers bleibt das von ihm hervorgebrachte Trugbild der falschen Devotion eine Provokation, nicht allein der Kirche, die der Schaubühne das Recht bestreitet, über das Laster der Hypokrisie zu urteilen, sondern auch der Gesellschaft, in der das in ihr hervorgebrachte Laster eine so gefährliche Macht erlangen konnte. Taucht nicht in Molières Komödie hinter der religiösen Hypokrisie, die Bossuet als schlimmste aller Sünden anklagte, unter demselben Namen mehr und mehr eine nicht weniger gewaltige, profane Gestalt auf: Hypokrisie als Hauptübel einer Gesellschaft, deren Mitglieder unter dem Trugbild, einer so vernünftigen wie natürlichen Ordnung zu dienen, in Wahrheit nur ihren selbstsüchtigen, obschon meist uneingestandenen Interessen folgen?[57]

XII

Molière wollte in der Tat die Hypokrisie der Zuständigkeit der Theologie nicht allein überlassen: sie sei – betont er in der *Préface* (678) – für den Staat weitaus gefährlicher als alle anderen Laster. Warum ihr diese verborgene Macht zugeschrieben werden konnte, läßt sich im Rückgriff auf die Anthropologie La Rochefoucaulds am ehesten begründen. Man denke nur an das Motto seiner *Réflexions morales*: »Nos vertus ne sont plus souvent que des vices déguisés«. Setzt es für den kritischen Blick auf das gesellschaftliche Leben doch nichts anderes voraus als die an Tartuffe dekuvrierten Wesenszüge der Hypokrisie: die Simulation des Echten, den erborgten Schein des Wahren, den mißbrauch-

---

[57] Dafür immer noch exemplarisch: Werner Krauss, »Molière und das Problem des Verstehens in der Welt des 17. Jahrhunderts«, in: W. K., *Gesammelte Aufsätze zur Literatur- und Sprachwissenschaft*, Frankfurt a. M. 1949, S. 339–368.

ten Nimbus des Guten, mithin das Gewand der Tugend, um vielfältige Laster zu bemänteln, die letztlich auf *einen* verborgenen Grund zurückweisen. Es ist dies der ›amourpropre‹, Ursprung aller Antriebe des Handelns und Begehrens im Dunkel einer Subjektivität, die sich als ein »Fluchtwesen [...] immer wieder ins Ungreifbare entzieht«. Demgegenüber wird »die gesellschaftliche Welt zur Welt des generalisierten Scheins«, in jedem einzelnen wirksam als Zensur, die das Interesse – das ›die Seele des amour-propre‹ ist (Nr. 510) – indes in den Verkleidungen seines Begehrens zu überspielen weiß. So viel zu dem, was Karlheinz Stierle, dem ich hier folgte, die »negative Anthropologie« La Rochefoucaulds genannt hat.[58] Dazu gehört auch, daß die aphoristische Struktur vieler Maximen durch die schon eingangs hervorgehobene Neuerung bestimmt ist: ontologisch geschiedene Tugenden und Laster, aber auch entgegengesetzte Wertbegriffe werden in Beziehungen einer wechselseitigen Abhängigkeit gebracht, die mimetisch verbildlicht werden kann. So das schon zitierte: »L'humilité n'est souvent qu'une feinte soumission, dont on se sert pour soumettre les autres; c'est un artifice de l'orgueil qui s'abaisse pour s'élever« (Nr. 254), ferner: »La pitié est souvent un sentiment de nos propres maux dans les maux d'autrui; c'est une habile prévoyance des malheurs où nous pouvons tomber« (Nr. 264) oder: »Ce qui paraît générosité n'est souvent qu'une ambition déguisée, qui méprise de petits intérêts, pour aller à de plus grands« (Nr. 246).

Erkennt man in der Analogie solcher Maximen eine mimetische Beziehung zwischen antagonistischen Werten, so stellt sich erneut die Frage nach dem Verhältnis von Mime-

---

58 Karlheinz Stierle, »Die Modernität der französischen Klassik. Negative Anthropologie und funktionaler Stil«, in: *Französische Klassik. Theorie, Literatur, Malerei*, hrsg. von Fritz Nies und Karlheinz Stierle, München 1985, S. 91 ff.

sis und Simulation. Darauf waren wir schon im Fall von Tartuffe bei der Überlegung gestoßen, ob das Faszinosum seiner mimetischen Sprache – ihre so hohe verführerische Gewalt – nicht unterschätzt wäre, würde man in seinem Verhalten nurmehr den abgefeimten Betrug eines Simulanten sehen wollen und damit die Ambivalenz der Hypokrisie vereindeutigen. Kommt nicht selbst noch der vorgetäuschten Devotion eine besondere Suggestion zu, eine quasi-mystische Intensität, die der Simulant nicht aus eigenem Geschick hervorbringen könnte, sondern aufrufen muß (»un hommage que le vice rend à la vertu«), um sich ihre fremde Kraft zu erborgen? Ist Hypokrisie überhaupt und notwendigerweise ein Akt vorsätzlicher Täuschung, im zynischen Bewußtsein eines Lügners vollzogen, der simuliert, ein anderer zu sein, als er in Wahrheit ist? Oder wäre Hypokrisie auch als eine mimetische Beziehung denkbar, die sich keiner Simulation bewußt ist, die täuschen kann, ohne täuschen zu wollen?

Wäre unter dieser letzten Prämisse *Tartuffe* im Sinne Molières schwerlich inszenierbar und als Sujet einer Komödie wohl auch nicht denkbar, so dürfte sie doch für Hypokrisie im Sinne La Rochefoucaulds zutreffen. Wo in der Welt des gesellschaftlichen Scheins die Tugenden zumeist als verkleidete Laster auftreten, ist auch schon die Absicht, die andern durch Simulation täuschen zu wollen, aus dem Bewußtsein entschwunden: »Nous sommes si accoutumés à nous déguiser aux autres qu'enfin nous nous déguisons à nous-mêmes« (Nr. 119). Hypokrisie, die zu täuschen vermag, ohne täuschen zu wollen, führt bei La Rochefoucauld auf ein Ich zurück, das sich über sich selbst täuschen, sich selbst belügen kann. Man braucht dabei zur Erklärung nicht auf Freuds Modell von Zensur und Verdrängung zu rekurrieren. Näher liegt Jean-Paul Sartres Beschreibung der ›mauvaise foi‹, die dem Fallstrick des ›unbewußten Bewußtseins‹ entgeht. Wie die ›mauvaise foi‹ ist auch die Hypokrisie zwischen Lüge und Aufrichtigkeit, Zynismus und ›la bonne foi‹, anzusiedeln. Im Hypokriten werden der Lügende und der Belogene zu einer Person, was besagt: »je dois savoir en tant que trompeur la vérité qui m'est masquée en tant que je suis trompé. Mieux encore je dois savoir très précisément cette vérité *pour* me la cacher plus soigneusement«.[59]

Die Probe aufs Exempel kann der erstaunliche, im Brief des Chevalier de Meré zitierte Satz erbringen:

> [...] la véritable vertu se confie en elle-même; elle se montre sans artifice et d'un air simple et naturel, comme celle de Socrate; mais les faux honnêtes gens, aussi bien que les faux dévots, ne cherchent que l'apparence, et je crois que, dans la morale, Sénèque était un hypocrite et qu'Epicure était un saint.[60]

In dieser Reflexion tritt zutage, daß die negative Anthropologie La Rochefoucaulds auch eine positive Kehrseite kennt. Die Möglichkeit der Tugend wird hier nicht mehr bestritten, sofern sie sich schlicht, aufrichtig (»se confie en elle-même«) und ohne jeglichen Zwang (»sans artifice«) bekundet. Wer dies vermag und sein Denken und Tun in Übereinstimmung bringt, ist wie Sokrates oder wie der zum profanen, ›natürlichen‹ Heiligen avancierte Epikur. Wer vorgibt, moralischen Vorschriften zu folgen (wie die »faux honnêtes gens«) oder Vorbilder nachzuahmen (wie die »faux dévots«), verbleibt in der Ostentation des nur Äußerlichen, wie der in seiner rigorosen Moral zum Hypokriten degradierte Seneca.

---

59 Jean-Paul Sartre, *L'être et le néant*, Paris 1943, S. 87 ff.
60 Im Annex der La Rochefoucauld-Ausgabe (s. Anm. 1), S. 604.

Epikur steht für die Bejahung der innerweltlichen Eudämonie, im Wissen, daß dem Menschen in seinem Glücksstreben nichts unvermischt zuteil wird: »qu'on ne voit rien de pur ni de sincère, qu'il y a du bien et du mal en toutes choses de la vie« (daher die mimetische Analogie in den Aphorismen über Tugend und Laster!). Dabei darf selbst politischer Konformismus in Kauf genommen werden, unter der Bedingung, dabei innere Distanz zu wahren:

> Nous devons quelque chose aux coutumes des lieux où nous vivons, pour ne pas choquer la révérence publique, quoique ces coutumes soient mauvaises; mais nous ne leur devons que de l'apparence: il faut les en payer et se bien garder de les approuver dans son cœur, de peur d'offenser la raison universelle, qui les condamne.[61]

Es entbehrt nicht einer ironischen Pointe, daß der epikureische Weise, wenn er den gesellschaftlichen Schein akzeptiert und glaubt, in der Rückzugsposition seiner inneren Distanz vor der Instanz der universellen Vernunft salviert zu sein, mit dieser *reservatio mentalis* von ihm selbst unbemerkt in Hypokrisie zurückfällt. Gewiß nicht ohne ein stilles Vergnügen, das er mit dem Verfasser der *Lettre sur l'Imposteur* teilt – das Vergnügen, aus der Distanz des Zuschauers auf jene Komödie aller Komödien zu blicken, die die Welt bedeutet. In den Worten dieses immer noch Unbekannten, um ihm eine letzte Reverenz zu erweisen:

---

61 Ebd.

Der Tartuffe-Skandal

[...] je m'accoutume insensiblement, Dieu merci, à rire de tout comme les autres, et à ne regarder toutes les choses qui se passent dans le monde que comme les diverses scènes de la grande comédie qui se joue sur la terre entre les hommes.[62]

---

[62] *Lettre sur la comédie de l'imposteur* (s. Anm. 25), S. 566. – Rainer Warning danke ich den Hinweis auf Pierre Nicole, *De la charité et de l'amour propre*, ein Text, der in meiner Perspektive eine eingehendere Würdigung verdiente. Wie La Rochefoucauld Hypokrisie und Tugend, so setzt Nicole ›amour propre‹ und ›charité‹ in eine mimetische Beziehung. Nicole führt (gegen La Rochefoucauld?) den ›amour propre‹ überraschend auf »le désir d'être aimé« zurück, ein Bedürfnis, das sich nur erfüllen kann, wenn der Betroffene – paradoxerweise gegen sein selbstisches Interesse – dem Muster der ›charité‹ folgt: »qu'il est vrai que l'amour propre peut imiter toutes les actions de la charité, qu'il s'insinue même souvent dans celles où il semble qu'il puisse avoir le moins de part, et qui sont destinées pour le mortifier et pour le détruire« (Kap. 10). Nicole beruft sich dabei auf Augustin: *Videte quanta opera faciat superbia: ponite in corde, quam similia facit et quasi paria caritati [...] Vestit nudum caritas, vestit et superbia [...] Opera videmus [...] in operibus non discernimus* (Epist. I; Joan., tract. VIII, n. 9). Somit wäre die eingangs La Rochefoucauld zugeschriebene mimetische Beziehung zwischen Laster und Tugend doch schon in augustinischer Tradition vorgegeben! Nicole entschärft dabei La Rochefoucaulds Anthropologie, wenn er den ›amour propre‹ keineswegs für unkorrigierbar hält, sondern darauf setzt, daß die ›aufgeklärte Eigenliebe‹ sogar ein Instrument der Erziehung werden könne: »pour rendre les hommes heureux dès cette vie même, il ne faudrait, au défaut de la charité [!], que leur donner à tous un amour-propre éclairé, qui sût discerner ses vrais intérêts« (Kap. 11).

Karl Löwith und Luigi Pirandello
Das Individuum in der Rolle des Mitmenschen –
wiedergelesen

Karlheinz Stierle zum 22. November 1996

I

Karl Löwiths Habilitationsschrift ist weithin in Vergessenheit geraten. Die philosophischen und hermeneutischen Debatten der letzten Jahrzehnte haben die Problematik, die sein Buch: *Das Individuum in der Rolle des Mitmenschen* entfaltet, nicht explizit aufgenommen, weder in der poststrukturalen Theorie oder im Dekonstruktivismus, noch in der Theorie des kommunikativen Handelns, aber auch nicht in der Auseinandersetzung über den Geltungsanspruch der Hermeneutik. Dabei hatte Löwith schon 1928 – der späteren Logozentrismuskritik weit voraus – die Einseitigkeit subjektzentrierter Vernunft in der Geschichte der neueren Philosophie ins Licht gerückt. Er hatte ihr vor allem entgegengehalten, daß sie den Vorrang der Mitwelt vor der Umwelt verkannt, das ursprünglichere Miteinandersein von Ich und Du dem Verhältnis von Subjekt und Objekt nachgeordnet und dabei insgesamt vernachlässigt habe. Die nach wie vor bedenkenswerte Ausgangsthese seiner dialogischen Hermeneutik lautete: »Zu sich selbst zurück kehrt der Mensch aber zumeist nicht von ›Objekten‹, sondern von Subjekten, d. h. von Seinesgleichen; denn die ›Welt‹, an die er sich vorzüglich kehrt, ist die ihm entsprechende Mitwelt« (S. 1).[1]

---

1 Stellenangaben im Text (Seitenzahl oder §§) beziehen sich auf: Karl Löwith, *Das Individuum in der Rolle des Mitmenschen*, Darmstadt 1962 [Erstdr. München 1928].

Damit stellt sich heute die rückschauende Frage, ob die seither so gern beschworene Austreibung des Subjekts wie auch der vermeintliche Untergang einer Philosophie des Sinns[2] und schließlich die Wendung zum ›Anderen der Vernunft‹ letztlich nicht die unerkannte Folge der Tendenz gewesen ist, die Beziehung von Mensch und Welt auf das monologische Verhältnis von Subjekt und Objekt zu reduzieren. So gesehen mußte die schon von Löwith geforderte Kritik der subjektzentrierten Vernunft nicht unabdingbar in die Sackgasse einer negativen Theologie der Destruktion von Sinn überhaupt, in die Selbstpreisgabe des Menschen an die anonymen Diskurse der Macht oder in die jüngste Rückwendung zur Heilkraft einer vernunftfernen Ästhetik der Natur führen.[3] Vielmehr kann aus Löwiths dialogischer Hermeneutik ein nicht mehr egologischer Subjektbegriff – das Individuum als ›Dividuum‹ – gewonnen und Verstehen erneut dialogisch, als ein Sich-Verstehen im Andern, begründet werden, womit nicht *das* schlechthin Andere, sondern *der* konkret begegnende Andere gemeint ist.

Löwiths Analysen des Miteinanderseins führen vom Miteinander-Sprechen zur Problematik der gegenseitigen Anerkennung von Mensch und Mitmensch, von Ich und Du. Sie eröffnen damit ein intersubjektives Verstehen, das der Differenz des Eigenen zum Fremden entspringt und im dialogischen Verhältnis erfordert, einander mit den Augen des Andern zu sehen und sich gegenseitig als Person in ihrer Eigenheit und ihrem Eigenrecht zu achten. Die dialogische Hermeneutik impliziert damit die ihr eigene, in der Freiwilligkeit allen Verstehens begründete Moralität. Darin lag der von Löwith noch nicht ausgeführte Ansatz einer hermeneu-

---

[2] Dazu Manfred Frank, *Das Sagbare und das Unsagbare*, Frankfurt a. M. 1980, S. 36 ff.
[3] Siehe dazu meine *Studien zum Epochenwandel der ästhetischen Moderne*, Frankfurt a. M. 1989, S. 17 ff.

tischen Moral, den ich in meinen *Wegen des Verstehens* aufgenommen und im Blick auf den moralischen Anspruch des Ästhetischen vertreten habe.[4]

Der literarischen Hermeneutik, um die es hier in erster Linie gehen soll, hat Löwiths Buch eine exemplarische Applikation hinterlassen, die als Prüfstein seiner eigenen Theorie, aber auch im Blick auf Pirandello, den er dafür wählte, noch nicht ausgeschöpft zu sein scheint. Seine Interpretation von *Così è (se vi pare)*[5] stellte das Drama in eine Perspektive, die den philosophischen Zugang zum Gesamtwerk Pirandellos eröffnet: »Die Erkenntnis, daß der Mensch in seinen Lebensverhältnissen nicht als pures, nacktes *Individuum*, sondern in der Form verhältnismäßiger Bedeutsamkeit – als *persona* – zur Geltung kommt, ist der monomanische Grundgedanke in der gesamten künstlerischen Produktion Pirandellos« (S. 84). *Persona* ist dabei zunächst im ursprünglichen Sinn von *Maske* zu verstehen. Der Obertitel seiner Theaterstücke: *Maschere nude* trifft dann die Intention, »die den Menschen in seinem eigentlichen Sein verdeckende ›Maske‹ zu demaskieren – ›finché si scopre nuda‹, bis sich das maskierte Dasein in seiner Nacktheit zeigt« (S. 85). Als *personae* gewinnen die Masken dabei eine eigentümliche Realität. Die Personen in *Così è (se vi pare)* (von Löwith übersetzt: »Sofern es euch so *erscheint, ist* es so«) sind einzig und durchgängig dadurch bestimmt, wie sie einander oder sich selbst erscheinen: »Der Ton liegt nicht auf dem Erscheinen als einem ›bloßen‹ Schein, sondern auf der Erscheinungsweise eines Seins« (ebd.). Soviel Schein, soviel Sein: das Erstgegebene ist nicht, was einer für sich selbst, als vermeintlich selbständiges Individuum ist, sondern was er für Einen oder für die Andern bedeutet.

4 Hans Robert Jauß, *Wege des Verstehens*, München 1984, Kap. 2.
5 Luigi Pirandello, *Così è (se vi pare)*, in: L. P., *Maschere nude*, Mailand 1958, Bd. 1.

Soweit der Ansatz von Löwiths Interpretation, deren Leistung und Grenzen in der Wiederlektüre zunächst zu prüfen sind. Sodann soll der Frage nachgegangen werden, wie Pirandellos Grundkonzeption, mit der er die Abkehr vom naturalistischen Illusionstheater vollzog, entstand und auf verschiedene Weise erprobt wurde. Der Konflikt zwischen dem Für-sich-Sein und dem Sein-für-Andere ist in seinem Werk vielfältig, sowohl komisch als auch tragisch, ausgestaltet worden. Er kann so weit gehen, daß die Personen in der verhältnismäßigen Bedeutung, in der sie zueinander stehen, völlig aufgehen, daß die Identität des eigenen Selbst dabei verloren geht und es unmöglich erscheint, einander jenseits der angenommenen Rollen überhaupt noch zu erkennen. Wenn es derart Pirandellos Personen versagt ist, sich selbst im Andern zu verstehen, wird eine Prämisse der idealistischen Hermeneutik, das dialektische Verhältnis des Eigenen und des Fremden, dem das Verstehen des Individuellen entspringt, außer Geltung gesetzt.[6] Da Löwith am Ende Pirandellos Darstellung überschärft fand und ihn der Ausgang des Stücks unbefriedigt ließ (S. 102), bleibt abschließend zu erörtern, wie er selbst das Sich-Verstehen im Andern begründet hat, anders gesagt: wie das Individuum primär in der Rolle des Mitmenschen erfahrbar werden und dabei doch seine selbständige Gestalt bewahren oder wiedergewinnen kann.

II

Così è (se vi pare) ist vorab im Gang der Handlung und in der hintergründigen Motivation wie folgt zu charakterisieren. Das Drama, aus einer Novelle weitergeführt, entwickelt und verwickelt sich an dem folgenden Fall. Den drei

---

6 Vgl. dazu Jauß, *Wege des Verstehens* (s.Anm. 4), Kap. 1, bes. S. 4 und 7.

Personen der inneren Handlung: Herr Ponza, dessen Frau (von Löwith mit X bezeichnet) und seine Schwiegermutter, Frau Frola, stehen in der äußeren Handlung die Einwohner einer süditalienischen Stadt gegenüber. Sie befremdet das merkwürdige Verhalten der zugezogenen Familie: Herr Ponza wohnt mit seiner Schwiegermutter zusammen, hat für seine Frau ein Zimmer in einem anderen Haus gemietet und verhindert, daß sich die beiden anders als vom Fenster aus sehen und sprechen können. Er erklärt dazu, seine erste Frau sei verstorben; er könne seiner zweiten, jetzigen Frau nicht zumuten, mit der Mutter seiner ersten Frau zusammen zu sein. Doch dann stellt sich heraus, daß diese einfache Erklärung trügt und eine intrikate, in sich selbst widersprüchliche Motivation der drei Personen verbirgt. Frau Frola erklärt, ihr Schwiegersohn bilde sich nur ein, mit einer zweiten Frau verheiratet zu sein, wohingegen Herr Ponza behauptet, Frau Frola, die den Tod ihrer Tochter nicht habe verschmerzen können, glaube unverwandt, seine zweite Frau sei ihre Tochter. Beide bestärken einander in ihrer Wahnidee (*pazzia*), überzeugt, daß nur so der Andere vor Verzweiflung bewahrt und größeres Unglück vermieden werden könne.

Ist das Paradox dieser wechselseitigen Lebenslüge zwar absonderlich, aber immer noch durchschaubar, so steigert Pirandello im letzten Akt die Verstrickung der drei Personen für die internen Gegenspieler wie für die externen Zuschauer ins Unentscheidbare. Er läßt Frau X herbeirufen und befragen, wer sie in Wahrheit sei, worauf sie antwortet, sie sei für Frau Frola ihre Tochter, für Herrn Ponza hingegen seine zweite Frau. Sie hat mithin eine Doppelrolle angenommen, sich sowohl auf die Wahnidee ihres Mannes, als auch auf die ihrer Mutter eingelassen, um beide nicht unglücklich zu machen: »Qui c'è una sventura, come vedono, che deve restar nascosta, perché solo cosí può valere il rimedio che la pietà le ha prestato«.[7] Die Wahrheit dieses Verhältnisses muß verborgen bleiben; sie wäre für den Mann wie für die Mutter unerträglich – ein Unglück, das ihnen nur durch *ein* Mittel erspart werden kann: zu handeln ›als ob‹, mithin für jeden die Person zu sein, für die man sie hält, die Gestalt anzunehmen, in der man dem Andern erscheint.

Dieses ›Handeln-als-ob‹ ist nicht allein für Frau Frola ein Erweis ihres Mitleids. Schon ihre Mutter hatte bekundet: »Abbiamo ognuno le nostre debolezze, e bisogna che ce la compatiamo a vicenda«[8], und auch ihr Mann sieht sein Verhalten nicht anders, als »un' opera di carità che mi costa tanta pena e tanti sacrifizii«[9]. Ihre Einwilligung in diese Lebensweise ist einmütig (»Se il nostro accordo è perfetto! Siamo contente, contentissime«[10], obschon durch eine Fiktion ermöglicht, mit der sich die Frage nach ihrem ›wahren Verhältnis‹ erübrigt, die von den Gegenspielern unablässig und unbarmherzig wiederholt wird. Kann und darf die Frage nach der Wahrheit verleugnet und preisgegeben werden, wenn es im Miteinandersein darum geht, sich über einen Modus vivendi zu verständigen? Für den normalen Verstand ein Skandal, mit dem sich die Außenstehenden nicht abfinden können. Ihre bohrende Frage nach der Wahrheit, die sich hinter dem Verhältnis der drei Personen verbirgt, wird dann auch am Ende geradezu ad absurdum geführt. Als man Frau X, deren Auftritt bis zuletzt hinausgezögert ist, schließlich befragt, wer denn nun, von ihrer Doppelrolle abgesehen, eigentlich und in Wahrheit für sich selbst sei, lautet ihre Antwort: ›Für mich selbst bin ich nie-

---

7 Pirandello, *Così è (se vi pare)* (s. Anm. 5), S. 1077.
8 Ebd., S. 1026.
9 Ebd., S. 1070.
10 Ebd., S. 1025.

mand‹ (»per me nessuna! [...] Per me, io sono colei che mi si crede«[11]).

Laudisi, der philosophische Kopf unter den Gegenspielern, kommentiert mit einem höhnischen Lachen: »Ed ecco, o signori, come parla la verità!«[12] Die Wahrheit, die aus Frau X spricht, ist eine Bestreitung der ihr abverlangten Wahrheit. Für sie wie für ihre Mutter und ihren Mann gilt: soviel Schein, soviel Sein. Eine objektive Wahrheit, die unabhängig von ihrer subjektiven Bedeutung für die beiden andern bestünde, bleibt den Zuschauern entzogen; sie bleibt hier so unerklärbar wie das Wesen, das Frau X in Wahrheit für sich selbst sein müßte, aber zu sein bestreitet. So hinterläßt das Drama eine offene Frage, bei der nicht sicher ist, ob sie Pirandello für beantwortbar hielt – die Frage, wie sich der Mensch in seiner verhältnismäßigen Bedeutung für die Andern erfahren und gleichwohl als selbständiges Wesen verstehen kann.

Karl Löwith hat das in ihren *personae* verselbständigte Dasein der drei Personen im Gang der Handlung Schritt für Schritt nachgezeichnet und hervorgehoben, wie ihr Verhältnis als in sich geschlossene Welt für jeden ganz in der Bedeutung verbleibt, die er für die beiden andern verkörpert. Das sie einheitlich bestimmende Verhältnis kann als Solidaritätskreis (in den Worten der Mutter: »questo mondo chiuso d'amore«[13]) nur von außen gestört und aufgebrochen werden. Es muß zerbrechen, sobald im Verlauf der äußeren Handlung die Hauptpersonen einzeln und nacheinander befragt werden und jede der Drei gezwungen wird, ihr stillschweigendes Einvernehmen zu brechen und ihren Stand- und Gesichtspunkt isoliert zur Sprache zu bringen. Die Standpunkte widersprechen sich erst als isolierte, wenn sich jeder der Drei genötigt sieht, »von sich aus das ganze Ver-

11 Ebd., S. 1077. 12 Ebd., S. 1078. 13 Ebd., S. 1025.

hältnis als *sein* Verhältnis zu den andern sich selbst und anderen verständlich zu machen« (S. 90).

Dem ist aus meiner Sicht hinzuzufügen, daß Pirandello den latenten Widerspruch im reziproken Verhältnis der drei Personen dramatisch höchst wirkungsvoll verschärft hat. In ihrem Verhalten ist nicht allein das, was ein jeder für sich selbst ist, völlig in seine zwiespältige familiäre Rolle entäußert, sondern zugleich auf Vorstellungen des Einen vom Andern fixiert, die den Außenstehenden als Wahngebilde erscheinen müssen. Die von Löwith herausgestellte Macht der reflexiven Zweideutigkeit ist nicht einfach positionell bedingt, sondern in das Paradox gesteigert, daß für Herrn Ponza, Frau Frola und Frau X die verhältnismäßige Bedeutung ihrer *personae* keine Wahngebilde (*pazzia*) sind, sondern eine ihnen durchaus bewußte Fiktion (im Sinne einer ›willing suspension of disbelief‹). Dabei entspringt ihr Unglück nun aber – wie man erwarten könnte – gerade nicht daraus, daß ihr stilles Einvernehmen durch die Trugbilder ihrer Rollen erkauft ist. Es tritt erst ein, wenn es durch die Intervention von Dritten gestört wird, die verstehen wollen und daran scheitern, die Wirklichkeit und zugleich das Wahngebilde vor Augen zu haben, ohne Sein und Schein unterscheiden zu können: »eccovi dannati al meraviglioso supplizio d'aver davanti, accanto, qua il fantasma e qua la realità, e di non poter distinguere l'uno dall'altra«[14]. So kommentiert Laudisi, der als einziger erkannt hat (und hier für den Autor spricht), daß die intersubjektive Wahrheit eines Verhältnisses zwischen Personen nicht auf einer Seite liegen kann, sondern stets auch davon abhängt, wie sie die Andern sehen, woraus folgt, daß ihr Verhältnis zueinander aus den Augen des Dritten durchaus widersprüchlich erscheinen mag (»Però le

14 Ebd., S. 1041.

dico: rispetti ciò che toccano gli altri, anche se sia il contrario di ciò che vede e tocca lei«[15]).

Mit Hilfe der erst nach Löwiths Buch zu Ehren gekommenen Rollentheorie erläutert: hier macht sich Rollendistanz, verstanden als Freiheit, sich zu seiner Rolle zu verhalten, auf verschiedene Weise geltend. Sie ermöglicht Laudisi, der als ein dritter dem Ich-Du-Verhältnis der kleinen Familie gegenübersteht, das paradoxe Verhältnis ihrer Beziehungen als subjektive Wahrheit ihres Modus vivendi zu begreifen. Sie muß als Wahrheit des Scheins für die Betroffenen zunichte werden, wenn sie genötigt sind, aus ihrer Rolle herauszutreten, um sie zu rechtfertigen, was von jedem erfordert, den Widerspruch zu erklären, warum er für sich selbst ein Anderer ist als die *persona*, die er für die Andern darstellt. Die aufgenötigte Rollendistanz kann sie hier nicht zur Selbständigkeit des Einen gegenüber den Andern befreien. Denn sie nötigt, die in Rücksicht auf die Andern eingegangene Rolle als eine bloße Fiktion preiszugeben, die als Modus vivendi darin bestand, davon abzusehen, was jede Person für sich bedeuten mochte. Im Heraustreten aus der Rolle findet sich das isolierte Ich an einer ihm unerklärbaren Leerstelle; es muß sich selbst unkenntlich bleiben, solange es erwartet, ein Für-sich-Sein jenseits seiner Rollen, in seiner unverhältnismäßigen Existenz, zu finden, statt es im Verhältnis zu den Anderen selbst zu suchen und zu erproben – ein Konflikt, den auszutragen die drei Personen sich weigern.

Das Individuum in der Rolle des Mitmenschen ist in der verschärften Interpretation Pirandellos kein substantieller Gegenpol zur Verhältnisbestimmtheit alles Miteinanderseins. Hier führt die Frage nach dem Für-sich-Sein unweigerlich ins Leere. Das zeigt sich nicht allein in den drei Per-

---

15 Ebd., S. 1018.

sonen, sondern wird auch eigens von Laudisi thematisiert. Sein Zwiegespräch vor dem Spiegel demonstriert, daß man zwar mit sich selbst auf Du und Du zu stehen und sich gründlich zu kennen glaubt, dann aber erfahren muß, daß dieses Für-sich-Sein beim einsamen Blick in den Spiegel zum Wahngebilde wird, sobald man dabei bedenkt, wie anders einen die Andern sehen: »Da bist Du ja, sag mal, wer von uns beiden ist nun verrückt? Ja, ich weiß wohl: Ich behaupte, ›Du‹ und Du zeigst mit dem Zeigefinger auf mich. So, Du-auf-Du stehend kennen wir einander gründlich. Das Elend ist aber, daß Dich die ›Andern‹ nicht so sehen wie ich Dich sehe. Und was wird aus Dir, wie Dich die Andern sehen? Ein Wahngebilde, mein Lieber.« Der Schluß dieses Monologs faßt die moralische Problematik des ganzen Stücks prägnant zusammen: »Und doch, siehst Du jene Narren? Ohne sich um das Wahngebilde zu kümmern, das sie mit sich selbst in sich selbst herumtragen, rennen sie voller Neugierde dem Wahngebilde anderer Menschen nach und glauben, das verhielte sich hier anders« (S. 93 f.).

Diese programmatische Stelle (von Löwith übersetzt, doch nicht in seine Argumentation einbezogen) dürfte wohl am besten erklären, warum Pirandello am Ende Frau X selbst noch auftreten läßt. Löwith sieht darin eine bloße »Konzession an das verständnislose Publikum innerhalb und außerhalb des Stückes«. Ihm zufolge »wäre es konsequenter gewesen, auf diese drastische Bestätigung ihrer Unselbständigkeit *durch sich selbst* zu verzichten. Ihr Auftreten ist absurd, weil sie nun doch als eine scheinbar selbständige Person [...] ihre rein verhältnismäßige Existenz, ihre Bestimmtheit durch Angehörigkeit ausspricht. Daraus motiviert sich in rechtmäßiger Weise ein Widerspruch gegen Pirandellos Lösung« (S. 99). Hier kann ich Löwith nicht folgen. Warum soll Frau X nicht aussprechen dürfen, was schon im Falle von Herrn Ponza und Frau Frola bemerkbar war und von Laudisi am Spiegel vor Augen geführt wurde? Was in alledem zutage tritt, ist just das Wahngebilde eines für sich seienden ›Individuums‹ jenseits der Rollen des Mitmenschen! Frau X sagen zu lassen: »per me (sono) nessuna! ... Per me, io sono colei che mi si crede«, scheint mir ganz in der dramatischen Konsequenz der Grundkonzeption zu liegen, die Löwith zuvor philosophisch wie folgt erläutert hat: »Ein selbständiges Individuum ist sie (Frau X) nur körperlich, ihrer *existentiellen* Wirklichkeit nach existiert sie für zwei andere Personen. Außer ihrem ›Sein-für-Andere‹ hat sie kein ›Ansichsein‹, ihr Ansichsein ist wirklich nur jene ›bloße Abstraktion von allem Sein-für-Anderes‹, mit welcher Hegel Kants Begriff vom ›Ding-an-sich‹ kennzeichnet« (S. 98). Sollte nicht eben dies dramatisch gezeigt werden? Worin anders wäre »Pirandellos Lösung« zu erwarten?

Löwiths Absicht war es, an Pirandellos Drama zu zeigen, »daß und wie einer zunächst *an ihm selbst* durch *andere* bestimmt, aber kein für sich seiendes ›Individuum‹ ist« (S. 102). ›Zunächst‹ meint hier, daß jeder gemeinhin in verschiedenen Rollen steht, was solange nicht problematisch sei, »als ich ja nicht einfach in diesen Verhältnissen aufgehe, sondern mir in diesen meinen Angehörigkeiten meine Selbständigkeit wahren kann. Ich kann mich in diese Verhältnisse mehr oder weniger ›einlassen‹« (S. 102). Problematisch werde die Wechselseitigkeit des Rollenverhältnisses erst dann, »wenn sich der eine durch des andern Dasein in einem solchen Ausmaß bestimmen läßt, daß sein eigenes Dasein seine existentielle Bedeutung *primär* aus dem Verhältnis zum andern empfängt und verliert« (S. 100). Gerade in dieser Problematik hat Pirandello dem modernen Drama eine neue Quelle zwischenmenschlicher Konflikte erschlossen, das vorzüglich geeignet war, Löwiths philosophische These zu erläutern. *Così è (se vi pare)* demonstriert das verselbständigte Verhältnis der drei Personen am Grenzfall der

Selbstpreisgabe an ihre familiäre Rollen. Das Drama zeigt nicht und läßt auch nicht absehen, wie sie ein freies Verhältnis der Kommunikation und damit ihr verlorenes eigenes Dasein wiedergewinnen könnten.

Diesen Schritt zeigt Löwith im nächsten Kapitel: »Miteinandersein als Miteinandersprechen«, ausgehend von einer Prämisse, mit der Pirandellos Stück seine ›raison d'être‹ verlieren würde: »Man ist eine Person in dem Maße, wie man von der Rolle aus und durch die Verwirklichung gerade dieser Rolle hindurch zu sich selbst kommt (S. 106)«.[16] Der Begriff ›Person‹ meint nunmehr ein solches Individuum, »welches gerade dadurch ausgezeichnet ist, daß es sich *mit* andern und mit sich selbst *teilen* kann« (S. 106). Ein solcher Weg stand Pirandello nicht offen. Sein Drama endet aporetisch, obschon nicht in purem Pessimismus. Während es das naive Selbstverständnis der internen und externen Zuschauer – die Illusion, als für sich seiende Individuen nicht anders zu sein als sie die Andern sehen – zerstört und gegen den Schein des Objektiven das Eigenrecht der intersubjektiven Wahrheit ausspielt, zeichnet es die drei Personen durch eine durchaus moralische Motivation aus. Ihr internes Verhältnis, das so gänzlich in sich selbst befangen erscheint, rechtfertigt letztlich eine Ethik des Mitleids. Sie haben sich willentlich auf die Fiktion ihrer Rollen eingelassen und auf ihr selbständiges Wesen verzichtet, um in Rücksichtnahme auf die Andern für sie als personae dem Bild zu entsprechen, das sie ihr Leid ertragen und vergessen läßt. Darum läßt sich die Antwort der Frau X auf die Frage, wer sie denn für sich selbst sei: ›Für mich selbst bin ich niemand‹, mit Karl August Ott auch als eine Antwort deuten, die das christliche Gebot der Selbstlosigkeit auf die Spitze treibt.[17]

---

16 Zitat von Karl Vossler.
17 Karl August Ott, Artikel *Così è (se vi pare)*, in: *Lexikon der Weltliteratur*, hrsg. von Gero von Wilpert, Stuttgart 1968, Bd. 2, S. 971.

III

Der Konflikt im Miteinandersein entspringt bei Pirandello nicht dem Gegensatz zwischen selbständigen Individuen, sondern dem Widerspruch zwischen dem Sein-für-Sich und dem Sein-für-Andere, in den sich der Einzelne als *persona* im unabdingbaren Rollenverhältnis zu anderen Personen verstrickt sieht. Diese Einsicht Löwiths ermöglicht, genauer bestimmen zu können, wie Pirandello zu der eigentümlichen Grundidee seines Werks gelangt ist, die eine anthropologische Wendung anzeigt und ineins damit dem modernen Theater eine neue Quelle dramatischer Konflikte erschloß. Pirandellos Abkehr vom Naturalismus, sein Schritt über die Psychologie des Fin de siècle, wie auch über das fragliche Vorbild Nietzsches hinaus, aber auch seine Differenz zu Autoren, die nach der Jahrhundertwende moderne Verfahren eines dezentrierten, multiperspektivischen Erzählens erprobten, werden nach Löwiths Interpretation erst eigentlich trennscharf erfaßbar.

Die naturalistische Illusion der repräsentierten Wirklichkeit wird vom Theater Pirandellos nicht allein dadurch abgetan, daß es die Welt der Bühne und die Realität des Lebens im Drama selbst gegeneinander in Szene setzt. Die vermeintlich objektive Lebenswirklichkeit zerfällt nunmehr in eine Vielzahl bewußter und unbewußter Rollen – in den Vorschein subjektiver Welten, der das klassische Subjekt verschwinden, mithin das eigene, substanzlos gewordene Ich unerkennbar werden läßt. Gewiß hatte die zeitgenössische Psychiatrie, vorab Alfred Binet und Théodule Ribot, bereits die »multiplicité du moi« gesehen und Sigmund Freud mit der Entdeckung der ›Topologie des Unbewußten‹ begründet, warum das in verschiedene Regionen und Instanzen aufgespaltene Ich nicht als »Herr im eigenen

Hause« gelten könne.[18] Doch setzen all diese Theorien, obschon sie die vorgebliche Einheit des menschlichen Charakters in ein Bündel von Trieben, Wünschen und Vorstellungen auflösen, immer noch die alte egologische Prämisse voraus: die pluralen Dimensionen des Ich werden im Zerfall des Selbstbewußtseins als dessen *disiecta membra* bestimmt, nicht aber auf das Verhältnis des Selbst zu den Andern zurückgeführt. Daß das präsumptiv unteilbare Individuum gerade im Verhältnis zu Seinesgleichen, in den vielerlei Rollen des Miteinanderseins, als geteilte Existenz (›Dividuum‹) erfahren wird und neu zu bestimmen ist, scheidet Pirandellos Konzeption von seinen Vorgängern, Nietzsche einbegriffen, den er kaum gekannt haben dürfte.

Nietzsches Kritik am »»reinen, willenlosen, schmerzlosen, zeitlosen Subjekt der Erkenntnis««[19] verbleibt durchaus noch im Bannkreis des von ihm abgetanen subjektorientierten Denkens. Zwar gibt es für ihn nurmehr ein perspektivisches Sehen und Erkennen: »*je mehr* Affekte wir über eine Sache zu Worte kommen lassen, *je mehr* Augen, verschiedne Augen wir uns für dieselbe Sache einzusetzen wissen, um so vollständiger wird unser ›Begriff‹ dieser Sache, unsre ›Objektivität‹ sein«[20]. Doch dieses Argument betrifft nurmehr das Verhältnis des Subjekts zum Objekt, zur Sachwelt, nicht das zur Mitwelt; die »verschiednen Augen« sind nicht die Augen eines Andern, kann dieser – und sei es der Nächste – doch allein »über die Veränderungen an uns« wahrgenommen werden: »Wir bilden ihn nach unserer Kenntnis von uns, zu einem Satelliten unseres eigenen Systems«.[21] Dabei

---

18 Vgl. dazu: Rudolf Behrens »Metaphern des Ich«, in: *Die literarische Moderne in Europa*, hrsg. von Hans J. Piechotta [u. a.], Opladen 1994, S. 334 f.

19 Friedrich Nietzsche, *Zur Genealogie der Moral*, in: F.N., *Werke in drei Bänden*, hrsg. von Karl Schlechta, München 1955, Bd. 2, S. 860.

20 Ebd., S. 861.

21 Friedrich Nietzsche, *Morgenröte*, in: *Werke* (s. Anm. 19), Bd. 1, S. 1093.

wird die substantielle Einheit des selbstherrlichen Bewußtseins zwar aufgegeben, doch sogleich wieder durch die Metapher eines neuen Herrschaftsgebildes ersetzt: »Alle Einheit ist *nur als Organisation und Zusammenspiel* Einheit: nicht anders, als wie ein menschliches Gemeinwesen eine Einheit ist: also *Gegensatz* der atomistischen *Anarchie*, somit ein *Herrschafts-Gebilde*, das eins *bedeutet*, aber nicht eins *ist*.«[22]

In Löwiths Interpretation tritt das Rollenverhältnis mit gutem Grund an die Stelle der Perspektivik. Ist doch Perspektive von Haus aus ein subjektzentrierter Begriff. Wie Jean Starobinski zeigte, ist ihre Bedeutung für das Selbstverständnis und Ethos der beginnenden Moderne darauf zurückzuführen, daß die kopernikanische Wende in der europäischen Aufklärung das Weltverständnis und die Naturerfahrung breiterer Schichten eingeholt hatte. Der als ›Sehepunkt‹ (oder ›Gesichtspunkt‹) geltend gemachte Standpunkt des Individuums setzt im 18. Jahrhundert die Einsicht voraus, daß die Natur im Sinne des antiken Kosmos hinfort unkenntlich, der Weltraum neutral, isotrop und homogen ist, so daß kein Ort mehr den Vorzug vor einem andern haben kann. Wenn derart das Universum keinen absoluten Mittelpunkt und keine letzte Begrenzung mehr hat, dann kann auch jedes Bewußtsein das Recht für sich beanspruchen, die Welt durch eigene Tätigkeit zu organisieren: »Le ›point de vue‹ de l'individu ne sera pas seulement le centre d'une contemplation«, mais le point d'appui d'une action transformatrice«.[23]

Die anthropologische Wendung, die sich bei Pirandello wie bei anderen Klassikern der Moderne des beginnenden

---

22 Friedrich Nietzsche, »Aus dem Nachlaß der Achtzigerjahre«, in: *Werke* (s.Anm. 19), Bd. 3, S. 500.
23 Jean Starobinski, *1789 – Les emblèmes de la raison*; dt.: *1789 – Die Embleme der Vernunft*, München 1989, S. 185.

20. Jahrhunderts abzeichnet, ist näherhin an einer ihnen gemeinsamen Tendenz zu fassen: der Preisgabe der subjektzentrierten Perspektive wie der insgeheimen Teleologie, die der Geschichte des Individuums, zumal im Paradigma des Bildungsromans, unterstellt wurde. Es geschah dies in der Absicht, die Terra incognita des unbewußten Lebens zu erkunden, die bislang jenseits der Grenzen des Selbstbewußtseins verborgen blieb. Die Krise des dezentrierten Ichs konnte bei den Zeitgenossen Pirandellos als Verlust aller Normen und Werte der überkommenen Lebensordnung aufgenommen und beklagt, aber auch als Gewinn einer unerahnten Erweiterung des Erfahrungshorizonts positiviert, die Entgrenzung des Subjekts als neue Chance der Dichtung ergriffen werden.[24] Man denke nur an James Joyces *Ulysses*, in dem die Existenz Stephens und Blooms in der Wirklichkeitsfülle und Zeitentiefe eines einzigen Tags ungleich reicher vor Augen gestellt wird, als es die vollständige Chronik ihres Lebens vermocht hätte. Die integrale Fiktion des ›stream of consciousness‹ ermöglicht, im Spiegel des unreflektierten und unzensierten Bewußtseins den Einzelnen in seiner ›gemeinigen Welt‹ darzustellen, die im Gewebe der Koexistenz mit hunderten von Personen auftaucht und doch im Zugleichsein mit den Andern für sich bleibt. In Virginia Woolfs *The Waves* hingegen, wo die Sensibilisierung der Wahrnehmung gleichermaßen auf bisher nicht Sagbares ausgreift, ersteht gerade aus dem Zugleichsein von sechs Personen auf den Lebensstufen zwischen Kindheit und Erwachsensein ein Gruppenbewußtsein, das als ein Überich den Einzelnen nicht für sich, sondern im sich wandelnden Verhältnis zu den Freunden erkennbar macht, mithin in einer geschlossenen, ›je unsrigen‹ Welt, die alle Anderen ausschließt.

24 Siehe dazu Behrens, »Metaphern des Ich« (s. Anm. 18), im Blick auf »Romaneske Entgrenzungen des Subjekts bei D'Annunzio, Svevo und Pirandello«.

In Marcel Prousts *A la recherche du temps perdu* erscheint das dezentrierte Ich in der Diskontinuität eines Lebens, dessen Phasen in der Rückschau die Gestalt in sich geschlossener, erinnerter Welten annehmen, zentriert um ein immer wieder anderes Ich, das mit seiner Welt ins Dasein tritt und mit ihr wieder erlischt. Die Welt des Andern unterliegt demselben Solipsismus; auch das privilegierte Du, die jeweils geliebte Frau zumal, bleibt in seinem Für-sich-Sein stets unkenntlich. Wo nach Proust Erkenntnis erst in der Erinnerung möglich wird, bleibt Erwiderung und damit Kommunikation per se ausgeschlossen. Dann kann das Ich nach dem letzten Glücksfall der wiedergefundenen Zeit, der es seine Berufung als Dichter erkennen läßt, seine einsame Welt den Andern erst retrospektiv eröffnen. Wenn uns das Kunstwerk der Erinnerung damit ermöglichen soll, »de voir l'univers avec les yeux d'un autre, de voir les cents univers que chacun d'eux voit, que chacun d'eux est«, wird authentische Erinnerung, die als wiedergefundene Zeit die jemeinige Welt par excellence und damit unteilbar ist, zum letzten Refugium des Individuums, ihre Niederschrift zur einzig verbliebenen Legitimation der Dichtung.

Das teilbare Individuum, bei Proust in Gestalt der Reihe seiner »moi successifs«, die zu guter Letzt die profane Erleuchtung der wiedergefundenen Zeit doch noch unverhofft in der retrospektiven Einheit seines Werks vereint, ist zu dieser Zeit indes auch als Leiden und Untergang an seiner Spaltung dargestellt worden, wie Renate Lachmann an den modernen Varianten des romantischen Doppelgängermotivs zeigte.[25] Dabei erscheint der Körper als Ort der Spaltung: das zensierte inoffizielle Bewußtsein tritt nach außen, die schismatische Person erfährt sich als eine »Selb-

---

25 Renate Lachmann, »Der Doppelgänger als Simulacrum: Gogol, Dostoevskij, Nabokov, in: R. L., *Gedächtnis und Literatur*, Frankfurt a. M. 1990, Kap. V,3.

anderheit, in der der Andere das Selbst verdrängt«[26]. Dabei kann die Ähnlichkeit des Doppelgängers zur bedrohlichen Ununterscheidbarkeit gesteigert (wie in Dostojevskijs *Der Doppelgänger*), das Gegenbild aber auch als Trugbild seiner selbst erkannt, wenn nicht gar eine gänzlich unähnliche Person als Doppelgänger adoptiert werden, dessen sich das verzweifelte Ich durch Mord zu entledigen sucht (wie in Nabokovs *Verzweiflung*). Das Spiegelbild verkehrt in alledem seine überkommene Funktion: hatte es dazu gedient, das sich betrachtende Ich seiner Identität zu versichern, so erweist sich nun seine tückische Macht, wenn es das Selbst im Alter Ego unerkennbar werden läßt, wobei das Trugbild der Gleichheit in der »Schreckensvision einer sich ins Unendliche fortmultiplizierenden Doppelgängerschaft« enden kann.[27]

An diesem Beispiel wird vorzüglich greifbar, wie anders Pirandello die Dezentrierung des Subjekts motiviert. Sie geht nicht aus dem Verdoppelungswahn eines ununterscheidbaren Double, sondern aus der erschreckenden Erfahrung hervor, daß das eigene Selbst darum zum Trugbild wird, weil es in den Augen jedes Andern verschiedene Gestalt annehmen muß und sich in keiner dieser Gestalten wiedererkennt. Hier kann die Entgrenzung des Subjekts nicht mehr positiviert, nicht als Befreiung von den Schranken des reflexiven Bewußtseins aufgenommen werden. Wenn bei Pirandello gerade das bisher Vertrauteste, das selbstgewisse Ich, zum Fremdesten wird, entspringt der Verlust seiner substantiellen Einheit einer Fremdheit, die ihm von außen auferlegt ist, in Gestalt von Fixierungen (für ihn: Trugbildern) seiner Person, denen er sich nicht zu entziehen vermag. Selbstentfremdung, seit Rousseau aus dem

---

26 Ebd., S. 437.
27 Wenn in Dostojevskijs *Der Doppelgänger* Goljadkin der Ältere auf dem nächtlichen Nachhauseweg von einem »gräßlichen Abgrund an vollkommen Gleichen« bedrängt wird; ebd. S. 477.

Verhältnis des Menschen zur Geschichte und Gesellschaft begründet, sofern er sich gerade in seinem eigenen Werk nicht wiedererkennt, wird nunmehr aus der Kluft zwischen Selbstsicht und Fremdsicht seiner personhaften Existenz erklärt, die alles Verhalten im gesellschaftlichen Leben der Moderne bestimmt. Diese Auffassung, die den Vorrang der Mitwelt über die Umwelt, obschon ex negativo, wieder anerkennt, ist zu dieser Zeit – wie mir scheint – Pirandello allein eigentümlich; sie begründet seinen Rang an der Seite der angeführten Protagonisten der jüngst vergangenen Moderne. Wie er zu dieser Konzeption gelangt sein könnte, die er selbst als seine ›kopernikanische Wende‹ ansah, soll im Weiteren skizziert werden.

IV

Davon ist in seinem Roman *Il fu Mattia Pascal* (1904) die Rede, wo der Held auf das Ansinnen, sein Leben zu beschreiben, erwidert: »Maledetto sia Copernico!« Wie könne man wagen, einen Roman mit Sätzen wie: »Il signor conte si levò per tempo, alle ore otto e mezzo precise ...« zu verfassen, nachdem Kopernikus nicht allein die Illusion, die Sonne drehe sich um die Erde, zerstört, sondern damit auch dem Menschen seine angemaßte Würde benommen habe, sich als Mittelpunkt der um seinetwillen geschaffenen Welt anzusehen? Wie könne man sich angesichts seiner unendlichen Kleinheit dann noch vermessen, die Einzelheiten seines Lebens oder auch die Kalamitäten der ganzen Menschheit der Aufzeichnung für wert zu befinden?[28] Hat die kopernikanische Wende mit dem anthropozentrischen Weltbild nicht auch dem anthropozentrischen Erzählen ein

28 Luigi Pirandello, *Il fu Mattia Pascal*, Mailand 1988, S. 6 ff.

Ende gesetzt? Was aus diesen Fragen für die Dichtung zu folgern ist, hat Pirandello in seinem Essai *Umorismo* (auch 1904 erschienen) zu erörtern begonnen.

Kopernikus, so ist dort zu lesen,[29] sei einer der größten Humoristen, weil er das stolze Weltbild der Antike zerlegte, dem sodann die Erfindung des Teleskops den Gnadenstoß versetzt habe.[30] Der Humorist wird zuvor mit der Spiegelmetapher eingeführt: »La coscienza, insomma, non è una potenza creatrice; ma lo specchio interiore in cui il pensiero si rimira; si può dire anzi ch'essa sia il pensiero che vede sè stesso, assistendo a quello che fa spontaneamente.«[31] Pirandello wird später – wie in *Così è* (*se vi pare*) angemerkt – gerade dies bestreiten: daß man ›sich sehend sehen‹ und dabei sein spontanes Tun erfassen könne. Hier läßt er den Humoristen diesen Vorgang sine ira et studio analysieren, woraus ein neues Gefühl entspringe, das Pirandello »il sentimento del contrario«[32] nennt. Humor ist eine reflexive Einstellung, die im naiven Verhalten des Andern erkennt, was sich hinter ihm verbirgt, nicht um darüber zu lachen, sondern im ›Gefühl für das Entgegengesetzte‹, das Nachsicht und Mitgefühl, aber auch Zorn, Spott und Hohn auslösen könne.[33] Humor wird dabei im Unterschied zur Komik aus der reflektierenden Teilnahme eines Betrachters bestimmt, der die Oberflächlichkeit der konventionellen Normen bemerkt, als Formen der Anpassung (Vortäuschen von Kraft, Ehrbarkeit, Sympathie, Klugheit) durchschaut und darauf zurückführt, was er die ›soziale Lüge‹ (»il mentire sociale«) nennt.[34]

In diesem Zusammenhang setzt eine erste Überlegung ein, die der Auffassung von der ›Einfachheit der Seele‹ wi-

---

29 Luigi Pirandello, *Umorismo*, zit. nach der 2. Aufl., Mailand 1988.
30 Ebd., S. 221.
31 Ebd., S. 177.
32 Ebd., S. 178.
33 Ebd., S. 196.
34 Ebd., S. 210.

derspricht: »La sua vita è equilibrio mobile; è un risorgere e un assopirsi continuo di affetti, di tendenze, di idee; un fluttuare incessante fra termini contradittorii«. Wir fluktuieren nicht allein zwischen Furcht und Hoffnung, wahr und falsch, schön und häßlich, gerecht und ungerecht, sondern haben auch zumindest vier bis fünf Seelen – die instinktive, die moralische, die affektive, die soziale – in unserer Brust.[35] Wie man sieht, ist die hier beginnende Dezentrierung des Subjekts noch nicht intersubjektiv begründet, sondern entspringt Pirandellos Version einer Philosophie des Lebens, das sich im ständigen Fluß seiner wechselnden Empfindungen nicht begrifflich, als eine Realität außerhalb unserer Erfahrung, fassen lasse.[36]

Im Kontrast zum fluktuierenden Lebensgefühl der wandelbaren Seele steht dabei die unwandelbare, kontingente Gestalt des Körpers. Als Beispiel dafür folgt ein Fall, mit dem der spätere Roman *Uno, nessuno e centomila* einsetzen wird: ›Was für eine Qual, sein ganzes Leben lang eine häßliche Nase mit sich spazieren zu führen ... Was für ein Glück, daß wir das mit der Zeit nicht mehr wahrnehmen‹.[37] Der sterbliche Körper, nicht die unsterbliche Seele, die hier offenbar nur einen Moment des allgemeinen Lebensflusses darstellt, ist für den Verfasser des *Umorismo* der Sitz des kontingenten Ichs! Gleichwohl nähert er sich an einer Stelle schon seiner späteren Konzeption. Das kontingente Ich, das seine Defizienz vergißt oder verdrängt, kann nicht verhindern, daß sie die Andern bemerken. Wenn sie über die häßliche Nase lachen, vergessen sie, daß auch sie Besonderheiten haben, die sie längst nicht mehr wahrnehmen, sondern hinter ihrer Maske verbergen. Hier erscheint der Mensch als Träger von Masken, ohne dies noch zu bemerken, im Widerspruch zu seinem Glauben, eine ›einfache Seele‹ zu sein.

35 Ebd., S. 222.   36 Ebd., S. 219.   37 Ebd., S. 216.

Die einfache Seele hat die Wahrheit der einfachen Dinge in der Natur verloren: »Vero il mare, sí, vera la montagna; vero il sasso; vero un filo d'erba; ma l'uomo? Sempre mascherato, senza volerlo, di quella tal cosa ch'egli in buona si figura d'essere: bello, grazioso, infelice ec. ec. E questo fa tanto ridere, a pensarci«.[38]

Die Entdeckung der maskierten Existenz des Menschen ist offenbar aus der von Pirandello neu bestimmten Einstellung des Humoristen hervorgegangen,[39] der dabei der Auflösung der ›einfachen Seele‹ – wohl nicht ganz frei von Nostalgie – die Wahrheit der Dinge als Kontrapost entgegensetzt, mithin das, was auch Löwith nach seiner ›Kehre‹ als Natürlichkeit der Natur exponieren wird. Damit sind zwei Möglichkeiten gegeben. Der Dichter kann das ›Gefühl für das Entgegengesetzte‹, näherhin den Widerspruch zwischen dem maskierten, offiziellen Dasein seiner Personen und dem ausgegrenzten Antrieb und verborgenen Zentrum ihres Handelns, in das Bewußtsein des Humoristen selbst verlegen.[40] Dann erscheint sein Ich in der Doppelrolle dessen, der sich selbst ›sehend sieht‹ und dabei mit Verwunderung oder Erschrecken bemerkt, wie seine selbstgenügsame Identität zerfällt und sich in verschiedene Rollen auflöst, die er im Maskenspiel der Gesellschaft für die Andern nolens volens einnimmt. Diesen Schritt zeigt *Uno, nessuno e centomila*, der 1925 erschienene letzte Roman Pirandellos, der indes schon 1910 angekündigt ist.[41]

38 Ebd., S. 217.
39 Pirandellos »sentimento del contrario« habe ich mit ›Gefühl für das Entgegengesetzte‹ wiedergegeben, Joachim Ritter folgend, dessen Bestimmung des Humors als Positivierung des Ausgegrenzten (in: J.R., *Sujektivität*, Frankfurt a. M. 1974, S. 79) den Sinn der Wendung am besten trifft.
40 Siehe dazu Wolfgang Preisendanz, »Humor als Rolle«, in: *Identität*, hrsg. von Odo Marquard und Karlheinz Stierle, München 1979 (*Poetik und Hermeneutik, VIII*), S. 423–434.
41 Nach M. Guglielminetti, in seiner Einleitung zu Luigi Pirandello, *Uno, nessuno e centomila*, Mailand 1992, S. xi.

Der Dichter kann den Widerspruch zwischen dem Für-sich-Sein und dem Sein-für-Andere aber auch im Bewußtsein von Personen austragen lassen, die in einer Konstellation auf Gedeih und Verderb aufeinander angewiesen sind, nun aber ohne ihre Konflikte aus der überlegenen Sicht des Humoristen zu vermitteln. Dann erscheint die maskierte Existenz des Menschen nicht mehr im versöhnlichen Licht des Humors, der dem Entgegengesetzten und Ausgegrenzten wieder sein Eigenrecht zuzubilligen weiß. Sie erscheint nunmehr als moderne Quelle einer Tragik, in die verstrickt die Personen vergeblich ihren Autor suchen müssen, der ihrer Existenz Sinn verleihen könnte. Diesen Schritt zeigt das Drama *Sei personnaggi in cerca d'autore*, 1921 uraufgeführt, das als ein Seitenstück zu *Così è (se vi pare)* von 1917 betrachtet werden kann.

V

Uno, nessuno e centomila setzt mit einem Motiv ein, das den Text als humoristischen Roman in die Nachfolge des *Tristram Shandy* stellt. Es ist die schon in *Umorismo* als Beispiel eingeführte häßliche Nase, wiederum ihrem Träger noch nie aufgefallen, nun aber nicht von ihm selbst bemerkt, als er sich im Spiegel betrachtet, sondern von seiner Frau, die ihn spöttisch darauf aufmerksam macht, daß seine Nase nach rechts hängt.[42] Die unerwartete Entdeckung trifft ihn wie eine ›unverdiente Rüge‹ (wo er für diesen Defekt doch nichts kann!) und läßt ihn sein Gesicht und seine Gestalt nach weiteren Defekten absuchen, die ihm jetzt in der Tat auch erst vor Augen treten. Wie war es möglich, fragt er sich, daß er bislang nicht einmal seinen Körper kannte: »le cose mie che pur intimamente m'appartenevano: il naso, le

---

42 Pirandello, *Uno, nessuno e centomila* (s. Anm. 41), S. 3.

orecchie, le mani, le gambe«.⁴³ Ein verhältnismäßig kleiner Anlaß für ein unverhältnismäßig großes Übel! Denn mit dieser Erfahrung der Spaltung seines leibhaften Daseins (Plessners berühmte Ausgangsformel: »Ich bin, aber ich habe mich nicht« illustrierend!)⁴⁴ begann das ganze Unglück seines Lebens. Man beachte: die Erfahrung, sich selbst nicht so gesehen zu haben, wie ihn die Andern sehen, entspringt nicht der Introspektion, sondern der Intervention der ihm am nächsten stehenden Person. Auf die Paradoxie der Ich-Position stößt nicht ein Akt der Introspektion, sondern die schockartige Entdeckung, ein Anderer, sich selbst Fremder zu sein als der Moscarda, den die Andern – jeder auf seine Weise – in ihm sehen. Das Individuum in der Rolle des Mitmenschen entdeckt sich als Dividuum, im Widerspruch von Selbstsicht und Fremdsicht betroffen, gegen den sich der Erzähler in *Uno, nessuno e centomila* mit grimmigem Humor zu behaupten sucht, indem er den Zwiespalt, der doch wohl auch seine ahnungslosen Mitmenschen betreffen müßte, in der wachsenden Obsession, einer Wahnidee zu verfallen, bis zum Äußersten erprobt.

Moscardas Entdeckung verändert mit einem Schlag alles, sein Verhältnis zum Mitmenschen wie zur Welt überhaupt. Als ob der Defekt seiner Nase nichts Geringeres sei als ein Schaden, der nicht ihm allein, sondern der Welt im ganzen angetan wurde,⁴⁵ beginnt er die Andern zu befragen. Haben sie nicht allesamt wie seine Frau seine körperlichen Defekte bemerkt, ja gerade dies und nichts anderes in ihm gesehen? Steht nicht zu erwarten, daß die Befragung seines Freundes eine Kettenreaktion auslösen und man in den nächsten Tagen eine wachsende Zahl von Mitbürgern der Stadt vor

---

43 Ebd., S. 6.
44 Helmuth Plessner, *Conditio humana. Aufsätze zur philosophischen Anthropologie*, Frankfurt a. M. 1976, S. 56.
45 Pirandello, *Uno, nessuno e centomila* (s. Anm. 41), S. 3.

Schaufenstern sehen werde, um ihre Gesichter nach bisher unbemerkten Schönheitsfehlern abzusuchen? Doch wenn einer für die Andern nicht der sein kann, der er bisher zu sein glaubte, was ist er dann für sich selbst? Mit dieser Frage beginnt das obstinate, unweigerlich scheiternde Unternehmen Moscardas, sein fremd gewordenes, wahres Ich zu suchen, das sich ihm bei jedem Schritt wieder entzieht.[46] Es führt ihn zunächst erneut vor den Spiegel und dort zu der zweiten Entdeckung, daß sein Körperbild die Erwartung, sich selbst im Spiegel sehend zu sehen (wie in *Umorismo* noch behauptet), dementiert: Gerade angesichts seiner körperlichen Erscheinung zerfällt die Evidenz des Selbstbewußtseins an der Unmöglichkeit, sich nicht erst reflexiv, sondern unmittelbar, nicht nur sehend, sondern lebend (»non potendo vedermi vivere«) zu begreifen.

Der Zweifel setzt mit der komischen Pointe ein, für die Andern, die Moscarda nur von außen sehen, trügen offenbar ›seine Ideen und seine Gefühle eine Nase‹. Doch welche Beziehung bestehe überhaupt zwischen seinen Ideen und seinem Körper? »Per me nessuna«.[47] Betrachte er sich selbst von außen, so erscheine ihm sein Körper paradoxerweise wie ein von ihm untrennbarer Fremder, wie der Körper eines Andern. Der Versuch, sich vor dem Spiegel in der Unmittelbarkeit seiner Gesten zu erfassen, schlägt fehl. Das spontane Leben erweist sich als uneinholbar und aller Beobachtung spottend. Der beobachtende Blick arretiert jede Geste und läßt sie fingiert erscheinen; er kommt immer schon zu spät, um sie in ihrem unvorhersehbaren Entstehen zu begreifen. Das Experiment, sich selbst im unmittelbaren Leben des Körpers zu verstehen, das bei der schiefen Nase einsetzte, endet denn auch mit einer nicht gewollten Regung derselben, ihrem eruptiven Niesen, auf das sein humo-

---

46 Ebd., S. 14.   47 Ebd., S. 13.

ristisches Bewußtsein die einzig angemessene Antwort findet: »– Salute! – gli dissi. E guardai nello speccio il mio primo riso da matto«[48]. Doch damit nicht genug. Die begleitende Argumentation setzt den Fall, ein Anfall seiner Wut äußere sich spontan, für ihn selbst evident. Schließt das nicht ein, daß dieser unmittelbare Wutausbruch für die Andern gleichwohl nicht dasselbe bedeuten würde wie für ihn selbst? Für den einen könnte sie furchterregend sein, ein anderer könnte sie entschuldbar finden, ein dritter darüber lachen, und so fort: »ciascuno a suo modo«[49]. Mithin bleibt der eigene Körper nicht allein dem Selbstbewußtsein entzogen, sondern erscheint ihm zugleich wie ein fremdes, namen- und herrenloses Objekt, dem jeder andere auf seine Weise Bedeutung verleihen kann. Damit wird der Sinn des Titels *Uno, nessuno e centomila* im vollen Sinn eingelöst. Die Verstrickung erreicht ihren aporetischen Gipfel mit einer dritten Entdeckung: daß der eine Name Moscarda den singularen Träger und zugleich ebensoviele Weisen, ihn zu sehen, meinen kann, daß diese »centomila Moscarda« auf seinen armen Körper bezogen, ja in ihm einbegriffen sind – daß auch sein Körper als Ding an sich »uno e nessuno« wäre wie das Ich des Erzählers, wenn er sich selbst im Spiegel in die Augen schaut.[50]

Damit ist die Grundkonzeption des Romans aus der Exposition des 1. Buches vorgestellt, die sodann am Schicksal Moscardas konsequent entfaltet wird. Die Entdeckung der Unvereinbarkeit von Selbstsicht und Fremdsicht führt ihn mehr und mehr in die ›schlechte Unendlichkeit‹ der Erfahrungen seines unkenntlichen Selbst und seiner Fixierung durch die Andern. Seine eigene Vergangenheit wie die Geschichte seiner Familie erscheint ihm fremd und fremder; sie löst sich in Geschichten auf, die er in den Augen der An-

---

48 Ebd., S. 22.   49 Ebd., S. 16.   50 Ebd., S. 15.

dern verkörpert.⁵¹ Aber auch die Andern unterliegen der fatalen, inhärenten Vielfalt der Person, wie das berühmte Beispiel der drei Personen im Salon zeigt, die nicht bemerken, daß sich hier in Wahrheit acht Personen miteinander unterhalten: »1. Dida, com'era per sé; 2. Dida, com'era per me; 3. Dida com'era per Quantorzo; 4. Quantorzo, com'era per sé; 5. Quantorzo, com'era per Dida; 6. Quantorzo, com'era per me; 7. il caro Gengè di Dida; 8. il caro Vitangelo di Quantorzo«⁵².

Die weitere Handlung ist der Versuch des Erzählers, sich aus seinem Gefangensein in den Gestalten zu befreien, die er für die andern einnimmt,⁵³ sie nacheinander aufzudecken und sie durch unerwartbare Handlungen zu widerlegen.⁵⁴ So wenn Moscarda, der im Ruf steht, wie schon sein Vater ein Wucherer zu sein, sich selbst in seiner Bank bestiehlt, davon den Mietzins für einen zuvor gekündigten Mieter bezahlt und am Ende mit seinem Vermögen eine karitative Anstalt stiftet, in der er als nunmehr Obdachloser selbst sein Leben beenden will. Sein bizarres Verhalten, das für die Andern den Verdacht einer beginnenden *pazzia* nurmehr zu bestätigen scheint, folgt gleichwohl einer aufklärerischen Intention, deren Scheitern nolens volens ein tragikomisches Ausmaß erreicht. Wie Rousseau, der im Vorwort zu *Narcisse* (1753) erklärt, wie er als erster und von allen verkannt zur Entdeckung des »öffentlichen Trugbilds der Tugend« gelangt sei, das die Übel der modernen Welt mit den ver-

51 Ebd., S. 53.
52 Ebd., S. 111.
53 Ebd., S. 62.
54 Ebd., S. 50. – Vgl. dazu im einzelnen Behrens, »Metaphern des Ich« (s. Anm. 18), der den Roman als kontrastives Seitenstück zu *Il fu Mattia Pascal* interpretiert, und P. Kohlhaas: ›*Mit anderen Augen*‹ – *Untersuchungen zur Thematik und Ästhetik des Perspektivischen im Prosawerk Luigi Pirandellos* (Diss. Konstanz, noch unveröffentlicht), der besonders eingehend den argumentativen und zugleich dialogischen Gestus des Erzählers in ihrer ästhetischen Funktion würdigt.

meintlichen Errungenschaften der Zivilisation maskierte,[55] so steht und verbleibt auch Moscarda völlig allein mit seiner Entdeckung, daß die als natürlich hingenommene Wirklichkeit der Dinge nurmehr ein Trugbild sei, das die erschreckende Realität des zwischenmenschlichen Daseins maskiere. Seine Aufforderung an alle, »di penetrare lo scherzo spaventoso che sta sotto alla pacifica naturalezza delle relazioni quotidiane, di quelle che vi pajono le più consuete e normali«[56] stößt auf Unverständnis, nicht allein bei seiner Frau und später bei seiner Geliebten Anna Rosa (die durch ihn verwirrt am Ende mit einem Pistolenschuß reagiert), sondern auch bei hochgestellten Personen wie dem Notar, dem Bischof oder dem Richter. Wie bei Rousseau endet auch bei Pirandello das scheiternde Experiment seines Humoristen im Rückzug aus der verblendeten Gesellschaft in die Fraglosigkeit der Natur. Nur daß für Moscarda dieser Rückzug mit der Preisgabe seines Namens, der letztverbliebenen Form, die ihn einschließen würde, erkauft sein soll: »Non è altro che questo, epigrafe funeraria. Conviene ai morti. A chi ha concluso. Io son vivo e non concludo. La vita non conclude. E non sa di nomi, la vita. Quest'albero, respiro trèmolo di foglie nuove: Sono quest'albero. Albero, nuvola; domani libro o vento: il libro che leggo, il vento che bevo. Tutto fuori, vagabondo«[57].

Der offene Ausgang verbirgt die Alternative eines anderen Auswegs aus der erfahrenen Divergenz von Selbstsicht und Fremdsicht. Wenn »in dieser Divergenz das Leben pulsiert, das im Bild nur stillgestellt, nicht aber wirklich dargestellt werden kann«, dürfte dies den offenen Schluß noch nicht hinreichend erklären.[58] Zwar hat Moscarda am Ende das Le-

---

55 Siehe dazu meine *Studien zum Epochenwandel* (s. Anm. 3), S. 80.
56 Pirandello, *Uno, nessuno e centomila* (s. Anm. 41), S. 79.
57 Ebd., S. 164.
58 Behrens, »Metaphern des Ich« (s. Anm. 18), S. 351.

ben in der Natur nicht angehalten, wohl aber sich selbst dabei
aus dem Leben seiner Mitmenschen ausgeschaltet. Er hat damit die Möglichkeit preisgegeben, den Grundwiderspruch
zwischen dem Für-sich-Sein und dem Sein-für-Andere in einer weiteren Einsicht aufzuheben, die Pirandello (wie schon
Rousseau) nicht zu Gebote stand: daß sich das verlorene Subjekt nicht gegen, sondern durch seine Rollen – in der ständigen Hin-und-Her-Bewegung des Lebens, das doch wohl
auch das Zusammenleben von Personen einbegreifen müßte
– wiederfinden kann.

VI

Fällt die humoristische Einstellung eines Moscarda weg, so
verstricken sich die auf sich selbst gestellten Personen in einen dramatischen Konflikt, der Pirandellos Grundkonzeption in ihrer tragischen Variante vor Augen führt. Als habe er
den Schritt, mit dem sich der Icherzähler aus seiner Fiktion
zurückzieht, eigens thematisieren wollen, kündigt sich das
daraus folgende Dilemma bereits im ironischen Titel der *Sei
personaggi in cerca d'autore* (1921) an – die paradoxe Situation der sechs Personen, zwar von einem Autor geschaffen,
dann aber auf Gedeih und Verderb sich selbst überlassen zu
sein, als *dramatis personae* eines Stücks, dessen Sinn sie nicht
kennen, verzweifelt suchen und dabei scheitern. Sie müssen
scheitern, weil der Autor fehlt, der ihrem Drama Sinn verleihen könnte, anders gesagt – wie er im Vorwort behauptet:
der sich ihnen entzog, nachdem er sie schuf. So kann das in
den sechs Personen angelegte Drama nicht stattfinden und
muß statt dessen das Drama ihrer vergeblichen Suche aufgeführt werden, »con tutto questo che essa ha di tragico per il
fatto che questi sei personaggi sono stati rifiutati«[59]. Das Vor-

---

[59] Luigi Pirandello, *Sei personaggi in cerca d'autore*, in: L.P. *Maschere nude*,
  Bd. 1,4, Mailand 1967, S. 40.

wort,[60] aus dem ich die Intention des Stücks exponierte, ist für sein Verständnis unentbehrlich, weil es die Sicht des Autors vorgibt, der sich selbst ins Spiel bringt, um sich hernach aus ihm zurückzuziehen. Doch bleibt er als Abwesender stets gegenwärtig, weil sein Fehlen die Suche der sechs Personen motiviert, auch dann noch, wenn sie sich in ihrer Verzweiflung, ihn nicht finden zu können, an den Schauspieldirektor wenden. Denn ihm wird zugemutet, anstelle des fehlenden Autors ihr Drama aufzunehmen und auf der Bühne zum Ende zu bringen. Doch warum wollte ihr Autor die Personen sogleich wieder abweisen, nachdem er sie schuf? Das Vorwort verhüllt diese Frage in ein nicht leicht durchschaubares Gewand. Er gibt vor, Verfahren romantischer Ironie auf humoristische Weise verwenden zu wollen.[61] Wenn er ankündigt, sein Stück sei das Drama, ›auf der Suche nach einem Autor zu sein und dabei abgewiesen zu werden‹, brüskiert er sein Publikum damit, daß sich das ihm vor Augen tretende Drama offenbar auf eine immer wieder andere Illusionsebene verlagert, mithin in verschiedene Dramen zu zerfallen scheint, deren Synthese dem Betrachter anheimgestellt bleibt.

Das Drama erscheint – erstens – aus der Sicht des Autors, als spontane Erleuchtung seiner Phantasie: »Infatti dovevano proprio apparire ciascuno in quello stadio di creazione raggiunto nella fantasia dell'autore al momento che questi li volle scacciare da sè«[62]. Dies hinterläßt den Zweifel: »Ma si può rappresentare un personaggio, rifiutandolo?«[63] Es bleibt dann wohl nur übrig, die Folgen ihrer Abweisung

---

60 Zit. nach: Luigi Pirandello, »Vorwort« zu *Sechs Personen suchen einen Autor*, in: L.P., *Werkausgabe*, Bd. 8, hrsg. von Michael Rössner [u. a.], Mindelheim 1988, S. 20.
61 Ebd., S. 28.
62 Pirandello, *Sei personaggi* (s. Anm. 58), S. 39.
63 Ebd., S. 40.

darzustellen, woraus sich – zweitens – ein anderes Stück anstelle des erwarteten ergibt: das Drama des Scheiterns der Personen in ihrer Suche nach dem Autor. Wenn sie diese Suche auf die Bühne führt, setzt ihr Ansinnen, dort ihrem Leben durch seine Aufführung den fehlenden Sinn zu geben, aber voraus, daß sie – im Widerspruch zu der Behauptung, sie seien spontan der Phantasie entsprungen – doch schon ein Eigenleben geführt haben. Dieses tritt in den Episoden ihrer Familiengeschichte zutage, die sie den Schauspielern als mögliches Sujet vorspielen, woraus sich – drittens – ein wiederum anderes Stück, das vorgegebene, nun wiederholte Drama ihres Lebens, ergibt. Auf dieses müßte nun – viertens – ein letztes Stück, das eigentliche Schauspiel folgen, von dem erwartet wird, daß es in der theatralischen Fiktion das sinnfremde Leben der sechs Personen zu erklären und ihre Konflikte im höheren Sinn der Kunst zu lösen vermag.

Die Umsetzung des vorgegebenen Lebens in die andere Welt der Bühne mißlingt, weil sich die Personen ständig weigern, ihr eigenes Drama in seiner Darstellung durch die Schauspieler wiederzuerkennen. So gerät der Widerspruch zwischen Leben und Fiktion, erfahrener und gespielter Rolle, zur Komödie der scheiternden Aufführung eines Dramas, das aus der Sicht der Personen indes die Tragödie ihres Lebens war. Sie erweist sich als unaufführbar, weil jede der vier Hauptpersonen darauf insistiert, ihre eigene Sicht des Vorgefallenen zu behaupten. Der Konflikt in der Familie wird dadurch fatal, daß jede Person – der Vater wie die Tochter, die Mutter wie der Sohn – darauf beharrt, ihr »eigenes Drama« durchzusetzen und dabei auf den Protest der Andern stößt, von denen jeder gleichfalls behauptet, allein im Recht zu sein. In dieser Gestalt kehrt hier der Widerspruch zwischen dem Für-sich-Sein und dem Sein-für-Andere wieder, den Pirandello in *Uno, nessuno e centomila* humoristisch traktierte, den er nun aber als Quelle eines tragischen Befangenseins verstehen läßt, das in der reziproken Fixierung der sechs Personen unlösbar bleibt. Es lösen zu sollen und nicht lösen zu wollen (oder nicht lösen zu können?), war – wie der Autor selbst gesteht – der tiefere Grund, warum er nicht die sechs Personen als solche, wohl aber »ihr Drama« und damit ihre ratio vivendi abwies.[64] Gleichwohl ist dieses ironisch abgewiesene Drama keine bloße Hypothese, sondern der im irritierenden Wechsel der Perspektiven umspielte feste Kern und substantielle rote Faden im zerstückelten Gang der Handlung. Das Stück, das die Aufführung in statu nascendi einführt, die Bühnenarbeit und ihre Figuranten in chaotischer Heiterkeit vorstellt, auch weiterhin das Komische und Tragische mischt und das Phantastische mit dem Realistischen kontrastiert, gewinnt mit dem Auftreten der sechs Personen den Ernst und die Tiefe der Spannung zwischen dem Sublimen und dem Grotesken. Es erreicht seinen Gipfel, wenn sich die Gestalten des abgewiesenen Dramas in den Rollen ihres Lebens gegenseitig übertrumpfen und beim letzten Ausbruch ihrer Leidenschaften, der Gewalt einer tragischen ›Furie des Verschwindens‹ anheimfallend, ihr Ende finden (»e man mano il crescere di questo interessamento al prorompere delle passioni contrastanti ora nel Padre, ora nelle Figliastra, ora nel Figlio, ora in quella povera Madre; passioni che cercano [...] di sopraffarsi a vicenda, con una tragica furia dilaniatrice«[65]).

Der Widerspruch zwischen Für-sich-Sein und Sein-für-Andere, der in *Così è (se vi pare)* durch die stumme Einwilligung in die für den Andern lebensnotwendige, obschon fiktive Rolle verdeckt blieb, wird in *Sei personaggi in cerca d'autore* offen ausgetragen. Denn jede der vier Hauptperso-

---

64 Ebd., S. 37 und 40: »Ora, per quanto cercassi, io non riuscivo a scoprir questo senso in quei sei personaggi [...] Bisogna ora intendere che cosa ho rifiutato di essi; non essi stessi, evidentemente; bensí il loro dramma«.
65 Ebd., S. 38.

nen versucht vergeblich, ihr eigenes Drama, das sie zur Person macht, gegen die Andern, aber auch gegen das Unverständnis des Direttore-Capocomico zu behaupten. Sich als Einzelner in der Rolle des Mitmenschen für sich selbst zu verwirklichen, ist jeder Person in der Familie dadurch benommen, daß ihre Rolle für die Andern gegen ihren Willen ein für alle Mal festgelegt zu sein scheint. Vorab für den Vater, der im Bordell von Madama Pace mit der eigenen Stieftochter verkuppelt wird, wobei sie die Mutter überrascht, und der sich seither vergeblich dagegen auflehnt, diesen ihn zutiefst beschämenden Augenblick als Enthüllung seines wahren Charakters hinzunehmen. Sein eigenes Drama ist hinfort, diese fatale, einem schieren Zufall geschuldete Bedeutung seiner Rolle als ein unerklärbares Verhängnis erleiden zu müssen. Seine Not wird unablässig von seiner Stieftochter geschürt, deren eigenes Drama die obsessionelle Rolle ist, sich am Vater für ihre Schande zu rächen. Sieht der Autor im Vater das Leiden des Geistes verkörpert, so in der Mutter das Leiden der Natur: ihr Drama ist, kein Bewußtsein einer Rolle zu haben und die Szene ihres Unglücks nicht wiederholen zu können, weil es für sie nicht vergangen, sondern in ihrem Schmerz ständig gegenwärtig ist. Dem allem stellt sich der Sohn entgegen, indem er verweigert, überhaupt eine Rolle in dem Drama der Andern zu spielen, was ihn aber nicht davor bewahrt, als Augenzeuge die letzte Szene ihrer Tragödie zu berichten. Der Pistolenschuß, der ihren makabren Ausgang markiert, in dem die stumm gebliebenen jüngsten Geschwister umkommen, macht für die Schaupieler die Frage: Fiktion oder Realität unentscheidbar, während die Schatten der vier verbliebenen Personen, vom unwirklichen Grünlicht des Scheinwerfers angestrahlt, ins Nichts entschwinden.

Pirandellos Stück ist immer schon als »Theater im Theater« interpretiert worden, dessen kritische Funktion Peter

Szondi auf den spezifischen Nenner des »Spiels von der Unmöglichkeit des Dramas« gebracht hat.[66] Die Unmöglichkeit des Dramas betrifft zunächst die Kritik an dem zuerst von Diderot erhobenen Anspruch des naturalistischen Theaters, durch eine möglichst vollkommene Nachahmung der Wirklichkeit die Wahrheit des Dargestellten ans Licht zu bringen. Dieser Anspruch wird im Scheitern des Versuchs, das Drama der sechs Personen in die sinntragende Form eines Schauspiels umzusetzen, zunichte: ihre Weigerung, sich selbst und die Momente ihrer Vergangenheit in der gegenwärtigen Aufnahme durch die Schauspieler wiederzuerkennen, deckt Schritt für Schritt die Kluft zwischen Lebenswirklichkeit und theatralischer Fiktion auf und thematisiert dabei die topischen Argumente der Debatte über das Wahre, das nicht mit dem Wahrscheinlichen zusammenfällt.

Das Scheitern des Dramas an der naturalistischen Illusion der Wirklichkeit bringt aber auch zutage, daß das vergangene Leben der Personen sich selbst schon gegen die dramatische Form sperrte. Solange jede Person für sich allein auf ihrer Sicht beharrt[67] und verkennt, daß ihr eigenstes Drama immer auch Teil des Dramas der Andern ist, kann die subjektive Dramatik auch nicht in das intersubjektive Verhältnis gelangen, das die Struktur eines Dramas voraussetzen würde. Dann erstarrt das reziproke, auf Erwiderung angelegte Rollenverhältnis zur einseitigen Behauptung der immer gleichen Position. Der Konflikt wird nicht eigentlich ausgetragen, sondern als Verhängnis hingenommen und immer nur wiederholt. Darin liegt der tiefere

---

66 Peter Szondi, *Theorie des modernen Dramas*, Frankfurt a. M. 1959, S. 108 ff.
67 Szondi verweist dazu auf das Strindbergsche Ich, welches die Bühne für sich in Alleinherrschaft fordert; ebd., S. 112.

Grund für das Trugbild des Dramas und der Suche der sechs Personen.⁶⁸

Das hermeneutische Dilemma ihres Konflikts liegt darum nicht einfach – wie Pirandello meinte – in einer Täuschung über die Möglichkeit des gegenseitigen Verstehens, die durch die leere Abstraktion der Worte unweigerlich hervorgerufen werde, sondern in seinem Rollenbegriff, verstanden als »Gefesseltsein des Lebens an eine Form«⁶⁹. Gemeint ist vorab der Vater, der es als ein schweres Unrecht empfindet, sich gleichsam an die Situation im Bordell »festgenagelt« zu finden, als wäre seine ganze Existenz damit identisch. Im Drama des Vaters sieht Pirandello letztlich »il tragico conflitto immanente tra la vita che di continuo si muove e cambia e la forma che la fissa, immutabile«⁷⁰. Dieser Deutung ist das Beispiel indes unangemessen, weil es die Rolle als Fessel des Lebens auf einen Extremfall reduziert. Die Lebensphilosophie Pirandellos läßt ansonsten durchaus auch die Möglichkeit zu, die Rolle des Einzelnen im Verhältnis zu den Andern nicht als Fessel, sondern als Form zu verstehen, die das unaufhörlich bewegte Leben auch wieder aufzulösen vermag. So wenn er programmatisch bemerkt: »Tutto ciò che vive, per il fatto che vive, ha forma, e per ciò stesso deve morire: tranne l'opera d'arte, che appunto vive sempre, in quanto è forma«⁷¹.

Nimmt man diese These beim Wort, so könnte sie erlauben, den Sinn des Titels noch anders zu deuten und zu fragen: Entspringt die Suche nach dem fehlenden Autor letztlich nicht der unausgesprochenen Sehnsucht der abgewiesenen Personen, aus der vergänglichen, obschon in Rollen

---

68 So schon Szondi, wenn er zum lebensphilosophischen Subjektivismus Pirandellos bemerkt: »An ihm zu allererst ist das Drama der sechs Personen gescheitert und aus ihm ihre ewig erfolglose Suche nach einem Autor zu verstehen«; ebd.
69 Pirandello, »Vorwort« (s. Anm. 59), S. 25.
70 Pirandello, *Sei personnaggi* (s. Anm. 58), S. 38.
71 Ebd., S. 44.

gefesselten Form ihrer Existenz in den Bereich des Unvergänglichen, der erfüllten, ewigen Formen der Kunst zu gelangen? Dann wäre das Ziel ihrer Suche das Trugbild einer Befreiung durch die Kunst, ihr Scheitern die Erfahrung des unaufhebbaren Widerspruchs zwischen ihren ewigen Formen und dem ständigen Wandel des Lebens. Doch die Kunst, Ausnahme und Gegenpol des Lebens, kann das Leben keineswegs von sich selbst befreien. Sie vermag nur, es zu einer Einsicht zu befreien, die den Personen Pirandellos versagt ist: daß der Einzelne seine mitmenschliche Rolle nicht als ein Verhängnis hinzunehmen genötigt ist, sondern in ihr die Chance ergreifen kann, sich selbst im Konflikt mit den Andern auf das Wechselspiel des Verstehens einzulassen, ihre Achtung zu gewinnen und damit der subjektiven Täuschung seines eigenen Dramas zu entgehen.

VII

Löwiths Habilitationsschrift ist erst 1965 wieder eine eingehende philosophische Würdigung zuteil geworden. Es war Michael Theunissen, der in: *Der Andere. Studien zur Sozialontologie der Gegenwart* Löwiths These in seine Darstellung der Opposition der Philosophie des Dialogs (vorab der Bubers als Protagonist ihrer Blütezeit in den zwanziger Jahren) und der Transzendentalphilosophie (der Intersubjektivitätstheorie Husserls, Heideggers und Sartres) eingereiht hat. Wenn Theunissens Thema seither »aus dem Schatten der Inaktualität herausgetreten« und heute nicht mehr nur Gegenstand einer einzelnen Disziplin, sondern »weithin schon Thema der Ersten Philosophie« geworden ist,[72]

---

72 Michael Theunissen, *Der Andere. Studien zur Sozialontologie der Gegenwart*, 2., um eine Vorrede verm. Aufl., Berlin / New York 1977 [¹1965], S. vii und 1.

war dies nicht zuletzt sein Verdienst. Danach ist die Aktualität von *Das Individuum in der Rolle des Mitmenschen* für die Philosophie nicht mehr eigens zu erweisen und kann ich mich damit begnügen, Theunissens kritische Würdigung kurz zu referieren, um daran die Frage anzuknüpfen, welcher Ertrag und welche Anregungen der literarischen Hermeneutik aus Löwiths Buch verbleiben.

Theunissen setzt bei Löwiths Heideggerkritik ein. Er zeigt, daß Löwiths These vom Vorrang der Mitwelt vor der Umwelt sehr wohl noch eines mit Heidegger gemeinsam hat: »den Ansatz bei der Welt als dem Worin des Erfahrens von Dingen und Mitmenschen«[73]. So daß man, wenn Löwith an Situationen denkt, in denen die Umwelt aus der Mitwelt begegnet, sich fragen könne: »Was kommt da eigentlich woran zum Vorschein – die Mitwelt an der Umwelt oder die Umwelt an der Mitwelt?«[74] Sodann wird gezeigt, daß Löwith Heidegger zu Recht vorwirft, sein Verständnis der »freigebenden Fürsorge«, das »die Anderen nur *zu sich selbst* befreien kann, indem es sie *von mir* befreit«[75], übergehe das eigentliche Miteinandersein von Ich und Du. Löwiths Gegenthese: sein Aufweis der Konstitution des Ich durch das Du, die seine ganze Strukturanalyse des Miteinanderseins tragen soll, gerate indes in Schwierigkeiten, wo Löwith die Art der Verbundenheit von Ich und Du zu klären versucht. Seine Behauptung: »Als ›Du‹ bist du zunächst nicht du selbst«[76] sei problematisch, weil sie ein Für-sich-Sein impliziert, das vom Andern unabhängig und unbetroffen wäre. Damit werde das Selbst des absoluten Verhältnisses faktisch vom dialogischen Leben abgelöst[77] und damit auch die gegenseitige Anerkennung der im Ich-Du-Verhältnis einbehaltenen Selbständigkeit der Partner verfehlt.[78] Lö-

73 Ebd., S. 415.   74 Ebd., S. 417.   75 Ebd., S. 179.   76 Ebd., S. 431.
77 Ebd., S. 439.   78 Ebd., S. 432.

withs anthropologisch fundamentale These setze im Titel: *Das Individuum in der Rolle des Mitmenschen* die fragwürdige Spaltung des Individuums in ein apersonales und in ein personales Selbst voraus: »der Mensch – dieser einzelne, faktisch existierende Mensch – ist ›Individuum‹, unteilbare und sich nicht mitteilende Substanz, nur im Verhältnis zu sich selbst; im Verhältnis zu Anderen ist er ›Person‹ im Sinne der ›persona‹, der Rolle«[79]. Präsentiere sich die Unterscheidung von ›Du‹ und ›Du selbst‹ als ein »eminent produktiver Beitrag zur Erkenntnis des dialogischen Miteinanderseins«[80], so bleibe doch dunkel, wie Löwith das ›Du selbst‹ als eine erste Person in zweiter Person auslegen wolle.[81] Obschon er das Verhältnis von Ich und Du gegen Heidegger als das eigentliche Miteinandersein auszeichne und seine Ursprünglichkeit darin sehe, daß »die Begegnung mit dem alter allererst das Verständnis für die alii erweckt«[82], denke er doch »das ›Du selbst‹ trotz aller gegenteiligen Versicherungen nach Art des ›anderen Ich‹ oder ›anderen Selbst‹« und falle damit letztlich wieder in Heideggers Prämissen zurück.[83]

VIII

Sieht man den Streit über den Vorrang der Mitwelt über die Umwelt mit Theunissen darin vermittelt, daß die Umwelt in und an der Mitwelt begegnet, die Mitwelt aber auch an der Umwelt zum Vorschein kommen kann, so bleibt dem Mitsein mit Anderen doch wohl noch ein hermeneutischer Vorzug: es vermag eher einen Zugang zu der Umwelt zu eröffnen, die ich mit den Anderen teile, als es dem einsamen

---

79 Ebd., S. 424.   80 Ebd., S. 435.   81 Ebd., S. 434.   82 Ebd., S. 421.
83 Ebd., S. 434 f.

Subjekt möglich wäre, wenn ihm die Dingwelt in ihrem Ansichsein fremd entgegensteht. Als Umwelt wird die Dingwelt allererst durch ihre mitweltliche Bestimmtheit erfahrbar. Das bezeugt vorab die poetologische Tradition der Mimesis, versteht man sie nicht als Nachahmung, sondern als Aneignung einer Wirklichkeit, die deren Anblick als Mitwelt zum Vorschein bringt. Gleichviel ob dieser Anblick idealistisch überhöht (wie z. B. in der bukolischen Dichtung) oder naturalistisch beschrieben wird (wie z. B. im realistischen Roman), erscheint die dargestellte Wirklichkeit nicht mehr per se, sondern selbst noch in ihrer Fremdheit oder historischen Ferne als Umwelt einer Mitwelt, anders gesagt: als sinnbestimmte Lebenswelt.

Wird die sinnfremde Realität der Dingwelt derart als ›Subsinnwelt‹ (nach Schütz und Luckmann) verstehbar, so kann ihre Aneignung in der Moderne indes auch so erfolgen, daß die Widerständigkeit des Realen kontrastiv bewahrt bleibt und eigens thematisiert wird. Die mitweltliche Bestimmtheit der Umwelt erreicht im Milieubegriff des 19. Jahrhunderts einen Höhepunkt, wenn Balzac die physiognomische Einheit von Charakter und sozialer Umwelt im *Père Goriot* auf den Nenner bringt: »ihre ganze Person (gemeint ist die Wirtin) erklärt die Pension, wie die Pension wiederum ihre Person erklärt«.[84] Doch die hier vorausgesetzte Harmonie zwischen Lebewesen und *milieu ambiant* wird bald wieder preisgegeben, wenn sich im Roman Zolas die schützende Umwelt als eine feindselige Macht erweist, die den Menschen im ›Räderwerk der Gesellschaft‹ dem Verhängnis seiner unkenntlich gewordenen Natur zum Opfer fallen läßt. Die Widerständigkeit einer sinnfremden Realität hat auch Flaubert thematisiert. So wenn der passive

---

84 Siehe dazu und zum Milieu-Begriff meine *Studien zum Epochenwandel* (s. Anm. 3), S. 148 ff.

Held der *Education Sentimentale*, der sein Leben als Flaneur verspielende Frédéric Moreau, immer wieder in Situationen gerät, die sein schon überlebtes Ideal eines romantischen Lebens und Liebens an der Härte und Gleichgültigkeit der Realität zerschellen lassen, während seine Freunde im Scheitern der Revolution von 1848 erfahren müssen, wie ein sie überrollendes Geschehen ihren politischen Traum an der Wirklichkeit der Geschichte zunichte macht. Aus unserer Zeit läßt sich als Beispiel der *Nouveau Roman* Robbe-Grillets anführen, wo in *La Jalousie* der Leser dadurch konsterniert wird, daß er selbst die dargestellte Wirklichkeit auf drei namenlose, nur mit Initialen gekennzeichnete Personen zuordnen muß, um zu erkennen, daß es der singulare, obsessionelle Blick eines Eifersüchtigen ist, dem er folgte, aber keinen Hinweis findet, der ihm die Bedeutung der kontrastiv, in geometrisierender Beschreibung verdinglichte Umwelt einer Plantage entschlüsseln könnte.

IX

Hermeneutisch gesehen folgt aus Löwiths These vom Vorrang der Mitwelt über die Umwelt, daß dem apophantischen *als* (etwas als etwas verstehen) ein intersubjektives *als* (sich als Einer im Verhältnis zu Anderen verstehen) vorzuordnen oder zumindest – folgt man Theunissens Vermittlungsvorschlag – als gleichursprünglich zur Seite zu stellen sei. Der Gewinn dieser Prämisse ist, daß ihr Ausgangspunkt nicht mehr ein für sich seiendes Individuum ist, sondern das Verhältnis des Einen zum Andern, mithin das Individuum als Person. Der Andere als Person ist dabei zweideutig bestimmt: er ist »Einer und Etwas – Person und Sache zugleich«, sofern sich nach einer Person sowohl fragen läßt, »*wer* sie ist, wie auch *was* sie ist« (S. 60). Problematisch wird diese Prämisse, wenn sie das Individuum später doch wieder in seinem Für-sich-Sein zu fassen, mithin es als apersonales Selbst aus der Verhältnismäßigkeit seiner personalen Existenz zu lösen sucht. Das zeigt schon die Verwendung des Personbegriffs, der von Löwith als Rollenverhältnis eingeführt wird, am Ende aber auch die ›Persönlichkeit‹ in ihrem unverhältnismäßigen Sein meinen soll. In seinem Rekurs auf Kant verschwindet die Gleichsetzung von Person und Rolle und wird das Postulat übernommen, daß der Mensch nicht bloß Mittel zum Zweck sein dürfe, sondern als Person vorzüglich durch »Selbstzweck« zu bestimmen sei (S. 141). Die durch eine Rolle – als Vater, als Ehemann, als Bürger – begriffene Person ist indes in dem, was sie in ihrer Rolle für den Andern ist, nicht nur Mittel zu einem Zweck, noch ist sie in dem, wer sie dabei für sich selbst ist, allein durch ihren Selbstzweck zu bestimmen. Kant hat hier offensichtlich nicht das Rollenverhalten im Blick. ›Sache‹ im Gegensatz zu ›Person‹ meint für Kant die »»*res corporalis*‹« (S. 141), ›Person‹ die Auszeichnung, sich selbst die Zwecke seines Daseins zu setzen, was das Verhältnis zu den Andern primär nicht benötigt.

Die Abhebung der so verstandenen Person von Löwiths Rollenbegriff der *persona* zeigt sich bei Kant schon darin an, daß er sie als unsere »»bessere Person««, als unser »»eigentliches Selbst««, als »»Persönlichkeit«« versteht (S. 144) und den Menschen als Vernunftwesen dadurch auszeichnet, »daß er einen Charakter hat den er sich selbst schafft, indem er vermögend ist, sich nach seinen von ihm selbst genommenen Zwecken zu perfectionieren«[85]. Damit erlangt das auf sich selbst gestellte Subjekt seine Autonomie und wird ineins damit der Begriff der Bildung inthronisiert – der Bildung

---

85 Immanuel Kant, *Anthropologie*, § 86, in: I. K., *Werke in zwölf Bänden*, hrsg. von Wilhelm Weischedel, Bd. 12, Frankfurt a. M. 1964, S. 625, 673.

zum Telos der Persönlichkeit, die in Goethes organologischer Fassung (»geprägte Form, die lebend sich entwickelt«) literarisch in der genuin deutschen Form des Bildungsromans zu bedeutender Wirkung gelangen sollte. Zur gleichen Zeit tritt in Hegels Jenenser *Philosophie des Geistes* aber auch ein alternativer Begriff von Bildung zutage, der nicht mehr wie bei Kant in der Selbsterfahrung des erkennenden Ichs, sondern im komplementären Verhältnis sich erkennender Individuen gründet: »Die Erfahrung des Selbstbewußtseins gilt nicht länger als ursprünglich. Sie ergibt sich vielmehr für Hegel aus der Erfahrung der Interaktion, in der ich mich mit den Augen des anderen Subjektes kennen lerne. Das Bewußtsein meiner selbst ist Derivat einer Verschränkung der Perspektiven«.[86]

Die Alternative dieses intersubjektiven Bildungsbegriffs ist in der Folgezeit so wenig zur Geltung gelangt wie die Ich-Du-Philosophie Feuerbachs, bei der Löwiths philosophie-historische Perspektive einsetzt. Hätte es nicht nahegelegen, die Darlegung von Kants Begründung der Autonomie des Menschen mit Hegels Dialektik der Intersubjektivität des Geistes zu konfrontieren? Statt dessen bezieht sich Löwith nurmehr auf Hegels theologische Jugendschriften, um Kants Moral der Achtung Hegels Metaphysik der Liebe entgegenzusetzen, die noch nicht wechselseitige Anerkennung, sondern nurmehr die Vereinigung von Ich und Du postuliert (§ 38). Der Rekurs auf Kants Moral der Achtung vermag den Vorrang der Selbstreflexion, der Perfektionierung des autonomen Subjekts zum Selbstzweck der Persönlichkeit, indes nicht im Sinne von Löwiths These, der Verhältnisbestimmtheit des Ich durch das Du, zu revidieren. Denn wenn Kants Bestimmung des Selbstzwecks durch die

---

86 Jürgen Habermas, »Arbeit und Interaktion«, in: J.H., *Technik und Wissenschaft als ›Ideologie‹*, Frankfurt a. M. 1968, S. 12 f.

Pflicht einschließt, »einen jeden Menschen, also auch mich selbst, jederzeit als einen Selbstzweck zu achten und nicht nur als Mittel zu einem Zweck zu gebrauchen« (S. 144), beschränkt dies zwar unsere Freiheit in Ansehung unserer selbst, gilt aber für jeden Anderen, ohne Ansehung seiner individuellen Person. Schon Gadamer hatte dazu bemerkt: »Denn Achtung im kantschen Sinne ist Achtung *vor dem Gesetz*, d. h. aber das Phänomen der Achtung enthält in sich selbst eine *Verallgemeinerung* des Menschlichen und nicht die Tendenz der Anerkennung des Du in seiner Sonderart und um dieser Sonderart willen«.[87] Darum bleibt in den letzten Kapiteln von Löwiths Buch ungeklärt, wie die Möglichkeit eines einzigartigen Verhältnisses zu sich selbst Individualität konstituieren (§ 43) und gleichwohl im Verhältnis des Miteinanderseins gründen soll (§ 40).

X

Gewiß ist die Frage nach der Möglichkeit, sich selbst als einzigartiges Individuum zu erfahren, für Löwiths These unerläßlich. Doch wäre dann nicht weiterzufragen, ob Individualität überhaupt im unverhältnismäßigen Dasein des Einzelnen zu suchen und nicht eher im Verhältnis des Miteinanderseins, näherhin im Prozeß der Bildung zur Person – zum »Individuum in der Rolle des Mitmenschen« – zu fassen ist? Hier käme Löwith die Anthropologie Helmuth Plessners, seine Theorie vom Doppelgängertum des Menschen als einer jedwede Selbstauffassung ermöglichenden Struktur, zu Hilfe. Plessner nimmt hier den intersubjektiven Bildungsbegriff auf, um ihn zu einem neuen Verständnis des Grundverhältnisses von sozialer Rolle und mensch-

---

87 Hans-Georg Gadamer, Rezension zu Löwith, in: *Logos* 18 (1929) S. 440.

licher Natur weiterzuführen. Doppelgängertum steht danach für die Fähigkeit des Menschen, sich selbst in Rollen zu verdoppeln und zu verkörpern – eine Entäußerung, die gerade nicht zur Selbstentfremdung führen muß, sondern als »Chance, ganz er selbst zu sein«, ergriffen werden kann: »Was Rolle ihm nach unserer Gesellschaftsauffassung grundsätzlich und jederzeit gewährt, nämlich eine Privatexistenz zu haben, eine Intimsphäre für sich, hebt nicht nur nicht sein Selbst auf, sondern schafft es ihm. Nur an dem andern seiner selbst hat er – sich.«[88] Damit ist die idealistische Trennung von Selbstsein und Rolle, von intelligiblem und empirischem Charakter, überwunden und zugleich die Gleichsetzung von Innerlichkeit und Eigentlichkeit, Öffentlichkeit und Uneigentlichkeit, in Frage gestellt, die das Selbstverständnis des Bildungsbürgertums bestimmt hat und im Theorem der Selbstentfremdung weiterlebt, das bei Heidegger die Gestalt der Verfallenheit im defizienten Modus des Man annahm.[89]

XI

Die Dichotomie von Eigentlichkeit und Uneigentlichkeit im Miteinandersein gehört zu dem Erbteil seines Lehrers, von dem sich Löwith nicht ganz frei zu machen wußte. Seine Gegenthese zu Heideggers Daseinsanalytik, daß das eigentliche Miteinandersein primär dem dort übergangenen Verhältnis von Ich und Du entspringe und als solches allererst das Verständnis für die beliebigen Anderen (alii) er-

---

88 Helmuth Plessner, »Soziale Rolle und menschliche Natur«, in: H.P., *Diesseits der Utopie*, Frankfurt a. M. 1974, S. 32 f.; wiederabgedr. in: *Conditio humana* (s. Anm. 44), S. 68 f.
89 Ebd., S. 69; außerdem zu Heidegger (*Diesseits der Utopie* [s. Anm. 87], S. 34): »Seine Theorie von der Verfallenheit im defizienten Modus des Man ist der deutschen Innerlichkeit aus der Seele gesprochen«.

schließe, setzt zwar die Konstitution des Ich durch das Du voraus. Doch diese Prämisse wird von Löwith nurmehr an einer Vorzugsgestalt des Ich-Du-Verhältnisses, der nach Kant beschriebenen Freundschaft, aufgewiesen, ohne deren idealistische Vorgaben zu bedenken. Wie schon die Achtung des Andern als eines Selbstzwecks, die bei Kant das zweifache Tugendprinzip der eigenen »Vollkommenheit«, aber fremden »Glückseligkeit« erfordert (S. 157), den Mitmenschen ganz allgemein (universaliter), nicht aber den Anderen in seiner konkreten Individualität betrifft, so auch in Kants Bestimmung der Freundschaft als der Vereinigung von Liebe und Achtung: »wo die Selbstliebe verschlungen ist in der Idee der großmütigen Wechselliebe« (S. 160). In dieser Idee verschlungen ist zugleich Ego und Alter in ihrer Singularität, das Individuum in den kontingenten, fremden Zügen seiner Gestalt, in der sich Ich und Du begegnen.

Kants Ideal der Freundschaft steht noch in einer säkularen Tradition, in der das Einander-Verstehen von Ich und Du stets durch eine allgemeine Norm: den Vorgriff auf Vollkommenheit, bestimmt wird (bei Kant als Pflicht, daß man sich als Person und wechselseitig selbst »perfektionieren« soll). Die Geschichte der Freundschaft zeigt in allen Traktaten und Zeugnissen bis in unsere Tage, daß das Einander-Verstehen im Ich-Du-Verhältnis zumeist über ein Drittes vermittelt wird, gleichviel ob dieses als Ideal der Tugend, des guten Lebens, eines gemeinsamen Ziels oder einer emphatischen Erfüllung der Zweisamkeit bestimmt wurde.[90] Der Vorgriff auf Vollkommenheit, der das kontingente Ich-selbst und Du-selbst verdeckt, ist wohl nirgends

---

90 Hierzu kann ich auf eine eigene Abhandlung verweisen: Hans Robert Jauß, »Probleme des Verstehens: Das privilegierte Du und der kontingente Andere«, in: *Kontingenz*, hrsg. von Gerhart von Graevenitz und Odo Marquard, München 1996 (Poetik und Hermeneutik, XVII). [Vgl. S. 136–187 in der vorl. Ausg.]

so entschieden in Frage gestellt worden wie durch das biblische Gebot der Nächstenliebe. Den Andern als seinen Nächsten zu lieben, der auch als der Fernste, wenn nicht gar als Feind begegnen kann, schließt die Trefflichkeit der einander Gleichen wie die Pflicht zur beiderseitigen Vervollkommnung gerade aus. Weder Sympathie für die Person des Andern noch das Verstehen seiner Eigenheit, sondern allein – wie das Gleichnis vom barmherzigen Samariter zeigt – das tätige Erkennen einer Not, in der jeder Fremde zum Nächsten werden kann, darf den Erweis der Agape bestimmen. Insofern wäre das Gebot: »Du sollst deinen Nächsten lieben wie dich selbst« mit der impliziten Begründung: »denn er ist wie du« das experimentum crucis einer Theorie vom »Individuum in der Rolle des Mitmenschen«. Nicht so für Löwith, der den christlichen Begriff des Nächsten im Gegensatz zum Du eines Ich verstehen will und ihn als »zunächst fernliegend« abtut, »weil die nächstliegende Bestimmung des andern eine hinsichtlich *seiner* rücksichtslose Rücksichtnahme auf einen *selbst* ist« (S. 74 f.), und Nietzsche das letzte Wort in der Sache beläßt (S. 168).

Daß diese Rücksicht auf einen selbst, die den Andern zum »Meinigen« machen will, vorab »altruistischen Egoismus« bekunde (S. 74), ist in Löwiths Theorie das Seitenstück von Heideggers »zunächst und zumeist« anzutreffender Verfallenheit an das »Man«. Der Vorzugsgestalt des eigentlichen Miteinanderseins steht hier eine zweite Vorzugsgestalt gegenüber: das Verfallen des Miteinanderseins in Zweideutigkeit[91] oder in ein (wie in *Così è se vi pare*) verselbständigtes Rollenverhältnis. Tertium non datur. Man

---

91 Als Beispiel für Zweideutigkeit, wenn ein jeder sich selbst in Rücksicht auf einen andern bestimmt, s. ebd., S. 82: »Als Angehöriger eines Kreises spricht und handelt ein jeder im Sinne des ›Wir‹, aber nicht ›für seine Person‹ [...]. Die Rolle, welche er als *persona* spielt, ist ihm vorgezeichnet durch die Tendenz seines Kreises« (so in Heideggers Seminar?).

fragt sich rückschauend: Warum eigentlich? – ob das so sein muß, ob die Welt, die ich mit den Anderen teile, notwendig in eigentliches und uneigentliches Dasein geschieden ist, ob wir nicht auch ein »Dazwischen« kennen, in dem sich das Individuum in der Rolle des Mitmenschen bewegen und entfalten kann, ohne der vermeintlich fatalen Dichotomie anheimzufallen. Bleibt von dieser Löwiths zentrale Analyse des Miteinanderseins als Miteinandersprechen (§ 24–32) de facto nicht unberührt? Wenn sich das Individuum dadurch als Person versteht, »daß es sich *mit* anderen und mit sich selbst *teilen* kann«, wenn der eine den andern auf Erwiderung anspricht, wenn einer »als Person sowohl andern wie sich selbst Rede und Antwort stehen kann« (S. 106), wenn schließlich der Widerspruch oder die wechselseitige Korrektur eine Übereinstimmung in der Sache herbeiführt (S. 66 f., 114), ist dies alles schwerlich ein Privileg des »eigentlichen Miteinanderseins«, vielmehr die Leistung eines Gesprächs, das wechselseitig den Anspruch des Sich-Entsprechens einzulösen sucht.

XII

Darin läge dann auch der Ausweg für die Personen Pirandellos, der ihnen versagt ist, solange sie in ihren Rollen derart verfangen bleiben, daß ihr Miteinandersein im Gespräch selbst zerfällt. Das Gegenbeispiel ist im modernen Drama, das bis zum Überdruß das Thema der Selbstentfremdung auszuschöpfen pflegt, selten zu finden. Mir steht dafür vorab nur ein Zeitgenosse Pirandellos, Jean Giraudoux, vor Augen. In seinem Theater wird das Rollenverhältnis nicht als Entfremdung, sondern als Entäußerung seiner selbst aufgefaßt, in der die Personen in der Bejahung ihrer Rollen sich selbst im Andern, das Ich selbst im Du selbst erkennen und so im Dialog ihr eigentliches Wesen verwirklichen, das

Vorurteil widerlegend, daß dem modernen Drama das gelingende Gespräch versagt sei. Dabei gewinnt der dramatische Konflikt seine volle Schärfe, wenn das Ich-Du-Verhältnis durch das Hinzutreten eines Dritten in Frage gestellt wird. So am schönsten im *Amphitryon 38*, Giraudoux' Gegengesang zu Kleist, wo sich Alkmene des göttlichen Doppelgängers zu erwehren weiß, der nicht allein an der im Rollenverhältnis bewährten Solidarität des menschlichen Paars, sondern auch daran scheitert, daß ihm – dem Dritten – die aus dem vergangenen Leben erwachsene Gemeinsamkeit des Paars als dessen unteilbare Erinnerung entzogen bleibt.[92]

So wird am Ende nicht allein Plessners Theorie, daß in der Entäußerung an übernommene Rollen die Chance liege, sich selbst im Andern zu verstehen, sondern auch das Schlußwort Karl Löwiths bestätigt, das den Leser nach der vorstehenden Kritik überrascht. Mit ihm möchte ich schließen – in Dankbarkeit des philosophischen Lehrers gedenkend, der mich über die Schwelle des Rigorosums geleitete: »Als Individuum ein Mitmensch sein und diese Rolle haben und spielen macht den Ernst und Reiz des menschlichen Lebens aus, dessen Wohl- und Übelbefinden, dessen Glück und Unglück vorwiegend durch das Verhältnis des einen zum andern bestimmt ist. Es genügt, daß überhaupt ein Anderer da ist, der einen achtet und anerkennt, um sich selber achten zu können und sich selber kenntlich zu werden: es genügt aber auch, daß man, mit Kant gesagt, überhaupt unter andern lebt, ›um sich einander böse zu machen.‹ Das Verhältnis zu Seinesgleichen ermöglicht sowohl die Selbstunterscheidung wie den Vergleich mit andern, innerhalb derer sich alles menschliche Leben als ein Zusammenleben in Auseinandersetzung bewegt« (S. 180).

---

92 Siehe dazu Hans Robert Jauß, *Ästhetische Erfahrung und literarische Hermeneutik*, Frankfurt a. M. 1991, Kap. II D.

Ich selbst und der Andere:
Bemerkungen aus hermeneutischer Sicht

I

»Warum sah sich der Mensch so lange nicht als ein Individuum an, obschon er sich immer schon als ein singulares Ich im Verhältnis zu den Andern erlebt haben muß?« Diese Frage stand am Anfang meiner Arbeiten zum Thema dieses Vortrags, auf die ich zurückgreife, um das Problem nun aus hermeneutischer Sicht wieder aufzunehmen.[1] Ist es doch ein denkwürdiger Befund der historischen Anthropologie, daß der Mensch in der Geschichte der europäischen Kultur dereinst nicht als Individuum begriffen wurde und sich erst seit einer bestimmten Zeit, dem Gipfel der Aufklärung, als ein *individuum ineffabile* ansah und zu behaupten suchte. Trug der Mensch vor dieser Epochenschwelle nicht immer schon seinen Personennamen, der ihn unverwechselbar machte? Hatte er nicht seinen Körper, der ihn in Augenblicken der Lust oder der Qual, und der Todesangst zumal, unbezweifelbar empfinden ließ, dieser und kein anderer zu sein? Wie immer man dieses anthropologische Paradox aus den Vorgaben der alteuropäischen Ontologie – ihres sogenannten Logozentrismus – erklären will, ist es doch am ehesten zu erhellen, wenn man danach fragt, was der Anerkennung des Rechts, als Mensch zugleich ein unvertretbarer Einzelner zu sein, eigentlich entgegenstand. Es ist ein Widerstand, der als Vormacht des Allgemeinen über das Besondere im Epochenwandel der europäischen Kultur immer wieder andere Ge-

---

[1] Hans Robert Jauß, »Vom ›plurale tantum‹ der Charaktere zum ›singulare tantum‹ des Individuums«, in: *Individualität*, hrsg. von Manfred Frank und Anselm Haverkamp, München 1988 (Poetik und Hermeneutik, XIII). – Wiederabgedr. in H. R. J., *Wege des Verstehens*, München 1994, Kap. 5.

stalt annimmt. Im Blick darauf ließ sich zeigen, daß der heute so gern und oft leichtfertig angeklagte Logozentrismus nicht durchgängig und unangefochten herrschte. Der Aufstand des Einzelnen gegen die Vormacht des Allgemeinen ist vielmehr schon lange vor der Selbstermächtigung des modernen, autonomen Subjekts immer wieder unternommen worden. Zwar konnte er stets wieder unterdrückt, doch in seiner subversiven Kraft auf die Dauer nicht aufgehalten werden. Dabei ging die Dichtung der Philosophie wie der Theologie nicht selten voran, kraft des heteronomen Vermögens ästhetischer Erfahrung, im Schutze der Fiktion die Grenzen herrschender Normen zu überschreiten und neue Lebensformen zu erproben.

Die Vormacht des Allgemeinen über das Singulare – daran braucht hier nur kurz erinnert zu werden – zeigt sich in der aristotelischen Anthropologie darin an, daß sie den Einzelnen primär als Exemplar der Gattung Mensch verstand, das Ich selbst aber unterbestimmt beließ. Das Merkmal des konkret Einzelnen, ihm Eigenen und Eigentümlichen, *toù ídion* genannt, trug den Makel einer Beraubung (*stéräsis, privatio*); es hatte als das nur Private keinen ontologischen Rang, so daß – wie Manfred Frank so scherzhaft wie treffend bemerkte – »das Individuum in unserer Kultur in der Rolle des Idioten auf die Welt kommt«.[2]

Die römische Lebensphilosophie vollzog den Schritt vom biologischen zum biographischen Lebewesen. Sie hat *persona* über die Bedeutung ›Maske‹ zum Inbegriff der sozialen Rolle erhoben, diese in einen Pflichtenkatalog gefaßt und damit das Individuum bereits in der Rolle des Mitmenschen gesehen, dabei aber von allem Persönlichen und Individuellen abstrahiert. Was einer jenseits seiner Rollen (der vier *personae* Ciceros) ist und wie er im Verhältnis zu ihnen seine Identität geschichtshaft bilden kann: die Persönlichkeit im

---

2 Frank/Haverkamp (Hrsg.), *Individualität* (s. Anm. 1), S. 240.

modernen Sinn, kommt hier noch nicht in den Blick. Die Ausnahmegestalt, die sich nicht am und durch, sondern gegen die Andern bestimmt, die ihr Eigenes von allem Fremden, ihr geistiges Eigentum von allem Äußerlichen und Vergänglichen der Welt zu scheiden weiß, ist der Weise der Stoa. Für ihn bedeutet Sein ein Sich-Haben, das indes nur sein unveräußerliches Eigentum bestimmt, nicht aber den Eigentümer selbst als Individuum einbegreift. Die Vollkommenheit des Weisen läßt sein kontingentes Ich, seine nur erzählbare Geschichte, kaum und meist nur anekdotisch zur Sprache kommen, weshalb sich alle Weisen in ihren Biographien so ähnlich sehen wie die der Heiligen, die ihre Tugend, aber nur beiläufig ihre Lebensgeschichte unterscheidet. Woraus folgt, daß der höchste Begriff der antiken *persona*, verstanden als Eigentümer seiner selbst oder als Vergegenständlichung der Tugend, selbst wieder um den Preis einer Entpersönlichung errungen wurde.

Der christliche Anfang der Subjektivität gründet im Glauben an Auferstehung und Jüngstes Gericht. Der platonischen Lehre von der Unsterblichkeit und der Metempsychose der Seele wird die Unsterblichkeit des Individuums entgegengesetzt. Mit der Konversion erlangt der Mensch als Einzelner die Auszeichnung, in der Eigenheit seiner leibhaften und geistigen Gestalt und damit auch in der Einmaligkeit seiner Lebensgeschichte anerkannt zu werden, über die er im letzten Gericht zur Rechenschaft gezogen wird. Gleichwohl ist auch die derart ausgezeichnete Individualität des Christen noch unter normativen Vorgaben begriffen worden. Augustin erzählt sein Leben nicht um seiner selbst willen, sondern als Paradigma der Konversion vom Sünder zum Gläubigen. Dieses Paradigma läßt nur zu, was die typischen Verirrungen eines gottfernen Lebens und die in ihm verborgene göttliche Führung beispielhaft macht. Was ihm in den zwölf Jahren zwischen Bekehrung und Niederschrift widerfuhr, bleibt verschwiegen; davon zu reden, wäre unter das Verdikt: »Le sot projet qu'il a de se peindre!« gefallen, auf das sich noch Pascal in seiner Kritik an Montaigne berufen wird. Augustins *Confessiones* folgen in der Selektion und Deutung der Ereignisse einer narrativen Hermeneutik, die – theologisch formuliert – den Tod des Selbst als Charakter und seine Erweckung als Heiliger impliziert und mit dieser Scheidung die Möglichkeit der Selbstdarstellung begründet: Die spätere Gattung der Autobiographie setzt das gebrochene Verhältnis von Selbst als Objekt und als Subjekt, von Person und Autor, voraus.

II

Die Etappen der allmählichen Freisetzung des Individuums, bei denen jeder Schritt zur Behauptung seiner Autonomie noch lange einer heteronomen Vermittlung (z. B. der Berufung auf Vorbilder) bedurfte, sind schon auf dem XIII. Kolloquium von *Poetik und Hermeneutik* ausführlich erörtert worden. Hier interessiert vor allem, ob und wie mit dem Hervortreten des kontingenten Selbst das Anerkennen und Verstehen des kontingenten Anderen einherging. Mein Beitrag war der Versuch, in der Geschichte von ›Charakter‹ den Weg einer fortschreitenden Singularisierung aufzuweisen, der vom Plurale tantum der Charaktere zum Singulare tantum des *individuum ineffabile* führte. Diese Singularisierung ist, beiläufig bemerkt, dem Begriff ›Charakter‹ nicht allein eigentümlich; sie betrifft seit der Mitte des 18. Jahrhunderts auch den Bedeutungswandel von Geschichten zum Kollektivsingular Geschichte, von Revolutionen zu Revolution, von den Schönen Künsten zur Kunst, wie Reinhart Koselleck für die von ihm sogenannte ›Sattelzeit‹ zeigte.[3]

3 Reinhart Koselleck, *Vergangene Zukunft. Zur Semantik geschichtlicher Zeiten*, Frankfurt a. M. 1979.

Der Prozeß der Singularisierung der Charaktere geht in der dafür einschlägigen moralistischen Tradition nicht von einer allgemeinen Bestimmung der menschlichen Natur aus, sondern setzt mit der Entdeckung und Beschreibung der nur in ihrer kontingenten Vielfalt faßbaren Natur des Menschen ein. Deren Vielgestalt erscheint in der seelisch-körperlichen Einheit einer physiognomischen Prägung, die erlaubt, das je Besondere an den Anzeichen seiner Charaktere oder Sitten, Leidenschaften oder Temperamente abzulesen. Die Paradigmatik der Charaktere kann in hermeneutischer Sicht als eine Protosemiotik angesehen werden, die von Theophrast bis La Bruyère eine neue Weise der Lesbarkeit der Mitwelt eröffnet und entfaltet hat. Was sich hier auf den ersten Blick als eine bloße Beschreibung und Abgrenzung ethnischer Merkmale darbietet, konnte erst lesbar werden, wenn der Beobachter im Vorschein des durchschnittlichen Lebens (die Extreme von Gut und Böse, von Tugend und Lastern bleiben dabei ausgeschlossen) zuvor das latente, im Selbstverständlichen verborgene Besondere aufgedeckt, in Anzeichen erfaßt, markiert, abgegrenzt und typologisch oder auch topologisch geordnet hat. Dabei tritt in der Entwicklung von den ethnischen Charakteren der Antike zu den gesellschaftlichen Charakteren der Moderne aus der einen, vermeintlich zeitlosen Natur des Menschen seine zweite Natur in Gestalt seiner zeit- und ortsgebundenen Lebenswelten ans Licht.

Individuum ... est, quod est in se indistinctum, ab aliis vero distinctum (»das Individuum ... ist für sich genommen unbestimmbar, von Anderen aber unterscheidbar«): Diese thomistische Definition[4] zeigt uns die normativen Grenzen an, vor der die Protosemiotik der Charaktere innehält. Wenn ihr Zeichensystem auch erlaubt, in der Vielgestalt

---

4 Thomas von Aquin, *Summa Theologica* I,29,4c, zit. nach: Th. v. A., *Opera Omnia iussu Leonis XIII edita cura et studio Fratrum Praedicatorum*, Bd. 4, Rom 1882 ff.

menschlicher ›Naturen‹ ein Besonderes jeweils aus seiner Differenz zu allen anderen Gestalten zu bestimmen, bleibt dabei doch das Singulare als solches unbestimmt. An seiner individuellen Gestalt werden hier nur die Züge in einer Kombination allgemeiner Merkmale erfaßt, die es als Besonderheit mit anderen Gestalten solcher Art teilt. So führt das semiotische Verfahren den abgegrenzten singulären Charakter selbst wieder auf ein partikular Allgemeines zurück!

Gewiß vermochte ein La Bruyère seine Portraits so kunstvoll mit sprechenden Details zu verlebendigen, daß daraus schon die Eigenwelt eines singulären Charakters zu erstehen scheint. So kann eine sekundäre Individualisierung des Typischen gelingen, die sich vom primären Erfassen des Individuellen kaum mehr unterscheiden läßt (wie zum Beispiel im Fall des Blumenliebhabers im Kapitel »De la mode«). Doch den Einzelnen als Singulare tantum, als einzigartiges Individuum, zu verstehen, war La Bruyère noch versagt. Wo er einmal auf das Problem stößt, das Arcanum des Singulären im Vollkommenen großer Geister zu erfassen, nennt er den unnachahmbaren Charakter des Genies »sublim«, was er indes nicht anders zu erklären weiß als durch ein »je ne sais quoi«, das sich aller Bestimmung entzieht. Den letzten Schritt zum Verstehen des Individuellen hat erst der deutsche Idealismus vollzogen. So wenn Kant den physischen Charakter, die Naturanlagen des Naturells und des Temperaments, vom moralischen Charakter, der Denkungsart, absetzt und den Menschen als Vernunftswesen dadurch bestimmt, »daß er einen Charakter hat, den er sich selbst schafft, indem er vermögend ist, sich nach seinen von ihm selbst genommenen Zwecken zu perfectionieren«.[5] Die Idee der Bildung hat damit der Tradition der Charaktere ein Ende gesetzt.

---

5 Immanuel Kant, *Anthropologie in pragmatischer Hinsicht*, zit. nach: I. K., *Werke in zwölf Bänden*, hrsg. von Wilhelm Weischedel, Frankfurt a. M. 1984, S. 625, 673.

III

Im Prozeß der Singularisierung der Charaktere steht die allmähliche Freisetzung des Individuums in einer eigentümlichen Dialektik: Das kontingente Ich, das sich im Widerstand gegen die Vormacht des Allgemeinen zu behaupten sucht, bedarf gleichwohl noch der Vorgabe allgemeiner Normen, um das ihm allein Eigene oder ein fremdes Ich zu erkennen. Das Individuum in seiner Kontingenz ist als *ineffabile* nicht unmittelbar, sondern erst über heuristische Vorgaben zu verstehen, die seine Einzigartigkeit in der Differenz zwischen Erwartung und Erfahrung, einem noch Allgemeinen und dem abweichend Singularen, ansichtig machen. Das gilt nicht allein für seine literarische Repräsentation, sondern schon in der Lebenswelt. Die alltägliche Begegnung mit einem Fremden ist, hermeneutisch gesehen, nur scheinbar völlig kontingent. Auch das Fremde, Unvertraute kann erst im Verhältnis zum noch Vertrauten in seiner Andersheit erkannt werden. Die Fremdheit des Andern steht im Horizont eines Vorverständnisses, das die Begegnung überhaupt erst erfahrbar macht – im Horizont von Erwartungen, in denen sich frühere Erfahrung niederschlug. Solche Erwartungen pflegen sich im persönlichen Umgang zu bilden und normativ zu verfestigen. Sie können aus der Beobachtung physiognomischer Züge gewonnen oder vom sozialen Rollenverhalten abgeleitet werden. Sie können aber auch einem auferlegten Verstehen entstammen, in Gestalt religiöser Gebote, der Tugenden und Laster, ethischer Systeme, der vier Temperamente, der Verhaltensnormen von Altersstufen, sozialen Schichten, Eliten, Parteien und der Nationen. Das Verstehen des Andern in seinem kontingenten Selbst entspringt nur scheinbar unmittelbarer Einfühlung. Es erfordert das Erkennen der Differenz des Andern zu mir selbst, die Erprobung eines normativen Vorverständnisses, seine Preisgabe, wenn es sich als unangemessen erweist, und schließlich die Anerkennung des Singularen, das dabei zutage tritt. Wie das ominöse Andere der Vernunft bedarf auch der Andere im Verhältnis zum eigenen Selbst des Rekurses auf ein noch Gemeinsames, um in der Differenz seines Andersseins erkannt zu werden. Woran anders sollte sich denn das Nichtidentische bemessen, wenn nicht an der Differenz zum Identischen? Wer wie Lyotard in *Le Différend* (1983) die Differenz absolut setzen und den Widerstreit zwischen dem Ich und dem Anderen zur Ultima ratio erheben will, verfehlt die heuristische Funktion des sogenannten Meta-Diskurses. Er gerät so nolens volens in eine hermeneutische Nacht, in der alle Kühe schwarz, alias: alle Differenzen unvermittelbar und damit der Gleichgültigkeit verfallen sind.

IV

Die hermeneutische Theorie war bisher vornehmlich am Textverstehen, historisch gesehen an der Auslegung des mehrfachen Schriftsinns orientiert und hat darum das intersubjektive Verstehen und seine Vorgaben vernachlässigt. Zu diesen Vorgaben, die in ihrer hermeneutischen Relevanz zu wenig Beachtung fanden, gehören in antiker Überlieferung die schon betrachtete Protosemiotik der Charaktere, der Temperamente und der Affekte, in christlicher Überlieferung die Allegorese und vor allem das epochale Muster der *Psychomachia*. Hier wird die personifizierende Allegorie zum Instrument der Entpersönlichung: der Kampf *in* der Seele des Einzelnen erscheint hier zugleich als ein Kampf *um* die Seele des Menschen überhaupt; die neu entdeckte Innerlichkeit des Subjekts wird zum Schauplatz des Streits überpersönlicher Mächte des Himmels und der Hölle, erfaßbar in Gestalt von personifizierten Affekten, Tugenden und Lastern. Wie sich das erwachende Individuum gleichwohl dem dogmatischen Bann des Allgemeinen zu entziehen versuchte, habe ich anderweitig an der Gestalt des *iuvenis* im allegorischen Epos der Schule von Chartres, am Schicksal des Erzählers in Brunetto Latinis *Tesoretto*, am Geheimnis der Dame im *Roman de la Rose*, aber auch an der Gestalt des Schelmen gezeigt, der als der Listenreiche aus der vollendeten Typenwelt der Tiercharaktere herausfällt.[6] Hier soll nur noch an zwei besonders markante Schwellen in der Vorgeschichte des autonomen Subjekts erinnert werden: an Dantes *Divina Commedia* und an die Portraitmalerei der Renaissance.

Hermeneutisch gesehen erfordert die *Divina Commedia*, die in ihr angelegte *duplex sententia* aufzunehmen. Dann kann das Werk sowohl allegorisch und kanonisch, als autoritative Antwort auf die Frage nach der latenten Gerechtigkeit des göttlichen Weltplans, gelesen, aber auch als ein Kehrspiegel der irdischen Welt und Geschichte verstanden werden, der im Endgeschick der Toten ihr individuelles Schicksal vielhundertfältig Gestalt annehmen läßt. So gelesen läßt die Differenz der Erfahrung des Jenseitswanderers zu den Vorgaben des Dogmas Individualität zum ersten Mal in ihrer geschichtlichen Gestalt erkennen. Denn sein Verstehen begnügt sich nicht mit der Belehrung über die von Gott verhängte Ordnung von Strafe, Sühne und Belohnung. Die Topographie ihres rigorosen Systems öffnet sich auf einen zweiten Horizont, wenn der Wanderer die Seelen der Toten nach irdischem Schicksal, Schuld und Verdienst befragt und ihre Antwort, sei sie noch so lapidar, ihre ein-

---

6 Hans Robert Jauß, *Alterität und Modernität der mittelalterlichen Literatur. Gesammelte Aufsätze 1956–1976*, München 1977, S. 26–34, ferner ebd., Kap. 2 und 7; vgl. auch H. R. J., *Wege des Verstehens*, München 1994, S. 115–118.

malige Lebensgeschichte wiedererstehen läßt. Sein Verstehen vermag seine persönliche Betroffenheit – gleichviel ob im hier nicht mehr gestatteten Mitleid oder im Zorn – nicht zu verbergen. Er ist weder ein Heros noch ein Heiliger, sondern ein fehlbares Individuum, das auch noch auf seinem Heilsweg dem Mitmenschen nicht begegnen kann, ohne ihm eine vom Dogma nicht geforderte Achtung zu erweisen, die wir menschliche Solidarität nennen würden.

Die Entstehung einer zuvor unbekannten Portraitkunst in der Renaissance stellt uns eine bislang anonyme Vielzahl einzelner Menschen in unverwechselbaren Gestalten vor Augen. Wenn nunmehr das Individuum – erst der Fürst, dann der Gelehrte oder Künstler, schließlich Bürger und beliebige Personen des Alltags – um seiner selbst willen darstellungswürdig erscheint, konnte indes der von Pomponius Gaurizus 1504 erstmalig erhobene Anspruch, eine Person *ex se* und *per se* darzustellen, nicht geradezu verwirklicht werden. Noch bis ins Cinquecento läßt die Entwicklung in den Schritten vom personifizierenden über das idealisierende zum individuellen Portrait erkennen, daß seine Darstellung nicht ohne Vorgaben des rhetorischen oder ethischen Interpretaments der Charaktere oder Temperamente auskam. Die allgemeinen Normen der Physiognomik und Pathognomik, der Lebensalter oder der sozialen Rolle (Stand, Familie, Gilde) wurden genutzt, um das gesuchte, unverwechselbare Individuelle aus der Differenz zum Typischen zu gewinnen. Selbst noch Rembrandt hat in der berühmten, langen Reihe seiner Selbstportraits die eigene Person erst lange in verschiedenen Rollen vorgestellt, um den wechselnden Ausdruck seiner selbst zu studieren, bevor er am Ende alle Rollen ablegte, um seine Individualität allein noch *ex se* und *per se* zu erfassen.

V

Sich selbst oder den Andern in seiner Singularität zu verstehen, müßte eigentlich einschließen, das Individuum auch noch in seinen kontingenten, befremdenden Zügen, im Widerstand seiner Andersheit, die sich dem unmittelbaren Verstehen widersetzt, zu erfassen und anzuerkennen. Die Vorgeschichte des autonomen Subjekts zeigt indes, daß das Sich- und Einander-Verstehen in diesem vollen Sinn überraschend spät gefordert und erreicht worden ist. Die so subtile Beschreibung der Charaktere gelangte – wie gezeigt – nicht über die Bestimmung eines partikular Allgemeinen hinaus. Und wo am ehesten zu erwarten ist, daß uns der Andere in seiner Kontingenz begegnet: im Ich-Du-Verhältnis der Freundschaft und der personalen Liebe, wird das Einander-Verstehen in einer säkularen Tradition durch eine allgemeine Norm vermittelt, von der zum Abschluß noch die Rede sein muß: durch den Vorgriff auf Vollkommenheit. Kontingent ist nicht allein das Zufällige, sondern auch das Unvollkommene. Wie anders wäre denn etwas oder einer als unvollkommen zu verstehen, wenn nicht am Maß des Vollkommenen, auch wenn es nur in der Vorstellung existiert?[7] Liegt demnach die Spannung zwischen dem Besonderen als dem Defizienten und dem Allgemeinen als dem Vollkommenen letztlich nicht schon der heuristischen Leistung aller Normen zugrunde, die uns als Vorgriff des Verstehens begegnet sind? So vorab im Ich-Du-Verhältnis der Freundschaft. Doch hier wird diese Spannung gleich im ersten, wirkungsmächtigen Traktat von Aristoteles wieder aufgelöst, wenn er Freundschaft auf die schon Gleichen beschränkt, die einander um des Guten willen lieben, und da-

---

7 Vgl. Platon, *Politeia* 504 c, in: *Platonis Res publica*, hrsg. von John Buret, Oxford 1902 [u. ö.].

bei den Andern in seinem kontingenten Sosein, vorab Sklaven, Fremde, Frauen und Kinder, von ihr ausnimmt. Danach ist bis in unsere Tage das Einander-Verstehen von Freunden zumeist über ein Drittes erklärt worden, gleichviel ob dieses als Ideal der Tugend, des guten Lebens, eines gemeinsamen Ziels oder schließlich einer emphatischen Erfüllung der Zweisamkeit bestimmt wurde. Die denkwürdige Ausnahme bildet Montaignes Freundschaft mit La Boétie. Zwar setzt auch sie noch das Vollkommenheitspostulat voraus, doch nurmehr als Kontrast, der Montaigne am vollkommeneren Wesen und Werk des früh verstorbenen Freundes die Erfahrung seiner selbst als eines kontingenten, fragmentarischen und veränderlichen Wesens entdecken ließ. Nicht das emphatische Einvernehmen, erst die retrospektive Einsicht einer Trennung – des Verlustes seines ›wahren Bildes‹, das der Freund im Tod mit sich nahm – ermöglichte die defiziente Erfahrung eines kontingenten Ichs, das die Fragmente seiner verlorenen Identität zu entziffern sucht und im Schreiben für den Freund die moderne Form des Essai gewinnt.

Der Vorgriff auf Vollkommenheit ist wohl nirgends so entschieden in Frage gestellt worden wie durch das biblische Gebot der Nächstenliebe, das sich augenscheinlich dem antiken Ideal der Freundschaft entgegensetzt. Den Andern als seinen Nächsten zu lieben, der auch als der Fernste, wenn nicht gar als Feind begegnen kann, schließt die Trefflichkeit der einander Gleichen wie das Einvernehmen zur wechselseitigen Vervollkommung gerade aus. Weder Sympathie für die Person des Andern noch das Verstehen seiner Eigenheit, sondern allein – wie das Gleichnis vom barmherzigen Samariter zeigt – das tätige Erkennen einer Not, in der jeder Fremde zum Nächsten werden kann, darf den Erweis der Agape bestimmen. Nächstenliebe benötigt demnach kein vorgängiges Verstehen des Andern, der ja gerade nicht um seiner selbst willen, sondern als Bruder oder Schwester in Christo geliebt werden soll. Damit kündigt sich ein Konflikt zwischen *amicitia* und *agape* an, den Augustins Auslegung des Doppelgebots: »Du sollst Gott lieben, deinen Herrn ... Das andere aber ist ihm gleich: Du sollst Deinen Nächsten lieben wie dich selbst« (Mt. 22,39) noch verschärft. Um seiner selbst geliebt zu werden, sei Gott allein vorbehalten; alle anderen Dinge dieser Welt, die Mitmenschen einbegriffen, seien nur als Mittel anzusehen, um zum letzten Ziel der *vita beata* zu gelangen. Damit schließt die *fruitio Dei* rigoros die *fruitio hominis*, die irdische Liebe, aber auch schon das privilegierte Du im Verhältnis der Freundschaft aus. Wer sein Herz an einen Andern hefte und in ihm sein wahres Glück beschlossen sehe, verfalle dem Wort aus Jeremia: *Maledictus autem qui spem suam ponit in homine*.[8]

So fundamental hier auch der Widerspruch der antiken und der christlichen Norm hervortritt, ist der erwartbare Konflikt zwischen *amicitia* und *agape* doch in der Geschichte des Verstehens nicht einfach auszumachen. Das schönste Beispiel, das ich bisher fand, ist der berühmte Briefwechsel zwischen Abaelard und Heloisa. Er gewinnt neue Bedeutung, wenn man im Lichte meiner Fragestellung erkennt, daß hier im Gesagten und unterschwellig der Konflikt zwischen *amicitia* und *agape* aporetisch ausgetragen wurde. Meine These ist, kurz gefaßt, daß Heloisa den Anspruch der *amicitia*, den Andern propter se zu lieben, in Gestalt einer Klage verteidigt, die Abaelard nicht zu widerlegen vermag: Sein pädagogisch gemeinter Rekurs auf den Vorrang der *fruitio Dei* kann das Anrecht der *fruitio hominis* zwar dogmatisch verwerfen, aber nicht ohne einen Ma-

---

[8] Augustinus, *De doctrina Christiana*, in: *Aurelii Augustini Opera*, 50 Bde., cura et studio Iosephi Martin, Bd. 4,1, Basel 1962 (Corpus Christianorum, 32), c. IV, XX, XXXI.

kel, der auf ihn selbst zurückfällt. Indem er sich über den Anspruch Heloisas hinwegsetzt, *propter se* und nicht nur um eines Nutzens willen – die Institution der Ehe einbegriffen – geliebt zu werden, erniedrigt er die Geliebte zum Instrument des eigenen Heils, und dies um den Preis, ein unvertauschbares Du zum Es, Heloisa als zweite Person zur dritten Person herabzusetzen. Bedenkt man, daß Heloisa mit ihrem großen Wort: *nihil umquam in te nisi te cupivi* zum ersten Mal als Frau das ciceronische Ideal der Freundschaft zwischen Männern für die Liebe zwischen Mann und Frau beansprucht hat, so muß am Ende auch ihre tröstliche Erhöhung zur ›Braut Christi‹ einen bitteren Nachgeschmack hinterlassen.

Warum eigentlich – so wäre die Heloisa bewegende, unausgesprochene und von Abaelard nicht beantwortete Frage des Paraklet-Buches zu rekonstruieren – soll die *fruitio hominis* in der irdischen Liebe zwischen Mann und Frau nicht auch zur *fruitio Dei* führen und dabei das *Du* als unersetzbar bewahren können, das der große Theologe gleich im ersten Brief mit einem *sie* vertauscht? Dazu kann ich näherhin auf meinen Beitrag zum XVII. Kolloquium von »Poetik und Hermeneutik« verweisen.[9] Dort ist das Verhältnis von *amicitia* und *agape* in seiner historischen Perspektive ausgeführt und wird in der Diskussion noch die Möglichkeit erwogen, ob der Dialog von Abaelard und Heloisa letztlich nicht ein Konflikt zweier Theologien – der augustinischen und der johanneischen – gewesen ist.

---

9 Hans Robert Jauß, »Das privilegierte Du und der kontingente Andere«, in: *Kontingenz*, hrsg. von Gerhart von Graevenitz und Odo Marquard, München 1998 (Poetik und Hermeneutik, XVII). [Vgl. S. 136–187 in der vorl. Ausg.]

Probleme des Verstehens:
Das privilegierte Du und der kontingente Andere

I

Der Prospekt des Kolloquiums hat das Problem des intersubjektiven Verstehens, das sich ergibt, wenn uns der Andere in seiner Kontingenz begegnet, nicht eigens thematisiert. Sucht man es in dem vorgezeichneten Rahmen näher zu bestimmen, so ergeben sich erste, noch vorläufige Fragerichtungen. Der These vom zunehmenden Kontingenzbewußtsein entspräche die Hypothese: erst – in der Antike – hatte alles Verstehen sein Maß im Vorgriff auf Vollkommenheit; dann – in der christlichen Welt – war Gott allein vollkommen und stellte sich das Problem, sich selbst wie den Andern als unvollkommenes, mithin kontingentes Geschöpf zu erkennen; schließlich – in der modernen Welt, in der »die historischen Formationen des Geistes um so individueller ausgeprägt sind, je höher sie organisiert sind«[1], – kann das kontingente Individuum für sich selbst das Prädikat der Vollkommenheit in Beschlag nehmen – ein Anspruch des Geniekults, der bald wieder dem Zweifel an der Autonomie des Subjekts verfällt, für den am Ende alles Sinnverstehen an der Kontingenz der Welt und Mitwelt zu scheitern scheint.

Vollkommenheit gehört offenbar auch in den Umkreis von Kontingenz: kontingent ist nicht allein, was auch hätte nicht sein oder auch hätte anders sein können. Kontingent ist auch, was nicht vollkommen zu sein vermag und darum als ein unheilbarer Mangel erfahren wird, der dabei gleich-

---

[1] Jürgen Habermas, »Individuierung durch Vergesellschaftung«, in: J. H., *Nachmetaphysisches Denken*, Frankfurt a. M. 1988, S. 189.

wohl ein Grundbedürfnis nach Vollkommenheit vorauszusetzen scheint. Denn wie wäre etwas als unvollkommen zu verstehen, wenn nicht am Maß des Vollkommenen, auch wenn es nur in der Vorstellung existiert?[2] Dieses Bedürfnis nach Vollkommenheit angesichts der Ängste und Nöte einer kontingenten Wirklichkeit zu befriedigen, wetteifern Religionen und Künste seit Anbeginn; auch die Ontologie des antiken Kosmos setzt ein Vollkommenheitspostulat voraus, das in der Rhetorik und noch im hermeneutischen Zirkel als Vorgriff auf Vollkommenheit weiterlebt.

Hier interessiert der Prozeß der Zunahme des Kontingenzbewußtseins, der offenbar mit dem fortschreitenden Abbau des Vollkommenheitspostulats korrelativ ist. Ich habe diesen Prozeß schon anderweitig verfolgt und dabei gezeigt, wie sich das Vollkommenheitspostulat in der literarischen Tradition, vorab in der heroischen oder bukolischen Dichtung, als Stilprinzip einer inhärenten Idealisierung geltend machte, die der Erfassung des Mitmenschen in der kontingenten, unvollkommenen Gestalt seiner Individualität entgegenstand.[3] Sucht man die Schwelle zur Individuation des konkreten Einzelnen zu bestimmen, so wird sie erst dort überschritten, wo im Verhältnis von Ich und Du der Andere um seiner selbst willen, in seinem kontingenten Sosein, erkannt und anerkannt, geliebt und gerühmt werden kann. Eine solche Schwelle wird erkennbar, wenn Abaelard Heloisa bekennen läßt: *Nihil umquam, Deus scit, in te nisi te requisivi, te pure, non tua concupiscens* und damit das antike Ideal der Freundschaft für die Liebesbeziehung zwischen den Geschlechtern beansprucht, und dann wieder, wenn Montaigne nach dem Verlust seines Freundes La Boé-

---

2 Platon, *Politeia* 504 c.
3 Hans Robert Jauß, *Ästhetische Erfahrung und literarische Hermeneutik*, Frankfurt a. M. 1982, I C, Kap. 2: »Das Vollkommene als Faszinosum des Imaginären«; ferner ebd., S. 74.

tie beteuert: »Et si on me presse de dire pourquoy je l'aimois, je sens que cela ne se peut exprimer qu'en respondant: parce que c'étoit luy, parce que c'étoit moy.«[4] Wird hier nicht ein neues Verhältnis zum Andern begründet, das über das antike Ideal der ›Freundschaft um des Guten willen‹ hinaus nunmehr fordert, ihn unerachtet aller gesellschaftlichen Normen und ethischen Ideale als Individuum zu schätzen und zu verstehen – in seiner Singularität, die ihr eigenes, menschliches Maß einbegreift? Wenn hier die Aura der Individualität an die Stelle der Aura der Vollkommenheit tritt, ist dann nicht der antike Vorrang des Allgemeinen vor dem Individuellen – seine Abwertung als allein durch die formbedürftige Materie bestimmt – aufgehoben und zugleich das augustinische Postulat gebrochen, daß die *fruitio* des Andern der Gottesliebe allein vorbehalten sei, weil nur der um seiner selbst willen geliebt werden könne, der dem Menschen die *vita beata* verbürgt?

II

So weit war ich gekommen, doch ohne die Probe aufs Exempel zu machen und die weitere Frage zu stellen, die dieses Kolloquium aufwirft – die Frage: wie kontingent erscheint denn nun eigentlich der Andere, der hier in seiner Kontingenz (scholastisch: seiner *haecceitas*) – als konkretes, einmaliges unvertretbares Individuum – verstanden und anerkannt werden will? Welche kontingenten Züge seiner Gestalt, die zuvor nicht für bemerkenswert und darstellungswürdig galten, werden nunmehr ans Licht gebracht? Diese Eingangsfrage meiner Betrachtung setzt ihrerseits voraus, danach zu fragen, wie das Verhältnis von Kontingenz und

---

4 Siehe dazu Hugo Friedrich: »Über den Briefwechsel Abélard – Héloise«, in: *Romanische Literaturen. Aufsätze I*, Frankfurt a. M. 1972, S. 67.

Verstehen in der Interaktion zwischen Subjekt und Subjekt zutage tritt und zu begreifen ist. Wie unterscheidet sich der Widerfahrnischarakter des Kontingenten, wenn dem Menschen nicht nur *etwas* – als »Faktizität« – zustößt, das er einfach hinnehmen muß, sondern wenn ihm ein anderer Mensch – als fremder Wille – begegnet, den er, wenn er ihm nicht gleichgültig ist, verstehen und anerkennen muß, um seiner Situation gerecht zu werden? Wie und woran ist im intersubjektiven Verstehen die kontingente Individualität des Andern überhaupt zu erkennen? Wenn es geläufig und relativ einfach ist, den Andern in seiner Rolle oder auch in verschiedenen Rollen zu verstehen, ist es gewiß um so schwieriger, ihn als den zu verstehen, der in seinem Rollenverhalten nicht aufgeht – als fremdes, kontingentes Individuum. Wie kann in der wechselseitigen Übernahme der Rolle des Anderen, auf die sich die Theorie kommunikativen Handelns stützt,[5] zugleich seine Einstellung zur Rolle und damit seine subjektive Perspektive auf die Welt erkennbar werden? Gibt es ein Jenseits zum Rollenverhalten, ein unmittelbares Ich-Du-Verhältnis zwischen Individuen, die sich als solche anerkennen und schätzen? Oder setzt selbst noch die emphatische Ich-Du-Beziehung in Freundschaft oder Liebe hermeneutisch den Vorgriff auf George H. Meads »generalized other« voraus, auf normative Erwartungen, die abgebaut werden müssen, um den Andern nicht als einen unter vielen, sondern als unvertauschbares Individuum – als privilegiertes Du – verstehen zu können? Wenn hingegen der Andere kein privilegiertes Du, sondern der beliebige Nächste ist, der nach christlichem Gebot ja gerade nicht als Individuum verstanden, sondern als ›Bruder in Christo‹ geliebt werden soll, stellt sich die Frage, ob dieses Gebot christlicher Nächstenliebe nicht Verstehen überhaupt

---

[5] Jürgen Habermas, nach George H. Mead, »Individuierung durch Vergesellschaftung«, (s. Anm. 1), S. 218 f.

erübrigt. Folgt aus alledem, daß der Widerstand, den Kontingenz, gleichviel ob faktisch oder intersubjektiv, allem unmittelbaren Verstehen entgegensetzt, offenbar immer nur über einen normativen, also selbst nicht kontingenten Vorgriff überwunden werden kann, mithin durch das Erkennen der Differenz zwischen einem Allgemeinen und dem sich ihm widersetzenden Besonderen? Bewahrt das Kontingente, das auch hätte nicht sein oder auch hätte anders sein können, nicht doch noch den Rest eines Allgemeinen, sofern es im nicht Notwendigen, aber nicht Unmöglichen die Grenze zwischen dem Möglichen und dem Unmöglichen, dem Realen und dem Irrealen, nicht einfach aufhebt, sondern erproben läßt und erfahrbar macht? Wäre das absolut gesetzte Kontingente, das schlechthin fremde Individuum, nicht doch ein mystischer Nullwert, eine Nacht, in der alle Kühe schwarz – um nicht zu sagen: dekonstruiert – sind, womit sich hermeneutische Reflexion nicht abfinden kann?

Damit habe ich den weiteren Fragehorizont umrissen, ohne den Anspruch, für alle großen Fragen schon eine Antwort parat zu haben. Von den kleineren Fragen möchte ich zunächst die nach dem Problem des Verstehens im privilegierten Ich-Du-Verhältnis aufnehmen, das seit der Antike die Traktate über die Freundschaft durchzieht. Sodann soll das allmähliche Hervortreten des Individuellen und damit die Erfahrung des kontingenten Andern in den beiden Aspekten verfolgt werden, in denen es mir bisher begegnet ist. Zum einen kann Verstehen beim Typischen einsetzen und dessen Beschreibung mehr und mehr spezifizieren, so daß auf dem Weg einer sekundären Individualisierung schließlich eine Gestalt der Singularität des Andern zum Vorschein kommt. Zum andern kann Verstehen beim Persönlichen einsetzen, mit dem Anspruch, als singulares Du anerkannt zu werden, ein Anspruch, der indes im Konflikt mit ethischen oder gesellschaftlichen Normen oft nicht durchzuhalten ist. Dann setzt sich der generalisierte Andere wieder gegen den kontingenten Einzelnen, die Konvention der Öffentlichkeit gegen das nur Private durch, wobei ein Konflikt auch dann entstehen muß, wenn dem privilegierten Du ein beliebiger, fremder Anderer als der Nächste, der auch der Fernste sein kann, gegenübertritt. Verstehen wird gewiß auf allen Ebenen zwischenmenschlicher Kommunikation, der öffentlichen wie der privaten, vorausgesetzt. Doch kann man sich fragen, ob das Verstehen des Andern nicht eher in der kontingenten Begegnung mit dem Fremden als in der gesicherten Vertrautheit von Ich und Du seine eigentliche Erprobung zu bestehen hat.

III

a) »Als Freund gilt, wer das Gute oder was als solches erscheint, um der Person des Freundes willen wünscht« (IX,4; 1166a). So lautet die Bestimmung der Freundschaft in dem für die europäische Kultur maßgeblichen Traktat, den Kapiteln VIII und IX in Aristoteles' *Nikomachischer Ethik*.[6] Freundschaft heißt darum nicht schon, den andern zu lieben, weil er der ist, der er ist (VIII,3; 1156a), sondern erst, ihn um eines Dritten, Höheren: um des Guten willen zu lieben. Freundschaft setzt darum das Vollkommenheitspostulat in doppelter Hinsicht voraus: »Vollkommene Freundschaft ist die der trefflichen Charaktere und an Trefflichkeit einander Gleichen« (VIII,4; 1156b). Nur so kann sie der gegenseitigen Vervollkommnung dienen, sofern nämlich die Freunde wechselseitig »gleichsam die Vorzüge in sich abbilden, an denen sie Gefallen finden, indem sie voneinander das Modell nehmen. Daher das Wort: ›Gutes lernst du vom

---

6 Zit. nach der Übersetzung von Franz Dirlmeier, Berlin ²1960.

Guten«« (IX,12; 1172a). Im Freund kommt mithin der Andere nur in den Blick, sofern er gut ist, mithin in seiner Trefflichkeit als das ›bessere Selbst‹, nicht aber in dem, was er sonst noch sein mag: in den kontingenten Zügen seiner Person. Die Preisgabe des kontingenten Anderen tritt in aller Schärfe bei der Einschränkung der Freundschaft auf die einander Gleichen zutage, aus der Aristoteles bekanntlich Sklaven, Fremde, Frauen und Kinder ausschloß. Das Vollkommenheitspostulat läßt der Begegnung des Andern in seiner Kontingenz offensichtlich keinen Raum.

Zu diesem Fazit kam auch Paul Ricœur: »On accordera volontiers qu'il n'y a pas un concept franc d'altérité chez Aristote. L'agape chrétienne suffira-t-elle à lui faire plein droit?«[7] Seine offengebliebene Gegenfrage wird uns noch beschäftigen. Aus Ricœurs Interpretation der *Nikomachischen Ethik* ist hier noch festzuhalten, daß nicht allein der Begriff des Guten, sondern auch der Begriff der Freundschaft die Kategorie des Mangels voraussetzt.[8] Wie das Gute, dem nicht ein einzelnes Gutes genügen kann, das vielmehr als das verstanden werden muß, was allen Gütern noch mangelt, so entspringe auch das Verlangen nach Freundschaft einem Mangel – dem Wunsch, in der eigenen, veränderlichen Existenz so gefestigt zu werden und zu bleiben wie das bessere Selbst (*állos autós*) des Freundes. Aus dem Satz: »wenn es nun richtig war zu sagen, daß der Freund dem Freunde Gutes wünscht um der Person des Freundes willen, so muß dieser wohl bleiben, was er ist« (VIII,9; 1159a) sei zu folgern (was wohl erst bei Montaigne voll zutage treten wird): »C'est ainsi que le manque habite le cœur de l'amitié«.

b) In *Laelius de amicitia* folgt Cicero durchaus der aristotelischen Bestimmung der Freundschaft. Sie wird nun aber

---

7 Paul Ricœur, *Soi-même comme un autre*, Paris 1990, S. 219.
8 Ebd., S. 218.

der Selbstgenügsamkeit des stoischen Weisen entgegengesetzt, der verkenne, daß Tugend der helfenden Freundschaft bedürfe, *quoniam solitaria non posset virtus ad ea, quae summa sunt, pervenire* (§ 83). Begegnet uns hier das römische Seitenstück zu dem biblischen Topos: »Vae soli!« wie zu Diderots Vorwurf an den Freund Rousseau: »Ce n'est que le méchant qui soit seul«, so fügt dem Cicero noch hinzu, daß auch die Bewunderung des Schönen leer bliebe, wenn man mit niemand darüber sprechen könne (nach einer dem Tarentiner Architas zugeschriebenen Sentenz: *Si qui in caelum ascendisset naturamque mundi et pulchritudinem siderum perspexit, insuavem illam admirationem ei fore, quae iucundissima fuisset, si aliquem, cui narraret, habuisset,* § 88). Die vollkommene Zweisamkeit der Freundschaft kann dem Kontingenten nur ausgesetzt und gefährdet werden, wenn sie sich auf das politische Handeln einläßt. In seiner Beschreibung geht Cicero über Aristoteles deutlich hinaus. Keine schlimmere Pest für das Ideal der Freundschaft als die Begierde, sich zu bereichern, als der Streit um Ämter und um Ruhm! (§ 34) Hier entstünden oft die schlimmsten Feindschaften gerade aus den engsten Freundschaften. Man tue darum gut daran, Freunde erst einmal zu erproben (§ 63). Man übe Geduld und Sanftmut im Vorbringen und Hinnehmen von Tadel (*Ut igitur et monere et moneri est verae amicitiae,* § 97).[9] Und man solle, wenn Freundschaft in Feindschaft umschlage, dies still ertragen (*ut in culpa sit, qui faciat, non is qui patiatur iniuriam,* § 88). Das *experimentum crucis* der römischen Freundschaft hat Montaigne am Fall des Caius Blosius erörtert. Als dieser, von Laelius gefragt, wieviel er für Tiberius Gracchus nach dessen Verur-

---

9 Wie dies in praxi verwirklicht werden kann, zeigt ein Briefwechsel zwischen Cicero und Matius (*Ad familiares* 11,27 f.) über die politische Krise ihrer Freundschaft; s. dazu Manfred Fuhrmann, *Cicero und die römische Republik*, München/Zürich 1989, S. 247 ff.

teilung zu tun bereit sei, zunächst antwortet: ›Alles!‹ und dann auf die weitere Frage: ›und wenn er dich geheißen hätte, unsere Tempel anzuzünden?‹ erwidert: ›Er hätte mich das niemals geheißen!‹, entgegnet Laelius: ›und wenn er es doch getan hätte?‹, worauf Blosius den Mut hat zu sagen: ›Dann hätte ich ihm gehorcht‹. Montaigne findet, diese Antwort entspreche ganz dem, was man einer Freundschaft schuldig sei. Er selbst würde die eigene Tochter töten, wenn es sein Freund verlangte. Diese erstaunliche Auffassung setzt im Kontext indes letztlich doch wieder das Vollkommenheitspostulat voraus – in Gestalt der Gewißheit, daß wahre Freunde die wechselseitige Neigung füreinander mit Tugend und Vernunft zu zügeln wüßten, der Andere mithin nichts Unbilliges fordern würde, so daß man ihm mehr vertrauen könne als sich selbst (I,28).

c) Im Eingang seines Essais *De l'amitié* (I,28) vergleicht Montaigne das Unternehmen seiner Selbstdarstellung mit der Arbeit eines Malers, der den leeren Raum um ein Portrait mit ›Grotesken‹ ausfüllt. Substanz und Akzidenz, das vollkommen ausgearbeitete, selbstgenügsame Portrait und seine spielerische, zusammenhanglose Umrahmung treten dabei in den denkbar schärfsten Kontrast: »le vuide tout au tour, il le remplit de crotesques, qui sont peintures fantasques, n'ayant grâce qu'en la variété et estrangeté. Que sont-ce icy aussi, à la vérité, que crotesques et corps monstrueux, rappiecez de divers membres, sans certaine figure, n'ayant ordre, suite ny proportion que fortuité?« Das kühne, bisher von niemand versuchte Unternehmen der Essais: sich selbst in der ungeordneten Abfolge von Wahrnehmungen und Regungen, Vorstellungen und Gedanken zu beschreiben (»je ne peins pas l'être, je peins le passage«), erscheint hier als der Versuch, das eigene Selbst in der unvermittelten Kontingenz seiner Erfahrung zu begreifen. Das kontingente Selbst versteht sich im Bildfeld einer Metaphorik, die seine

Erfahrung auf die pure Willkür von ›Grotesken‹ (ein früher Beleg für die literarische Entlehnung des Begriffs aus der ornamentalen Malerei!) heruntersthuft, auf die Absicht, »de mettre par escrit ses fantasies«[10]. Das hier bezeugte Selbstverständnis einer kontingenten Existenz ist indes nicht schon autonom. Denn es setzt nicht allein als Kontrapost das vollkommenere Wesen und Werk des Freundes voraus, sondern es wird Montaigne überhaupt erst nach dessen frühem Tod erkennbar. Erst die Erfahrung dieses Verlustes, erst die Erkenntnis, was ihm der Freund als seine *melior pars* bedeutet hatte und was ihm selbst hinfort mangelt, eröffnet die Erfahrung seiner selbst als eines kontingenten, fragmentarischen, veränderlichen Wesens. Das kontingente Selbst entdeckt und versteht sich im Verlust seiner Konstanz, die ihm der Freund verbürgen konnte und die allein noch der Akt des Schreibens zu kompensieren vermag (hier ist das Wort am Platze!): »Luy seul jouyssoit de ma vraye image, et l'emporta. C'est pourquoy je me déchiffre moymesme si curieusement« (III,9; S. 1102).

Hier stehen wir an einem Wendepunkt in der Geschichte der Freundschaft, wie vor allem Jean Starobinski in *Montaigne en mouvement* (1982) aufzeigte. Wenn von Montaigne als kontingentem Individuum in der von ihm geschaffenen Form des Essais so unvergleichlich viel mehr bezeugt ist als von all seinen Vorgängern, entsprang dies nicht dem unmittelbaren Sich-Verstehen zweier Freunde, sondern der retrospektiven Erfahrung einer Trennung – des Verlustes seines ›wahren Bildes‹, das der Freund im Tod mit sich nahm, so daß dem Verbliebenen nur noch bleibt, das übriggebliebene, bloße Fragment seines wahren Selbst mühselig zu entziffern. Die Entdeckung des Individuums in seiner kontingenten Gestalt setzt ein verlorenes, vollkom-

---

10 Montaigne, *Essais*, hrsg. von Albert Thibaudet, Paris 1950, S. 219.

meneres Double, das getreue Spiegelbild seines Ichs im privilegierten Du, voraus. An dessen Stelle tritt nunmehr die ›leere Seite‹, das Supplement des Versuchs (*essai* ist in dieser Bedeutung von lat. *exagium* abgeleitet), im Schreiben für den Freund die verlorene Gemeinsamkeit wie in ein zweites Leben weiterzuführen. War La Boétie zu Lebzeiten der Spiegel, in dem Montaigne sein wahres Bild erkannte, so wird der Blick des Freundes nach seinem Tod interiorisiert: »il est la lumière tournée vers le dedans, la vigilance affectueuse qui observe et ›contrerolle‹ la vie muable et fantasque. Du fond de la mort, il persiste à veiller dans l'œil vivant de la conscience et de l'écriture. [...] Ainsi la solitude de l'écrivain reste hantée et traversée par la continuation intériorisée d'une ›société‹ perdue.«[11]

Für die vier Jahre ihrer »douce compagnie et société« findet Montaigne die überschwenglichsten Formulierungen, bei denen nicht zu unterscheiden ist, in welchem Maße sie dem Erlebten oder nachträglicher Verklärung in der »nuit obscure et ennuyeuse« des ihm verbliebenen Lebens entsprangen (S. 230). Nichts war ihnen näher als der eine dem andern; in ihrer Rede erübrigten sich alle Worte, die Menschen sonst scheiden: »bien faict, obligation, reconnaissance, priere, remerciement, et leurs pareils«; ihre »divine liaison« erfüllte die aristotelische Formel der einen Seele in zwei Körpern; in ihrem »noble commerce« war das innerste Leben des Andern für jeden »jusqu'au fin fond des entrailles« offenbar; ihre Verbindung war so vollkommen, daß man in ihrem »mélange si universel« keine Naht hätte finden können. Dieses ›große Wunder, sich verdoppeln zu können‹, übertrifft für Montaigne, was immer er in der Antike über Freundschaft gefunden habe (I,28; S. 224–230).

11 Jean Starobinski, *Montaigne en mouvement*, Paris 1982, S. 68 f., dessen einschlägige Interpretation ich hier wieder aufnehme.

In dieser emphatischen Beschreibung eines vollkommenen Sich-im-Andern-Verstehens scheinen alle kontingenten Züge des individuellen Lebens der beiden Freunde aufgehoben zu sein. Gleichwohl kommt die verleugnete Kontingenz wenigstens einmal zum Vorschein. Montaignes Freundschaftsformel: ›weil er es war und weil ich es war‹ besagt noch nicht alles. Sie hinterläßt die Frage, *warum* denn ›gerade er und gerade ich es war‹. War die erste Begegnung, aus der ihre Freundschaft hervorging, nicht ein überaus seltener Glücksfall, Kontingenz und Fügung zugleich? Montaigne weiß ihn nicht anders zu erklären als durch eine geheimnisvolle Anziehungskraft, durch »ne scay quelle force inexplicable et fatale, mediatrice de cette union« (S. 224). Dafür, daß sie einander suchten, noch ehe sie sich kannten, und sich in dem Hochgefühl, füreinander bestimmt zu sein, finden konnten, tritt hier ein ›je ne sais quoi‹ ein. Es ist dies ein berühmter Topos der Begriffsgeschichte des Unbegreiflichen, der sich aus seiner rhetorischen (Cicero) oder theologischen (Augustin) Herkunft über die *scintilla animae* der Mystiker und die neuplatonische Schönheits- und Liebestheorie der Renaissance bis zur Ästhetik des Gefühlsurteils im 18. Jahrhundert verfolgen läßt.[12] Wenn er bei Montaigne in seiner neuplatonischen Bedeutung übernommen ist, dürfte er gleichwohl schon für die Kontingenz des noch nicht anerkannten Individuellen einstehen – der Einmaligkeit einer Erfahrung seiner selbst im Andern, die sich erst im Verlust identitätsverbürgender Freundschaft zu artikulieren weiß, mithin im Bewußtsein eines Mangels, in dem sich das autonome Subjekt noch verbirgt, das erst die Aufklärung proklamieren wird.

d) Der Freundschaftskult, der um die Mitte des 18. Jahr-

---

12 Siehe dazu Erich Köhler, »Je ne sais quoi«, in: *Historisches Wörterbuch der Philosophie*, hrsg. von Joachim Ritter und Karlfried Gründer, Bd. 4, Basel/Stuttgart 1976.

hunderts aufblühte, ist für unsere Fragestellung wenig ergiebig. Zwar stellt er ein historisches Novum dar: »Zum erstenmal war es den Bürgern möglich, außerhalb von Stand und Familie freie Bündnisse einzugehen, die sich staatlicher Überwachung entzogen.«[13] Doch der Überschwang empfindsamer Freundschaften schien dem Problem, den Andern in seinem kontingenten Selbst zu verstehn, enthoben zu sein; erst seit der Mitte des 19. Jahrhunderts haben Briefe zwischen Freunden einen individuelleren Ton. Gleichwohl finden sich Zeugnisse, die das Vollkommenheitspostulat, aus dem sich der Freundschaftskult speiste, auch schon in Frage stellen. So bei Matthias Claudius, der in seiner Betrachtung *Von der Freundschaft* (1783) empfiehlt: »Hat dein Freund an sich, das nicht taugt, so mußt du ihm das nicht verhalten und es nicht entschuldigen gegen ihn. Aber gegen den dritten Mann mußt du es verhalten und entschuldigen: Mache nicht schnell jemand deinen Freund, ist er's aber, so muß er's gegen den dritten Mann mit allen seinen Fehlern sein.«[14]

Mündet diese Empfehlung in die schönste Philanthropie: »Aber, denkst du, auf diese Weise sollten ja alle Menschen auf Erden die innigsten Freunde sein? Freilich wohl! und es ist meine Schuld nicht, daß sie es nicht sind«, so beginnt der Moralist Vauvenargues, ein Freund Voltaires, seine Reflexion *De l'amitié* (1746) mit einer Sentenz, die sich der idealistischen Tradition der Freundschaftstraktate strikt entgegensetzt: »C'est l'insuffisance de notre être qui fait naître l'amitié; et c'est l'insuffisance de l'amitié même qui la fait périr.«[15] Der perfekte *parallelismus membrorum* läßt Beginn

---

13 *Deutsche Briefe 1750–1950*, hrsg. von Gert Mattenklott, Hannelore Schlaffer und Heinz Schlaffer, Frankfurt a. M. 1989, S. 193 f.
14 Zit. nach: *Deutscher Geist. Ein Lesebuch aus zwei Jahrhunderten*, hrsg. von Peter Suhrkamp, Frankfurt a. M. 1953, S. 141.
15 Vauvenargues, *Œuvres complètes*, hrsg. von H. Bonnier, Paris 1968, S. 233 f.

und Ende der Freundschaft aus einem reziproken Mangel hervorgehen. Entsprang bei Montaigne das Selbstverständnis einer mangelhaften, unsteten Existenz, dem Bewußtsein verlorener Fülle einer gelungenen Freundschaft, so erscheint der Mensch bei Vauvenargues von Natur aus als ein Wesen des Mangels. Sucht er seiner Einsamkeit durch einen »compagnon de ses plaisirs et de ses peines« zu entgehen und einen Freund zu besitzen, mit dem er sich in Gefühl und Denken eins weiß, so stirbt das Ersehnte nach seiner Erfüllung unweigerlich wieder dahin: »Lorsqu'on voit de loin quelque bien, il fixe d'abord nos désirs; et lorsqu'on y parvient, on en sent le néant.« Auch Freundschaft als edelste Begierde vermag die Insuffizienz menschlicher Natur nicht zu beheben; sie muß unweigerlich die Kontingenz der Charaktere, ihre verborgenen Schwächen und Neigungen, wieder hervorkehren; sie wird durch die Macht der Gewohnheit gefährdet und vor allem durch die Illusion korrumpiert, ein Recht auf den Willen des Andern zu haben. Gerade außergewöhnliche Menschen seien darum einer Freundschaft von Dauer nicht fähig; man finde sie am ehesten bei den mittelmäßigen Geistern (»dans les esprits timides et sérieux, dont l'âme modérée connaît la vertu«).

e) So kehrt hier der Widerstand des Kontingenten im Verstehen des Anderen zurück, den der harmonische Begriff des Ich-Du-Verhältnisses in den Freundschaftstraktaten aufgelöst zu haben schien. Erweist sich die Unmittelbarkeit des Sich-Verstehens und die darauf gegründete Hoffnung auf Dauer nicht oft genug als eine kurzlebige Illusion empfindsamer Freundschaft? Der Wunsch und Wille, sich selbst im Freund zu verstehen, kann scheitern, sobald der Andere nicht länger als Vorbild, sondern in seiner kontingenten Gestalt vor Augen tritt. Vauvenargues urteilt moralistisch, als unbeteiligter Dritter, nicht als selbst betroffener Freund; er hat sich dabei das Problem, ob und wie der Andere gerade als kontingentes Individuum verstanden werden könnte, nicht gestellt. Davon ist – wie mir scheint – auch in der späteren Freundschaftsliteratur kaum die Rede. So zum Beispiel in den beiden Essays, die Siegfried Kracauer dem Thema der Freundschaft gewidmet hat.[16] Sie sind – aller Skepsis fern – unverkennbar platonisch (*Symposion; Lysis*) inspiriert: Freundschaft »ist die auf vereinter Entwicklung der typischen Möglichkeiten beruhende Gesinnungs- und Idealgemeinschaft *freier, unabhängiger* Menschen. Sich gemeinsam entfalten, ohne sich aneinander zu verlieren, sich hinzugeben, um sich erweitert zu besitzen, zur Einheit zu verschmelzen und doch getrennt für sich bestehen zu bleiben: dies ist das Geheimnis des Bundes« (S. 54). Doch nicht das so gerühmte »Geheimnis«, das »beseeligende Gefühl, wie es nur die Verewigung inneren Erlebens erzeugt« (S. 47), macht diesen Traktat noch lesenswert, sondern die »typischen Möglichkeiten«, die der Soziologe Kracauer in der modernen Gesellschaft aufzuzeigen weiß. Es sind dies in aufsteigender Reihung: die begrenzte Gemeinsamkeit der Kameradschaft, der Fachgenossenschaft, der Bekanntschaft, daran anschließend die Formen einer »mittleren Freundschaft« (wie zum Beispiel die »Feiertagsfreundschaft«), hernach die Geschlechtsliebe und schließlich die wahre, auf Wesensvertrautheit beruhende Gesinnungsgemeinschaft. Einander verstehen meint hier primär, den Andern in seiner Rolle verstehen. Kracauers soziologische Analyse berührt das Verstehen des Andern in seiner Kontingenz nur bei der Frage, warum und woran Freundschaften scheitern können: an Charaktereigenschaften wie Hochmut, Unverträglichkeit, Mißtrauen, aber auch schon an Bagatellen, oder an Ermüdung (»man hat sich allzusehr aus-

---

16 *Über die Freundschaft* (1917/18) und *Gedanken über Freundschaft* (1921), zusammengefügt unter dem Titel: Siegfried Kracauer, *Über die Freundschaft*, hrsg. von Karsten Witte, Frankfurt a. M. 1971.

gesprochen und bis auf den Grund geleert und erschöpft«, S. 50–52). Es sind dies in der Tat kontingente Gründe, als Mißverständnisse interpretiert, die auch hätten überwunden werden können, vorausgesetzt (doch von Kracauer nicht beachtet), daß Verstehen unter wahren Freunden die Anstrengung einbegreifen muß, sich auf den kontingenten Charakter des Andern einzulassen, um ihn in seiner Andersheit zu verstehen – ein Verstehen, das Kritik einschließt, sich also im Prozeß wechselseitiger Anerkennung nicht mit der Maxime begnügen darf: »tout comprendre, c'est tout pardonner.«[17]

IV

Im weiteren soll die These historisch begründet werden, daß der Widerstand, den Kontingenz im Verhältnis von Subjekt zu Subjekt allem unmittelbaren Verstehen entgegensetzt, am ehesten über einen normativen, also selbst nicht kontingenten Vorgriff überwunden, mithin aus der Differenz zwischen einem Allgemeinen und dem sich ihm widersetzenden Singularen begriffen werden kann. Wie wir sahen, wird das Sich-Verstehen in der Tradition der Freundschaft von Anbeginn über ein Drittes, den Vorgriff auf Vollkommenheit, gleichviel ob als Ideal der Tugend, des guten Lebens, eines gemeinsamen Ziels oder einfach der erst durch Zweisamkeit erfüllbaren Selbstverwirklichung vermittelt. Doch schon die alltägliche Begegnung mit einem Fremden ist, hermeneutisch gesehen, nur scheinbar völlig kontingent. Auch das Fremde, Unvertraute kann erst im Verhältnis zum Vertrauten in seiner Andersheit erkannt werden. Die Fremdheit des Andern steht im Horizont eines Vorverständnisses, das die Begegnung zumeist überhaupt

---

17 Zu dieser Maxime s. Kap. 3 meines Buches: *Wege des Verstehens*, München 1994.

erst bewußt werden läßt – im Horizont von Erwartungen, in denen sich frühere Erfahrung niederschlug. Solche Erwartungen pflegen sich im persönlichen Umgang zu bilden und normativ zu verfestigen. Sie können aus der Beobachtung physiognomischer Züge gewonnen oder vom sozialen Rollenverhalten abgeleitet werden. Sie können aber auch einem auferlegten Verstehen entstammen, in Gestalt religiöser Gebote, der Tugenden und Laster, ethischer Systeme, der vier Temperamente, der Verhaltensnormen von Altersstufen, sozialen Schichten, Eliten, Parteien und der Nationen. Das Verstehen des Andern in seinem kontingenten Selbst entspringt nur scheinbar unmittelbarer Einfühlung. Es erfordert das Erkennen der Differenz des Andern zu mir selbst, die Erprobung des normativen Vorverständnisses, seine Preisgabe, wenn es sich als unangemessen erweist, und schließlich die Anerkennung des Singularen, das dabei zutage tritt.

Die Geschichte der hermeneutischen Theorie war vornehmlich am Textverstehen, im besonderen an der Auslegung des mehrfachen Schriftsinns orientiert und hat darum das intersubjektive Verstehen und seine Vorgaben vernachlässigt. Zu diesen Vorgaben, die in ihrer hermeneutischen Relevanz – wie mir scheint – noch kaum beachtet wurden, gehört vorab in antiker Überlieferung die Protosemiotik der Charaktere, der Temperamente und der Affekte. Aber auch die christliche Anthropologie hat, als sie die platonische Unsterblichkeit der Seele an die Einmaligkeit ihres leiblichen Lebens band, die derart ausgezeichnete Individualität des Christen noch unter normativen Vorgaben verstanden und literarisch ausgelegt. Augustin erzählte sein Leben nicht um seiner selbst willen, sondern als Paradigma der Konversion vom Sünder zum Gläubigen. Seine *Confessiones* folgen in der Selektion und Deutung der Ereignisse einer narrativen Hermeneutik, die – theologisch formuliert

– den Tod des Selbst als Charakter und seine Erweckung als Heiliger impliziert und mit dieser Scheidung die Möglichkeit der Selbstdarstellung begründet: die spätere Gattung der Autobiographie setzt das gebrochene Verhältnis vom Selbst als Objekt und als Subjekt, von Person und Autor, voraus.[18]

In der weiteren Geschichte der christlichen Dichtung erscheint das individuelle Leben, obschon es nach augustinischer Lehre im *liber vitae uniuscuiusque* aufgezeichnet ist, um am Jüngsten Tag gerichtet zu werden, wiederum nicht per se und ex se, sondern im allegorischen Rahmen der *Psychomachia*. Damit wird die Einzelseele entpersönlicht; sie figuriert als Allegorie des allgemeinen Schicksals der Menschheit. Der Kampf *in* der Seele des Einzelnen ist zugleich ein Kampf *um* die Seele des Menschen überhaupt, die neu entdeckte Innerlichkeit des Subjekts nurmehr der Schauplatz des Streits überpersönlicher Mächte des Himmels und der Hölle, erfaßbar in Gestalt von personifizierten Affekten, Tugenden und Lastern. Die personifizierende Allegorie ist das hermeneutische Instrument, um dem Allgemeinen den Vorrang über das Singulare, dem Dogma die Herrschaft über das erwachende Individuum zu sichern. Wie dieses gleichwohl, obschon marginal, in der Tradition der *Psychomachia* und im besonderen im allegorischen Epos der Schule von Chartres hervortritt und sich anschickt, den langen Weg zum autonomen Subjekt einzuschlagen, habe ich anderweitig schon verfolgt.[19] Hier ist nur noch ergänzend zu erläutern, wie das Individuum in seiner Einzigartigkeit gerade über normative Vorgaben erkennbar werden konnte.

18 Dazu J. Freccero, »Autobiography and Narrative«, in: *Reconstructing Individualism*, hrsg. von Th. C. Heller [u. a.], Stanford 1986, S. 16–29.
19 Hans Robert Jauß, »Vom Plurale tantum der Charaktere zum Singulare tantum des Individuums«, in: *Individualität*, hrsg. von Manfred Frank und Anselm Haverkamp, München 1988 (Poetik und Hermeneutik, XIII), S. 244 ff.

V

a) Wie C. S. Lewis einmal sehr treffend bemerkte, kann sich der christliche Dichter seiner inneren Welt oder der einer Person nicht zuwenden, ohne zugleich in allegorische Rede zu verfallen. Er kann das Psychische nicht begreifen, ohne Gemütszustände, Affekte und Reflexionen allegorisch zu personifizieren. Er folgt – wie noch Chrétien de Troyes – zumeist dem Muster des inszenierten Widerstreits innerer Stimmen (wie z. B. zwischen *Amors* und *Raison*), wo wir die einsame Stimme einer Selbstaussprache erwarten.[20] Gleichwohl kann dabei im allgemeinen Spiegel solcher Stimmen das exemplarische Wesen einer Person in dem Maße, wie sie sich von den allegorischen Vorgaben der christlichen, feudalen oder höfischen Tugenden und Laster abhebt, mehr und mehr personhafte Züge annehmen. So zum Beispiel in dem rein allegorischen *Roman de la Rose*. Wenn hier das träumende Ich des Liebenden auf seinem Stationenweg das stets unsichtbare Du der erwählten Dame allein aus der Abfolge ihrer Personifikationen, dem Wann, Wo und Wie ihres Erscheinens und Wiederverschwindens, erraten muß und erkennen lernt, gewinnt die Geliebte mehr und mehr eine geheimnisvolle Gestalt, die in ihren personifizierten Eigenschaften nicht mehr aufgeht, und läßt aus der Ars amandi, die der Roman demonstrieren soll, die exemplarische Geschichte der beiden Liebenden erstehen.[21]

b) Eine Zwischenstufe auf dem Weg vom Typischen zum Singularen ist die zur Einzigartigkeit erhobene Kontingenz von Charakteren. Das kann vor allem am *Roman de Renart* gezeigt werden.[22] Er steht wie alle Tierdichtung des Mittel-

---

20 Siehe dazu ebd., S. 245.
21 Siehe dazu ebd., S. 246.
22 Das Folgende nach Hans Robert Jauß, *Alterität und Modernität der mittelalterlichen Literatur*, München 1977, S. 26 ff.

alters unter der hermeneutischen Prämisse, daß hier nicht etwa die Eigenwelt der Tiere in freier Natur romantisch empfunden, sondern die Reflexion darüber ausgelöst werden soll, was uns das tierische Wesen von der menschlichen Natur zu erkennen gibt. Den *Roman de Renart* zu verstehen, erfordert, den Sinn seines Anthropomorphismus aufzunehmen, der sich in den verritterlichten Tierfiguren zur Analogie von feudaler Gesellschaft und Reich der Tiere entfaltet. Dann entspringt das Vergnügen an den Geschichten von Renart einer heiteren Satire. Denn sein Abenteuer führt in jeder Begegnung – sei es Wolf, Bär, Löwe, Kater, Hahn oder wer immer – vor Augen, wie das exemplarische Sein ritterlicher Helden im tierischen Gewand bei der Überlistung in die unideale, triebhafte Natur des Menschen zurückfällt. Derart, als historisch erste antiheldische Kontrafaktur der höfischen Epik, bringt der *Roman de Renart* in seinen Tierfiguren insgesamt eine vielgestaltige, in sich vollendete Typenwelt von Charakteren zum Vorschein. Da diese im Unterschied zur antiken Tierfabel nicht allein Eigennamen tragen und zudem jede Tiergattung nur durch jeweils *ein* Exemplar vertreten ist, in welchem das Allgemeine und das Besondere, das Arthafte und das Einzelne ineins fallen, tritt hier eine frühe Gestalt von Individuation zutage. Sie hebt sich von der Idealität der bislang herrschenden Dichtung ab, sofern die Charaktere von Renart und Ysengrim, Brun, Noble, Tibert und Chantecler nicht mehr – wie die Helden des Ritterepos und des höfischen Romans – durch ihre Vollkommenheit ausgezeichnet sind, sondern gerade in ihrer Unvollkommenheit, in den Begierden und Schwächen der verleugneten, in der Tiergestalt hervorgekehrten menschlichen und allzumenschlichen Natur, exemplarische Bedeutung erlangen. Sind die hier neu hervortretenden Charaktere darin einzigartig, so sind sie darum indes noch nicht kontingente Individuen. Was ihnen widerfährt, ist ein sich unweigerlich wiederholendes, typisches Mißgeschick, das sich der listenreiche Fuchs zunutze macht, der selbst wiederum aus dieser Rolle nicht heraustreten kann.[23] Zur vollen Individualität fehlt ihnen ein einmaliges Schicksal, das man »als ›seines‹ zu ›sein‹, das man zu übernehmen hat«[24] – eine weitere Stufe in der Geschichte der Individuation, die erst von Dante erreicht wurde.

c) Hermeneutisch gesehen erfordert die *Divina Commedia*, die in ihr angelegte *duplex sententia* aufzunehmen. Dann kann das Werk sowohl allegorisch und kanonisch als autoritative Antwort auf die Frage nach der latenten Gerechtigkeit des göttlichen Weltplans gelesen, aber auch als ein Kehrspiegel der irdischen Welt und Geschichte verstanden werden, der im Endgeschick der Toten ihr individuelles Schicksal vielhundertfältig Gestalt annehmen läßt.[25] Wenn hier die erschaute Ewigkeit zum Spiegel werden konnte, in dem sich zugleich die diesseitige Welt abbildet, als gerichtete wohl, aber ineins damit auch als wiedergefundene und – in den Geschichten der befragten Toten – für uns bewahrte Zeit, so ist dies der ästhetischen Lizenz zu verdanken, die sich Dante für sein *poema sacro* herausnahm. Zwar scheint er auf den ersten Blick durchaus der dogmatischen Rechtsmetaphysik der scholastischen Theologie zu folgen, wenn er in der gigantischen Überschau seiner Beispielreihen, auf die gesamte antike und christliche Tradition ausgreifend, die Toten (und selbst noch Lebende!) nach Lastern und Tugenden, Sünde und Verdienst, in der Stufenordnung von Hölle, Purgatorium und Himmel plaziert und kategorisiert. Doch der theologische Rigorismus behält nicht das letzte Wort.

23 Man könnte hier weiterfragen, ob die List nicht darum aus dem heroischen Kanon der archaischen Chanson de geste herausfällt und verpönt ist, weil sie als kontingentes Verhalten ihrer Idealität widerspricht.
24 Nach Hans Lipps, *Die menschliche Natur*, Frankfurt a. M. 1941, S. 139.
25 Nach der unübertroffenen Deutung von Erich Auerbach, *Dante als Dichter der irdischen Welt*, Berlin/Leipzig 1929, S. 110 ff.

Das Verstehen begnügt sich nicht mit der auferlegten Ordnung von Strafe, Sühne und Belohnung. Die Topographie ihres erstarrten Systems öffnet sich auf einen zweiten Horizont, wenn der Jenseitswanderer die Seelen der Toten nach irdischem Schicksal, Schuld oder Verdienst befragt und damit in den zeitlosen Räumen der Verdammnis, der Buße und der Seligkeit für eine kleine Weile die Freiheit menschlicher Rede wiedererstehen läßt. Es ist der Horizont der geschichtlichen Existenz individueller Personen, die ihre Antwort in der unverhofften Begegnung mit einem noch Lebenden zur Sprache bringt. Das Verstehen hält sich aber auch nicht an die dogmatische Forderung, den Verdammten alles Mitleid zu versagen. Der Jenseitswanderer, der sich – vom Mitleid für Francesca und Paolo überwältigt – von Virgil belehren lassen muß, hier sei es wahre ›pietà‹, keine ›pietà‹ zu empfinden (»Qui vive la pietà quand' è ben morta«, Inf. XX,28), vermag auch sonst seine persönliche Betroffenheit – gleichviel ob im Mitgefühl oder im Zorn – nicht zu verbergen. Er ist weder ein Heros noch ein Heiliger, sondern selbst ein fehlbares Individuum, das auch noch auf seinem Heilsweg dem Mitmenschen nicht begegnen kann, ohne ihm eine vom Dogma nicht geforderte Achtung zu erweisen, die wir menschliche Solidarität nennen würden.

d) Die Entstehung einer zuvor unbekannten Portraitkunst in der Malerei der Renaissance gilt zu Recht als Ereignis der neuzeitlichen Entdeckung des Individuums.[26] Ist in dieser Epoche doch eine bislang anonyme Vielzahl einzelner Menschen in unverwechselbaren Gestalten aus dem normativen Bann des Allgemeinen hervorgetreten. Wenn nunmehr das Individuum – erst der Fürst, dann der Gelehrte

---

26 Das Folgende resümiert die Diskussion, die in dem Band *Individualität* ([s. Anm. 19], S. 575–605) über die Ansätze von Gottfried Boehm, Michael Podro und Max Imdahl geführt wurden.

oder Künstler, schließlich Bürger und beliebige Personen des Alltags – um seiner selbst willen und nicht mehr nur als Repräsentant universaler Normen darstellungswürdig erscheint, konnte der von Pomponius Gaurizus 1504 erstmalig erhobene Anspruch, eine Person ex se und per se (d. h. ohne Auftrag) darzustellen, indes nicht geradezu verwirklicht werden. Noch bis ins Cinquecento läßt die Entwicklung in den Schritten vom personifizierenden über das idealisierende zum individuellen Portrait erkennen, daß es nicht ohne Vorgaben des rhetorischen oder ethischen Interpretaments der ›Charaktere‹ oder Temperamente geschaffen und auch aufgenommen wurde. Die Absicht einer Darstellung ex se brachte die Modalitäten der Physiognomik und Pathognomik (der *humores* und der Affekte), der Lebensalter oder der sozialen Rolle (Stand, Familie, Gilde) nicht einfach zum Schwinden. Sie wurde vielmehr genutzt, um das gesuchte, unverwechselbar Individuelle aus der Differenz zum Typischen zu gewinnen. Dazu gehört auch das Hereinholen des normativ ausgegrenzten Okkasionellen und Mangelhaften oder des durch die Zeit Deformierten ins Portrait, das damit das Vergängliche, dem es enthoben schien, eigens thematisiert. Selbst noch Rembrandt hat in der berühmten langen Reihe seiner Selbstportraits die eigene Person erst lange in den verschiedensten Rollen vorgestellt, um in der Duplizität von Sehendem und Gesehenem den wechselnden Ausdruck seiner selbst zu studieren, bevor er am Ende alle Rollen ablegte, um seine Individualität allein noch ex se und per se zu erfassen (im Kenwood Selbstportrait wird die leere Stelle des Adressaten durch die Welt insgesamt vertreten, die indes nur noch als eine leere, mit zwei Kreisen bezeichnete *mappa mundi* erscheint).[27]

Hermeneutisch gesehen setzt auch der Selbstbezug des

---

27 Michael Podro, S. 585.

autonomen Portraits noch die Selbsterfahrung eines Betrachters voraus, der sich in die Situation und Physiognomie des Modells, in den Ernst oder die Düsterkeit seines Charakters, in seine Haltung und sein Aussehen (rhetorisch: Ethos und Pathos, Hexis und Tychai)[28] versetzen muß, um aus der Differenz zu solchen Vorgaben das kontingent Individuelle zu erkennen, das in seiner Präsenz erscheint und sogleich wieder entzieht. Die Dialektik von Präsenz und Entzug, die der Betrachter im Hin und Her von bedeutungs- und selbstbezogener Darstellung wahrnimmt, kehrt in der Moderne, nach der Preisgabe des souveränen Subjekts, unter der erschwerten Bedingung wieder, die Individualität des Portraitierten aus aller unmittelbaren Anschaulichkeit freizusetzen, um sie vor der Verwechslung mit ihrem Abbild zu schützen.[29] Das besagt: nicht mehr die Verwechslung mit dem Andern wie im klassischen Portrait, sondern die Verwechslung mit dem Andern seiner selbst wird nun zum Problem.

VI

Die Etappen der allmählichen Freisetzung des Individuums, bei denen – wie Jean Starobinski zeigte – jeder Schritt zur Behauptung seiner Autonomie noch lange einer heteronomen Rückversicherung (wie der Berufung auf Vorbilder) bedurfte,[30] sind schon in »Poetik und Hermeneutik« (XIII) ausführlich erörtert worden. Hier interessiert, ob und wie mit dem Hervortreten des kontingenten Selbst das Erkennen des kontingenten Andern einherging. Ich nehme dazu Befunde meines Beitrags: »Vom Plurale tantum der Charak-

---

28 Nach Gottfried Boehm, *Bildnis und Individuum*, München 1985, S. 72.
29 Max Imdahl zu einer Portraitzeichnung von Giacometti, in: *Individualität* (s. Anm. 19), S. 587 ff.
30 Ebd., S. 338.

tere zum Singulare tantum des Individuums« wieder auf, diesmal in hermeneutischer Perspektive, um zu zeigen, daß die Paradigmatik der Charaktere als eine Protosemiotik angesehen werden kann, die das Verstehen der kontingenten Vielfalt menschlicher Natur ermöglicht hat. Damit wurde eine neue Weise der Lesbarmachung der Mitwelt eröffnet, die sich von Theophrast bis La Bruyère ungemein entfaltet, aber dabei auch historisch – von den ethischen Charakteren der Antike zu den gesellschaftlichen Charakteren der Moderne – gewandelt hat, bis sie der Triumph des singularen Charakters – des *individuum ineffabile* im deutschen Idealismus – außer Geltung setzte.

La Bruyère hat seinen *Caractères ou les mœurs de ce siècle*, dem Gipfelwerk der danach versiegenden literarisch-moralischen Tradition, einen *Discours sur Théophraste* vorangestellt, dem sich die hermeneutischen Prämissen der ethischen Charaktere am besten entnehmen lassen. Ihr Ausgangspunkt ist das Erstaunen über die Vielfalt der menschlichen Natur, der »différence des esprits des hommes, aussi prodigieuse en eux que celle des visages«. Hier begegnet uns der Mensch nicht als Gattungswesen, sondern in seiner nur in ihrer Vielgestalt faßbaren Natur, die indes selbst wieder in jeder Eigenart gesichthaft, in seelisch-körperhafter Einheit, als geprägter Charakter erscheint – eine Prägung, die erlaubt, das je Besondere an den Anzeichen der Charaktere oder Sitten, der Leidenschaften oder Temperamente, abzulesen. Die Grundbedeutung von *caractère:* das Eingeritzte, Unauslöschliche, setzt im Resultat der Prägung den Vorgang des Prägens voraus. Was sich somit zunächst als eine bloße Beschreibung und Abgrenzung vorgegebener Merkmale im Anblick des Menschen darbietet, konnte erst lesbar werden, wenn der Beobachter im Vorschein des durchschnittlichen Lebens (die Extreme von Gut und Böse, Tugenden und Lastern bleiben seit Theophrast ausgeschlossen) das latente, im Selbstverständlichen verborgene Besondere aufgedeckt, in Anzeichen erfaßt, markiert, abgegrenzt und geordnet hat. Der Moralist in der Nachfolge Theophrasts ist danach nicht nur ein Anthropologe, der die kontingente Natur des Menschen zu beobachten und als ein Ensemble von typischen Charakteren zu portraitieren weiß, sondern auch ein Semiotiker avant la lettre, der ein Zeichensystem zu entwickeln und damit die ›zweite Natur‹ des Menschen – seine Lebenswelt – wie eine Schrift lesbar zu machen vermag.

Hermeneutisch gesehen erlaubt gerade die Vielgestalt menschlicher ›Naturen‹, das Besondere aus seiner Differenz zu allen anderen Gestalten zu erkennen. Demgemäß wird *caractère* im *Dictionnaire* von Furetière (1690) wie folgt definiert: »Ce qui résulte de plusieurs marques particulières, qui distingue tellement une chose d'une autre qu'on la puisse reconnaître aisément. Il se dit [de] l'esprit, des mœurs, des discours, du style, et de toutes autres actions«. Jean Starobinski hat darauf aufmerksam gemacht, daß die französische Moralistik damit eine Definition von Thomas von Aquin wieder aufnehmen konnte: *Individuum [...] est, quod est in se indistinctum, ab aliis vero distinctum* (zit. nach: *Individualität*, hrsg. von Manfred Frank und Anselm Haverkamp, München 1988 [Poetik und Hermeneutik, XIII], S. 340). Dem ist hinzuzufügen, daß bei Thomas das Einzelne zwar schon das an sich selbst nicht bestimmbare, kontingente Individuelle meint, das in der Unterscheidung von allem Andern bestimmbar wird, das aber als solches noch zu einer Welt gehört, die selbst nicht kontingent erscheint, sondern dem Plan der Schöpfung entsprechend als notwendig und wohlgeordnet zu verstehen ist. Bei La Bruyère hingegen wird die Welt in ihrer geschichtlichen Erscheinung, als Gesellschaft einer bestimmten Zeit begriffen, mithin in ihrer Kontingenz, die der Moralist dadurch zu bewältigen sucht, daß er ihre Vielgestalt auf das reduziert, was für das Verhalten des Einzelnen, einer Gruppe, einer Schicht, einer Sphäre der Gesellschaft an ihrem Ort (la Cour et la Ville) bestimmend ist.

Die Semiotik dieses Ordnens ist zugleich typologisch und topologisch: sie erfaßt das Einzelne in der Gleichsetzung von Charakteren und Sitten, die sowohl physisch (als Affekte oder Temperamente) als auch habituell (als Konventionen) bedingt sein können, mithin die universale, vermeintlich zeitlose Natur des Menschen als zeit- und ortsgebunden verstehen lassen. Die so beschriebene Typenwelt der Charaktere steht derart als ein mittleres Allgemeines zwischen dem Universalen und dem Einzelnen. Denn sie erfaßt auch das Einzelne noch nicht in seiner einmaligen Gestalt: das Individuelle wird hier nurmehr an den Zügen erkennbar, die es als ein Besonderes mit anderen teilt. Das schließt indes nicht aus, daß das derart verdrängte kontingente Individuum doch noch zum Vorschein kommt, wenn der Moralist einen allgemeinen Charakter so kunstvoll mit sprechenden Details zu verlebendigen weiß, daß aus seinem Portrait die unnachahmliche Eigenwelt eines schon singulären Charakters zu erstehen scheint, wie ich am Fall des *Fleuriste*, des in seine Tulpen vernarrten Blumenliebhabers, als Beispiel für solch eine sekundäre Individualisierung schon erläutert habe.

Hier soll ein anderes Beispiel gegeben werden, um zu zeigen, welcher Kunst subtilster Nuancierung La Bruyères hermeneutische Semiotik fähig ist, um in dem, was für uns schlicht ›ein Dummkopf‹ ist, ein ganzes Spektrum möglicher Charaktere zu unterscheiden:

44. Un sot est celui qui n'a même pas ce qu'il faut d'esprit pour être fat.
45. Un fat est celui que les sots croient un homme de mérite.

46. L'impertinent est un fat outré. Le fat lasse, ennuie, dégoûte, rebute; l'impertinent rebute, aigrit, irrite, offense: il commence où l'autre finit.
Le fat est entre l'impertinent et le sot: il est composé de l'un et de l'autre.
47. Les vices partent d'une dépravation du cœur; les défauts, d'un vice de tempérament; le ridicule, d'un défaut d'esprit.
L'homme ridicule est celui qui, tant qu'il demeure tel, a les apparences du sot.
Le sot ne se tire jamais du ridicule, c'est son caractère; l'on n'y entre quelquefois avec de l'esprit, mais l'on en sort.
Une erreur de fait jette un homme sage dans le ridicule. La sottise est dans le sot, la fatuité dans le fat, et l'impertinence dans l'impertinent: il semble que le ridicule réside tantôt dans celui qui en effet est ridicule; et tantôt dans l'imagination de ceux qui croient voir le ridicule où il n'est point et ne peut être.
48. La grossièreté, la rusticité, la brutalité peuvent être les vices d'un homme d'esprit.
49. Le stupide est un sot qui ne parle point, en cela plus supportable que le sot qui parle.
50. La même chose souvent est, dans la bouche d'un homme d'esprit, une naïveté ou un bon mot, et dans celle d'un sot, une sottise.
51. Si le fat pouvait craindre de mal parler, il sortirait de son caractère.
52. L'une des marques de la médiocrité de l'esprit est de toujours conter.
53. Le sot est embarrassé de sa personne; le fat a l'air libre et assuré; l'impertinent passe à l'effronterie; le mérite a de la pudeur.

Die Aphorismen aus dem Kapitel *Des Jugements* sind weder systematisch gegliedert noch bloß assoziativ gereiht. Sie folgen einer Gedankenbewegung, deren eigentümliche Logik nicht auf der Hand liegt, die aber bei näherer Betrachtung durchaus einleuchtet. Das Stichwort, das die ausgewählten zehn Stücke umkreisen, ist schon im vorangehenden Aphorismus gefallen: »Du même fonds dont on néglige un homme de mérite, l'on sait encore admirer un sot« (Nr. 43). Er impliziert die Frage, warum Mißachtung des Verdienstes und Bewunderung der Torheit der gleichen Gesinnung entspringen soll. Um diese Behauptung zu begründen, bestimmt La Bruyère vorab das Wesen eines Dummkopfs durch eine Definition, die ihn sogleich von zwei angrenzenden Verhaltensweisen – dem Fant und dem Unverschämten (einem ›gesteigerten Fant‹) – abhebt. So entsteht eine Triade von drei Charakteren, in topischer Ordnung: ›Der Fant steht zwischen dem Unverschämten und dem Dummkopf: er hat von beiden etwas‹ (Nr. 46). Dabei wird der Fant an der Verwechslung mit einem *homme de mérite* erkannt: ›Ein Fant ist, wen die Dummen für einen Menschen von Verdienst halten‹ (Nr. 45).

Die folgende Gruppe nimmt die Bestimmung des Dummkopfs unter einem andern Blickwinkel auf: ›Der Einfältige ist immer lächerlich; das gehört zu seinem Charakter‹. Das Lächerliche ist La Bruyère nun aber eine besondere Betrachtung wert, die er eigens ausrundet (Nr. 47). Dazu setzt er anthropologisch ein: ›Die Laster entspringen einer Verderbheit des Herzens; die Mängel einem Gebrechen des Temperaments; Lächerlichkeit einem Fehler des Geistes‹. Hier entsteht wiederum eine topologische Triade: Laster – Mängel – Fehler werden dem Herzen, dem Temperament, der Intelligenz in absteigender Schwere, vom Verwerflichen über das Verzeihliche zum Unverbesserlichen, zugeordnet. Das Lächerliche, dem der Dummkopf nie entgehen kann, erscheint indes nicht allein als unabdingbare Folge seines Charakters: ›Auch wer Geist hat, kann der Lächerlichkeit verfallen, aber er befreit sich wieder davon.‹ Und mehr noch: sie kann jemanden zu Unrecht treffen und entspringt dann einer Fehleinschätzung der Andern.

Die nächste Gruppe der Aphorismen nimmt einen dritten Blickwinkel auf: die Art zu sprechen. Hier wird vom Dummkopf, der nicht schweigen kann, der Stumpfsinnige (*le stupide*) abgezweigt, der erträglicher ist, weil er nicht spricht (Nr. 49). Ferner sei es ein Merkmal geistiger Mittelmäßigkeit, immerzu reden zu wollen (Nr. 52). Auf einer wiederum dritten Stufe figuriert der *homme d'esprit*, diesmal erst negativ, denn Derbheit, bäurisches, ja rohes Wesen können seine Fehler sein (Nr. 48), dann positiv: ›Die nämliche Sache ist oft im Mund eines geistvollen Menschen eine nette Harmlosigkeit oder ein Witzwort, im Munde eines Toren aber eine Dummheit‹ (Nr. 50). Ein letzter Aphorismus faßt die drei anfangs eingeführten Charaktere im Blick auf ihr Selbstverhältnis zusammen: ›Der Dummkopf ist über sich selbst verlegen; der Fant trägt eine unbekümmerte, selbstsichere Miene zur Schau; der Unverschämte verletzt jede Schicklichkeit: Verdienst kennt wahre Scham‹ (Nr. 53). Hier kehrt der *homme de mérite* als kontrastiver Charakter wieder und läßt nun den Grund der Ausgangsbehauptung verstehen: wer Torheit bewundern kann, muß auch wahres Verdienst verkennen.

Aus alledem folgt: ein Charakter ist nicht unmittelbar als einzelner, sondern nur in der Unterscheidung von angrenzenden Charakteren bestimmbar, mithin der Mensch nur im Verhalten zu seinen Mitmenschen zu verstehen. La Bruyères Semiotik scheint damit eine methodische Prämisse vorwegzunehmen, die uns aus der Strukturalismusdebatte vertraut ist: *De singularibus non est scientia*. Urteilen heißt unterscheiden, heißt die Nuance erkennen, die den Einzelnen von den Anderen abhebt und dabei seine vorgeprägte Art entdecken läßt, die als Charakter, als ein partikular Allgemeines, sein Verhalten noch in den vermeintlich zufälligen Zügen bedingt. Dabei ist wiederum zwischen unveränderlichen Charakteren und flottierenden Merkmalen zu unterscheiden. Würde ein Fant befürchten können, dumm zu reden, so wäre er keiner mehr: er würde aus seinem Charakter herausfallen (Nr. 51). Davor, lächerlich zu werden, ist hingegen niemand gefeit, auch nicht der Geistvolle, nur daß der sich davon wieder frei machen kann (Nr. 47). Urteilen als Unterscheiden führt derart notwendig von einem Merkmal oder Blickwinkel zum andern, von einer Gestalt des Menschen zur nächsten, in einer Verkettung und Vernetzung, deren Ende nicht abzusehen ist. Sie kann aber auch darum nicht abgeschlossen werden, weil das vermeintlich bleibend Menschliche – wie La Bruyère schon früh bemerkt – selbst wieder geschichtlichem Wandel unterworfen ist. Also kommt es schließlich noch darauf an, zwischen den Charakteren in ihrer antiken und ihrer modernen Gestalt zu unterscheiden.

La Bruyère steht an der Schwelle des in der *Querelle des anciens et des modernes* anhebenden Historismus. Für seine ›Sitten des Jahrhunderts‹ kann schon gelten: »Nur in der Geschichte stellt das bleibend Menschliche sich dar, und es prägt umgekehrt das geschichtlich Besondere.«[31] Wenn in seiner Betrachtung die gesellschaftlichen Charaktere der Moderne die ethischen Charaktere der Antike ablösen, setzt dies gleichwohl eine gemeinsame, noch essentialistische Anthropologie voraus. Denn soll das unterscheidende Urteil über Personen so *clare et distincte* sein wie Descartes' Regel der Erkenntnis, auf die sich La Bruyère beruft (Nr. 42), so

---

[31] Gerhard Hess (Hrsg.), *La Bruyère: Die Charaktere oder Die Sitten des Jahrhunderts*, Leipzig 1940, S. viii, dessen Übersetzung ich im Vorstehenden übernahm.

bedarf es eines sicheren Verfahrens, um aus den Nuancen menschlichen Verhaltens das Nuancierte, die physische und psychische Konstitution des Menschen, zu erschließen. Dann muß die Vielgestalt seiner Charaktere aus einem diversifizierenden Prinzip erklärbar sein. Als solches übernimmt – wie Starobinski zeigte – die klassische Moralistik den aus der Humoralpathologie stammenden Begriff der *complexion*.[32] Damit wird eine physische Konstitution des Menschen postuliert, der eigentümlich ist, daß sie nicht simuliert werden kann. Simuliert werden kann indes sehr wohl ein moralischer Charakter, sei es durch gespielte Leidenschaften, sei es durch Verstellung oder durch die Kunst des Schauspielers. Darum ermöglicht die *complexion* dem Scharfblick des Moralisten, den ›wahren Charakter‹ in seinen Nuancen zu erkennen und in seinen Maskierungen zu durchschauen. Der Begriff der *nuance* wird zur selben Zeit aus dem Vokabular der Tapisserie übernommen, um Differenzen zu erfassen, die in ihrer Feinheit erlauben, menschliches Verhalten, Gefühle und auch Meinungen zu singularisieren.

Das so begründete Vertrauen des Moralisten, daß sich die Sitten seines Zeitalters entziffern, ihre Vielgestalt auf essentielle Bedingungen menschlichen Verhaltens zurückführen lassen, erlaubt eine Singularisierung, die verstehen läßt, worin sich der Einzelne vom Andern unterscheidet, führt aber den singularen Charakter selbst wieder auf ein partikular Allgemeines zurück. Den Einzelnen als *singulare tantum*, als einmaliges Individuum zu verstehen, war La Bruyère noch verwehrt; wo er einmal, am Ende des Kapitels »De l'homme«, auf das Problem stößt, das Arcanum des Singularen im Vollkommenen großer Geister zu erfassen, benennt er den nicht bestimmbaren Charakter des Genies

---

32 Jean Starobinski, in: *Individualität* (s. Anm. 19), S. 343 f.

mit einem ›je ne sais quoi‹, der Kategorie, mit welcher die klassische Ästhetik die Erscheinung von Leerstellen in ihrem Normensystem zu bezeichnen pflegte.[33]

Das Vertrauen auf die Lesbarkeit der Welt des Mitmenschen haben schon La Bruyères Zeitgenossen Pascal und La Rochefoucauld aufgekündigt, die als Moralisten keine Charaktere mehr verfaßten. Ihre negative Anthropologie, die den unbewußten Grund der menschlichen Psyche als eine Terra incognita zu explorieren begann,[34] stellte die hermeneutische Prämisse La Bruyères, die Transparenz der Zeichen und damit die Episteme der Repräsentation, in Frage. Die Geschichte der Gattung hat damit indes noch nicht ihr Ende gefunden. Auf ihre Infragestellung antworteten im 18. Jahrhundert zwei moderne Entwicklungen. Zum einen geht in Frankreich die Tradition der ethischen Charaktere über in die der sozialen Konditionen, das literarische Portrait der Einzelnen in das Tableau der Berufe, Positionen und Formationen der gesellschaftlichen Welt, seit Mercier ›Physiologien‹ genannt, in denen sich ein neues Interesse an der Lesbarkeit der Stadt bekundet, dem Karlheinz Stierle seine große Darstellung gewidmet hat.[35] Zum andern werden in Deutschland auf dem Weg über die Genieästhetik des Sturm und Drang und des großen Individuums im Historismus die moralischen Charaktere zum einmaligen Charakter singularisiert. Charakter meint hinfort – im diametralen Gegensatz zu seiner Herkunft, der unabdingbaren Prägung eines Wesens – das Vermögen des Individuums, sich selbst zu schaffen und zu perfektionieren (nach Kant: was der Einzelne »aus sich selbst zu machen bereit ist«). Über den physischen Cha-

---

33 Näherhin Hans Robert Jauß, in: *Individualität* (s. Anm. 19), S. 259 ff.
34 Nach Karlheinz Stierle, »Die Modernität der französischen Klassik«, in: *Französische Klassik*, hrsg. von Fritz Nies und K. St., München 1985, bes. S. 84 ff.
35 Karlheinz Stierle, *Der Mythos von Paris. Zeichen und Bewußtsein der Stadt*, München 1993.

rakter des Naturells und Temperaments erhebt sich nunmehr der moralische Charakter: »[...] das erste ist das Unterscheidungszeichen des Menschen als eines sinnlichen oder Naturwesens, das zweite desselben als eines vernünftigen, mit Freiheit begabten Wesens.«[36]

Dieselbe Scheidelinie findet sich in einer Äußerung des alten Goethe: »Wir alle leiden am Leben«, hatte er in der Loge gesagt, »wer will uns, außer Gott, zur Rechenschaft ziehen? Tadeln darf man keinen Abgeschiedenen. Nicht was sie gefehlt und gelitten, sondern was sie geleistet und getan, beschäftige die Hinterbliebenen. An den Fehlern erkennt man den Menschen; an den Vorzügen den Einzelnen. Mängel haben wir alle gemein; die Tugenden gehören jedem besonders.«[37] Hier bleibt das moralische Urteil Gott allein vorbehalten und wird die protestantische Kritik an der Werkgerechtigkeit in ihren Gegensinn verkehrt: das Individuum in seiner ästhetischen Existenz ist seinen Mängeln enthoben und braucht sich nurmehr auf seine Tugenden als seinen eigenen Vorzug berufen. Die Mängel, an denen man den Menschen erkennt, waren das Unterscheidungszeichen der alten Charaktere in der damit verabschiedeten »allgemeinen, natürlichen Zeichenlehre«, der *semiotica universalis*, von der Kant noch ausgegangen war (*Anthroplogie*, § 86). Soll nun der Charakter der Person, »der nur ein einziger oder gar keiner sein kann« (ebd.) bestimmt werden, so stellt sich der Hermeneutik die neue Aufgabe, das Singulare zu verstehen, das sich in seiner Kontingenz bislang rationaler Erkenntnis entzog. Hermeneutik im modernen Sinn postuliert die Verstehbarkeit des Individuellen, des Einma-

---

36 Immanuel Kant, *Anthropologie*, § 86.
37 Johann Wolfgang Goethe, *Dichtung und Wahrheit, 4. Teil* in: J. W. G., *Sämtliche Werke. Jubiläums-Ausgabe*, in 40 Bdn., in Verb. mit Konrad Burdach [u. a.] hrsg. von Eduard von Hellen, Bd. 21, mit Einl. und Anm. von Franz Muncker, Stuttgart/Berlin [1904], S. 273.

ligen von Personen, von Nationen wie von Epochen der Geschichte. Ob sie dabei die semiotische Praxis des Unterscheidens preisgeben kann oder weiterhin benötigt, ob auch das Verstehen der Eigenheit des Singularen nur über ein Sich-Verstehen im Andern gelingen kann, ist die Problematik, die späterhin – mit der Wendung zu einer dialogischen Hermeneutik – wiederkehren wird.

VII

Zum Abschluß möchte ich auf die Frage zurückkommen, was sich ergibt, wenn dem Verstehen nicht mehr ein privilegiertes Du entgegenkommt, sondern ein beliebiger Anderer begegnet. Dessen kontingente Gestalt tritt mit dem biblischen Gebot der Nächstenliebe hervor, das sich augenscheinlich dem antiken Ideal der Freundschaft entgegensetzt. Denn hier versagt der Vorgriff auf Vollkommenheit. Den Andern als seinen Nächsten zu lieben, der auch als der Fernste, wenn nicht gar als Feind begegnen kann, schließt die Trefflichkeit der einander Gleichen wie das Einvernehmen zur wechselseitigen Vervollkommnung gerade aus. Es erfordert vielmehr, den Fremden als solchen zu achten und auch noch im geringsten Menschen einen Bruder oder eine Schwester in Christo zu erkennen. Der Widerspruch zwischen der antiken und der christlichen Norm ist offensichtlich. Doch wo und wie der erwartbare Konflikt zwischen *amicitia* und *agape* ausgetragen wurde, ist offenbar nicht auf Anhieb festzustellen. Eine einschlägige Darstellung habe ich nicht gefunden. Dazu kann ich hier nicht mehr beitragen, als den Konflikt in seiner hermeneutischen Problematik zu umreißen und an zwei literarischen Beispielen – Abaelards *Historia calamitatum mearum* und Claudels *Soulier de Satin* – zu erläutern.

Auf das Problem des Verstehens in der Liebe zum Nächsten bin ich anderweitig gestoßen, als ich in der Geschichte des Diktums *Tout comprendre, c'est tout pardonner* zu Dostojewskis *Der Idiot* gelangt war.[38] Jeden Andern verstehen zu wollen und allen verzeihen zu können, selbst noch denen, die ihn betrügen, ist hier der dominante Wesenszug der Hauptfigur, des Fürsten Myschkin. Die rigorose Applikation der Sentenz führt indes zu einem unaufhaltsamen gesellschaftlichen Skandal. In dem Maße, wie verzeihendes Verstehen allen Mitmenschen entgegengebracht wird, löst sich die Spannung zwischen dem Eigenen und dem Fremden in ein sich verströmendes Mitleid auf, das Myschkin, den ›Narren um Christi willen‹, in die Katastrophe einer letzten, mystischen Umnachtung führt, in die er gerade die ihm am nächsten Stehenden mitreißt. Hier zeigt sich, daß Mitleid allein, das im Akt der Einfühlung dem Andern alles zu vergeben bereit ist und dabei die Frage nach Gut und Böse, Recht und Unrecht, außer Kraft setzt, dem christlichen Gebot: »Du sollst deinen Nächsten lieben wie dich selbst!« nicht genügen kann. Weder Sympathie für die Person des Andern noch das Verstehen ihrer Eigenheit, sondern allein – wie das Gleichnis vom barmherzigen Samariter zeigt – das tätige Erkennen einer Not, in der jeder Fremde zum Nächsten werden kann, darf den Erweis der Agape bestimmen. Nächstenliebe benötigt demnach kein vorgängiges Verstehen des Andern, der ja gerade nicht um seiner selbst willen geliebt, sondern in seiner konkreten, beliebigen, mithin kontingenten Gestalt erkannt werden soll. Sie ist gleichwohl kein purer Akt menschlicher Solidarität, sondern wird – analog zur antiken Norm der Freundschaft – erst durch ein höheres Prinzip ermöglicht, das nun aber die dort verdrängte Kontingenz des Anderen zu bewahren vermag: die

38 Hans Robert Jauß, in: *Wege des Verstehens*, München 1994, S. 64–70.

Liebe zum Nächsten um Gottes willen. Schließt doch das biblische Doppelgebot, die Verknüpfung von Gottesliebe und Nächstenliebe, das Erstaunliche ein, daß »die Mängel des Menschen gewaltigere Erwecker der göttlichen Liebe sind als seine Vorzüge«[39].

VIII

Wohl in keiner anderen Tradition begegnet der Mitmensch als der beliebige, fremde Andere in so reiner Kontingenz wie in der des biblischen und hernach christlichen Gebots der Liebe zum Nächsten. Dabei ist daran zu erinnern, daß das hebräische Wort, das ihn bezeichnet: *rea*, noch nicht den superlativen Sinn »der Nächste« hat (wie Luther übersetzt), sondern schlicht »den Andern«, insonderheit »den Fremdling« bedeutet.[40] Den Fremdling im Gegensatz zum Angehörigen des eigenen Volks zumal, nach 3. Mose 19,34: »Wie ein Einheimischer aus eurer eignen Mitte soll euch der Fremdling gelten, der bei euch wohnt, und du sollst ihn lieben wie dich selbst – seid ihr doch auch Fremdlinge gewesen im Lande Ägypten; ich bin der Herr, euer Gott.« Der Gott Israels ist auch der »Freund der Fremdlinge«, wie Zeus Xenios der Schützer des Gastrechts ist. Darum setzt die Nächstenliebe die Liebe zu Gott voraus (»das zweite aber ist ihm gleich«, Mt. 22,39): in der Liebe zum Nächsten, mehr denn in Brandopfern, soll sie sich äußern (Mk. 12,28 ff.). Wenn Hermann Cohen daraus folgert, daß »die Ethik den grossen Grundsatz der Nächstenliebe der sog.

---

39 Franz Rosenzweig, *Der Stern der Erlösung* (1921), Frankfurt a. M. ⁴1993, S. 185.
40 Nach Hermann Cohen, »Die Nächstenliebe im Talmud«, in: *Jüdische Schriften*, Berlin 1924, S. 148 ff.; vgl. Rosenzweig, *Der Stern der Erlösung* (s. Anm. 39), S. 239.

mosaischen Lehre [verdanke]«, ist dem indes mit Franz Rosenzweig hinzuzufügen, daß die hier geforderte Nächstenliebe durch die »Voraussetzung des Gottesgeliebtseins [...] sich von allen moralischen Taten unterscheidet«[41]. Demnach entspränge das Liebesgebot einer Voraussetzung jenseits der Freiheit, der Autonomie des moralischen Gesetzes. Rosenzweig hat die Kontingenz der Liebestat am Nächsten noch gesteigert: sie kennt nur »den Irgendjemand, den andern schlechtweg«[42]; »sie ist rascher als das Wissen; sie tut das Nächste, und was sie tut, dünkt sie das Nächste«[43]; »sie bricht immer neu hervor; sie ist ein Immerwiedervonvornbeginnen; sie läßt sich durch keine ›Enttäuschungen‹ beirren: sie bedarf der Enttäuschungen, damit sie nicht einrostet«; sie muß »ganz in den Augenblick verlorene Tat der Liebe sein«[44].

So verstanden erscheint das biblische Doppelgebot, Gott um seinetwillen und den Nächsten um Gottes willen zu lieben, nicht weniger rigoros als die Kantsche Ethik. Scheint es doch gleichermaßen alle Neigung aus dem Erweis der Liebe zum Nächsten auszuschließen: »denn so ihr liebt, die euch lieben, was werdet ihr für Lohn haben? Tun nicht dasselbe die Zöllner?« (Mt. 5,46) Ist hier nicht auch schon der künftige Konflikt zwischen *agape* und *amicitia* angelegt? Warum eigentlich soll eine Liebestat für den Freund, die nicht nach Lohn fragt, nicht auch dem Gebot der Nächstenliebe entsprechen? Es sei denn, daß die Liebe zum Freund zu Lasten eines ungeliebten Andern geht – ein Konflikt, von dem noch die Rede sein wird. Die pure Kontingenz des Andern wird indes bei Rosenzweig dadurch vermittelt und

---

41 Cohen, »Die Nächstenliebe im Talmud« (s. Anm. 40), S. 176; Rosenzweig, *Der Stern der Erlösung* (s. Anm. 39), S. 239.
42 Rosenzweig, *Der Stern der Erlösung* (s. Anm. 39), S. 281.
43 Ebd., S. 297.
44 Ebd., S. 241.

verstehbar, daß er den Satz: »Du sollst deinen Nächsten lieben wie dich selbst«, damit begründet: »denn er ist wie du«, und hinzufügt: »›Wie du‹, also nicht ›du‹. Du bleibst Du und sollst es bleiben. Aber er soll dir nicht ein Er bleiben und also für dein Du bloß ein Es, sondern er ist wie Du, wie dein Du, ein Du wie Du, ein Ich, – Seele«[45]. Den kontingenten Andern zu lieben wie sich selbst, weil er ein »Du ist wie Du«, erfordert zwar, ihn vom Er zum Du zu erheben, offenbar aber nicht, dieses Du in seiner Eigenheit zu verstehen, geschweige denn es um seiner selbst willen zu lieben. Daß die Begründung: »er ist wie Du« das antike Ideal der Freundschaft: sich im Andern – wie Montaigne in La Boétie – erst eigentlich selbst zu verstehen, nicht einbegreifen muß, sondern eine Trennung zwischen *agape* und *amicitia* fordern kann, tritt in Augustins Erläuterung des Doppelgebots in aller Schärfe zutage.

IX

Scripturae sacrae plenitudinem et finem esse geminam caritatem, ei propter seipsum ac proximi propter Deum.[46] So eröffnet Augustin das 1. Buch von *De doctrina Christiana*, um daran seine Unterscheidung von *frui* und *uti* anzuschließen. Um seiner selbst willen geliebt zu werden (*frui* hat hier noch die Bedeutung von ›Teilhabe‹, ›sich einer Sache freuen‹, schließt also genießen und erkennen ein), ist Gott allein vorbehalten (*Dei soli fruitione inhaerendum esse*); allen anderen Dingen dieser Welt, die Mitmenschen einbegriffen, ist nur der Gebrauch angemessen (*utendum est hoc mundo, non fruendum*; IV). Damit stellt sich die ›große Frage‹:

---

45 Ebd., S. 267.
46 Augustin, *De doctrina Christiana*, zit. nach der zweisprachigen Ausgabe: *Œuvres complètes de Saint Augustin*, hrsg. von Mgr Péronne [u. a.], Bd. 6, Paris 1873, S. 439 ff.

utrum frui se homines debeant, an uti, an utrumque (XX).
Zwar sei uns geboten, einander zu lieben. Doch dies könne
nicht heißen, den Andern um seiner selbst willen zu lieben.
Propter se könne nur geliebt werden, was das letzte Ziel der
vita beata erhoffen lasse. Wer sein Herz an einen Andern
hefte und in ihm sein ganzes Glück beschlossen sehe, ge-
nieße im so Geliebten, was allein der göttlichen Trinität als
dem höchsten, unwandelbar Guten zukomme (XXXI). Für
ihn gelte das Wort aus Jeremia, *Maledictus autem qui spem
suam ponit in homine* (XX).

Augustins Antwort auf die in der Tat große Frage ist ein-
deutig negativ. Sie schließt die irdische Liebe propter se und
damit das privilegierte Du der Freundschaft aus und mil-
dert das Gebot der Nächstenliebe nur dahingehend, einzu-
räumen, man könne sie nicht allen Mitmenschen gleichermaßen erweisen, sondern dürfe sich an diejenigen halten,
die einem im Umkreis von Ort und Zeit begegnen. Für den
Fall, daß es sich um zwei in Not Befindliche handle und
man nur einem helfen könne, sei es gerecht, das Los entscheiden zu lassen (XXVI). Ein kurioser Rat, um Kontingenz durch einen selbst wieder kontingenten Akt zu bewältigen! Daß die rigorose Nachordnung der Liebe zwischen
Menschen unter die Gottesliebe aber dazu führen kann, den
Andern im ›Gebrauch‹ als Instrument der Heilsgewinnung
in seiner Eigenheit zu verkennen, um nicht zu sagen: zu
mißbrauchen, wenn er dabei – mit Rosenzweig zu sprechen
– vom Du zum Er, von der zweiten zur dritten Person, herabgesetzt wird, hat Augustin nicht abgesehen. Welcher
Konflikt daraus erwachsen kann, zeigt – wie mir scheint –
der Briefwechsel zwischen Abaelard und Heloisa.

X

Im folgenden muß ich mich darauf beschränken, den ersten Brief Heloisas und Abaelards Erwiderung im Lichte unserer Fragestellung zu interpretieren. Wird hier doch im Gesagten und unterschwellig das Verhältnis von *amicitia* und *agape* als ein Konflikt aufgenommen, der möglicherweise der hochkarätigen, von mir nicht übersehenen Deutung des berühmten Textes entging.[47] Meine These ist, daß Heloisa den Anspruch der *amicitia*, den Andern propter se zu lieben, in Gestalt einer Klage verteidigt, auf die sich Abaelard nicht einläßt: sein pädagogisch gemeinter Rekurs auf den Vorrang der *fruitio Dei* kann das Anrecht der *fruitio hominis* zwar dogmatisch verwerfen, aber nicht ohne einen gravierenden Makel, der auf ihn selbst zurückfällt. Indem er sich über den Anspruch Heloisas hinwegsetzt, propter se und nicht nur um eines Nutzens willen – die Institution der Ehe einbegriffen – zu lieben und geliebt zu werden, erniedrigt er die Geliebte zum Instrument des eigenen Heils: um den Preis, ein unvertauschbares Du zum Es, Heloisa als zweite Person zur dritten Person herabzusetzen, so daß ihre tröstende Erhöhung zur ›Braut Christi‹ einen bitteren Nachgeschmack hinterläßt. Warum eigentlich – so wäre die Heloisa bewegende, unausgesprochene und von Abaelard nicht beantwortete ›große Frage‹ des Paraklet-Buches zu rekonstruieren – soll die *fruitio hominis* in der Liebe zwischen Mann und Frau nicht selbst zur *fruitio Dei* führen und dabei das Du als unersetzbar bewahren können, das der große Theologe gleich im ersten Brief mit einem *sie*

---

47 Zuletzt Gerhart von Graevenitz, »Differenzierung der Differenz – Grundlagen der Autobiographie in Abaelards und Héloises Briefen«, in: *Festschrift Walter Haug und Burghart Wachinger*, Tübingen 1993, S. 26–45, dessen Analyse der »Logik der grammatischen Rollen« im Paraklet-Buch meine Interpretation aus kommunikativer Sicht – seines Widerspruchs gewärtig – ergänzt.

und später ständig mit einem kollektiven, an die Schwesternschaft des Paraklet gerichtetes *ihr* stillschweigend vertauscht?

Heloisas Brief beginnt mit dem Vorwurf, daß er nicht ihr, sondern einem Dritten einen langen Trostbrief geschrieben habe: »Um ihn zu trösten, machtest Du mich trostlos, um seine Wunden zu schließen, hast Du meine alten Wunden wieder aufgerissen und hast mir neue geschlagen! Ich flehe Dich kniefällig an, heile auch *die* Wunden, die Du selbst geschlagen, wenn es Dein Herz sogar drängt, Wunden zu heilen, die Fremden Fremde schlugen«[48]. Der Trost, den er einem Dritten, ihr Fremden, spendete, kann nicht aufwiegen, was er gegenüber den Nonnen, seinen geliebten Töchtern, versäumte, vor allem aber, was er Heloisa schuldete: »den Stand Deiner Schuld an mich darfst Du nicht mehr übersehen. Mich, Deine Einziggeliebte, mich mußt Du auszahlen, gewissenhaft auszahlen, wenn Du Deine Schuld an die andächtigen Schwestern loswerden willst«[49]. Auch ein Akt der Nächstenliebe, sein Brief an einen Dritten, darf einen tiefer begründeten Schuldanspruch[50], die Verpflichtung des Liebesbundes mit Heloisa[51], nicht verleugnen.

Auf diesem Ohr aber stellt sich Abaelard einfach taub. Das Ausbleiben eines Briefes entschuldige, daß er auf ihre eigene Klugheit vertraut habe: für sie als Äbtissin wäre doch »jede weitere Belehrung und Mahnung von meiner Seite völlig überflüssig«[52]. Von einer Abgeltung seiner Schuld an

---

48 Zit. nach: *Abaelard. Die Leidensgeschichte und der Briefwechsel mit Heloisa*, übertr. und hrsg. von Eberhard Borst, Heidelberg ⁴1979, S. 77; lat. Text nach: *Petri Abaelardi opera*, hrsg. von V. Cousin, Bd. 1, Paris 1849 [reprogr. Nachdr. 1970].
49 *Abaelard* (s. Anm. 48), S. 79.
50 Ebd., S. 77.
51 Ebd., S. 80.
52 Ebd., S. 89.

»meine Schwester, die Du vordem in der Welt mir schon lieb warst, jetzt in Christo besonders lieb und wert bist«[53], ist weder hier noch später die Rede. Statt dessen übersendet er ihr den erbetenen Psalter, mit der Aufforderung: »Aus ihm bringe dem Herrn ein immerwährendes Gebetsopfer, auf daß er mir meine vielen schweren Übertretungen verzeihe und mich beschütze«[54]. Es folgt eine weitläufige (dem Briefeingang zufolge überflüssige) Belehrung darüber, was das Gebet der Frauen bei Gott und seinen Heiligen vermag. Sie kann über den kaum verhehlten Heilsegoismus des Schreibers nicht hinwegtäuschen, der hernach kraß zutage tritt, wenn er ankündigt, »jetzt zu Dir allein zu reden«. Doch was er dann vorbringt, müßte ihn eigentlich beschämen. Er kehrt Heloisas Schuldzuweisung, ohne sie überhaupt zu erwähnen, sogleich und unverfroren mit den Worten um: »ich bin überzeugt, daß Deine Frömmigkeit bei Gott viel vermag, und daß Du mir vor allem schuldest, was sie vermag, zumal jetzt schuldest, da ich in so großer Gefahr stehe«[55]. Auf dem Weg zum eigenen Heil, so hört sich das an, ist ein jeder sich selbst der Nächste, ein eklatanter Widerspruch zum biblischen Doppelgebot, das Abaelard verletzt, weil Heloisa in der konkreten Situation – durch seine Schuld, die durch die Strafe der Kastrierung nicht mit gelöscht sein kann – doch gewiß die ihm nächste Person ist.

Der weitere, gewichtigste Vorwurf ist für Abaelard so fatal wie für ihr Liebesverhältnis ruinös: »Beantworte mir nur die eine Frage, wenn Du eine Antwort hast [...] oder ich muß reden, reden von meinem Verdacht, von aller Welt Verdacht! Was Dich zu mir getrieben, es war wohl mehr Leidenschaft als Freundschaft, mehr wollüstige Gier als echte Liebe. Und nun, die Leidenschaft ist tot, und tot auch

---

53 Ebd.   54 Ebd., S. 89f.   55 Ebd., S. 94.

alles, was Deiner Leidenschaft den Weg zum Ziel hatte bahnen müssen«.⁵⁶ Darauf hat Abaelard in der Tat keine Antwort und auch keine theologische Belehrung, die sie erübrigen würde, hat er die frei sich schenkende Liebe, die sie ihm entgegenbrachte, jemals im selben Maße erwidert? Man müßte dies geradezu verneinen, blickt man auf den ersten Brief: die berechnende Verführung im Anfang, den dubiosen Handel mit dem Onkel Fulbert, das Gleichnis vom zarten Lämmlein und dem heißhungrigen Wolf, die Züchtigung im Liebesspiel als »kostbare Salbe«, den »Sinnentaumel«, der ihn sein Lehramt vernachlässigen und Liebeslieder dichten ließ, das Argument vom »herabziehenden Einfluß der Frau« – all dies fügt sich in die Stilisierung der Geschichte seiner Kalamitäten, als ob er dem kühnen Bekenntnis Heloisas nichts an die Seite zu stellen hätte, das er kommentarlos zitiert: »Ihr sei es das Liebste und für mich Anständigste, wenn sie ›Geliebte‹ heiße statt ›Gattin‹. Die freischenkende Liebe solle mich an sie binden [*ut me ei sola gratia conservaret*] und nicht die drückende Ehefessel«⁵⁷.

sola gratia: hier wird der christliche Begriff der Gnade aufgenommen und subjektiviert, um die antike Freundschaftsformel zu sanktionieren, die Heloisa erstmalig für die Liebe zwischen Mann und Frau beansprucht. Sie lautet in ihrem Brief: »Gott sei mein Zeuge, ich habe je und je in Dir nur Dich gesucht, Dich schlechthin, nicht das Deine, nicht Hab und Gut. Ein festes Eheband, eine Morgengabe – habe ich je danach gefragt. Du bist mein Zeuge, nicht meine Lust, nicht mein Wille war je mein Ziel, nur Deine

---

56 Ebd., S. 83 f.; lat. Text nach *Petri Abaelardi opera* (s. Anm. 48): *dic, inquam, si vales, aut ego quod sentio, imo quod omnes suspicantur dicam. Concupiscentia te mihi potius quam amicitia sociavit, libidinis ardor potius quam amor. Ubi igitur quod desiderabas cessavit, quidquid propter hoc exhibebas pariter evanuit.*

57 *Abaelard* (s. Anm. 48), S. 30.

volle Befriedigung«[58]. Hier muß der Zeuge wiederum schweigen, der erst im fünften Brief zu gestehen vermag: »Meine Liebe hat uns beide mit Sünden umfangen und darf nicht Liebe, darf nur Sinnlichkeit heißen. An Dir sättigte ich meine armselige Lust, und in dieser Sättigung gipfelte meine Liebe«[59]. Doch nicht ohne sich selbst wieder theologisch zu salvieren, indem er Heloisas Formel: *nihil umquam in te nisi te requisivi* auf Christus als Erlöser umdeutet: »was kann er an Dir finden wollen als Dein Selbst? Der ist der wahre Freund, welcher Dich selber begehrt, nicht aber das Deine«[60].

Heloisa ist mit dem allem – wie Hugo Friedrich zu Recht hervorhebt – »über die rituelle Liebesdoktrin ihrer Zeit mit der Unterscheidung zwischen hoher und niederer Liebe hinausgewachsen. Sie ist an den Punkt gestoßen, wo solche und andere Unterscheidungen belanglos werden, weil der Adel des Liebens, wenn es echt ist [...], schon in den Sinnen beginnen kann«[61]. Wenn sie sich wehrt, ihre Liebe als eine Selbsttäuschung anzusehen und sich vom unersetzbaren Du in die Rolle eines kontingenten Andern versetzen zu lassen, vermag sie sich auf die Lehre Abaelards selbst zu berufen: »Ich bin voll schuldig und zugleich – das weißt Du – voll unschuldig; nicht der Erfolg der Tat unterliegt der Ahndung, sondern das Fühlen und Wollen des Täters, und ein billig denkender Richter wertet die Gesinnung, nicht den Vorgang«[62]. Sie kann so weit gehen zu gestehen, daß sie nur ihm zuliebe den Schleier genommen und darum von Gott

---

58 Ebd., S. 80 f.; lat. Text nach *Petri Abaelardi opera* (s. Anm. 48): *Nihil umquam (Deus scit) in te nisi te requisivi; te pure, non tua concupiscens. Non matrimonii foedera, non dotes aliquas expectavi, non denique meas voluptates aut voluntates, sed tuas, sicut ipse nosti, adimplere studui.*
59 *Abaelard* (s. Anm. 48), S. 140.
60 Ebd., S. 139.
61 Friedrich, »Über den Briefwechsel Abélard – Héloise« (s. Anm. 4), S. 68.
62 *Abaelard* (s. Anm. 48), S. 83.

keinen Lohn zu erwarten habe, ja daß sie ihm sogar in die Hölle vorausgeeilt wäre, wenn er es gewollt hätte: »Ich war doch nicht mehr Herr meiner Selbst, in Dir, nur noch in Dir war es und ist es jetzt mehr als je. Ist mein Selbst nicht bei Dir, so ist es nirgends, und ohne Dich hat es kein Sein und Wesen«[63]. Mag dies zunächst ganz häretisch klingen, so dient es letztlich doch wieder dazu, zu begründen, was er ihr schuldig blieb. Denn es geht in eine letzte Frage ein, mit der dieser Brief endet: »Müßtest Du nicht jetzt Gottes Liebe in mir wieder wecken, mit schönerem Recht, als Du vordem des Menschen Wollust in mir wecktest? Eine letzte feierliche Bitte: bedenke Du Deine Verschuldung und öffne Dein Ohr meiner Forderung«[64]. Der moderne Leser dürfte bezweifeln, ob Abaelard diese Forderung Heloisas erfüllte. Die tristen Stationen ihrer Resignation brauchen nicht mehr eigens angeführt zu werden, um den Preis zu erkennen, den Abaelard für seine theologische Pädagogik entrichten mußte. Heloisas letzter Brief, »Ihrem unumschränkten Herrn seine insonderheit ergebene Dienerin« überschrieben, beginnt mit dem Versprechen, ihrem Schmerz nicht mehr die Zügel schießen zu lassen: »Du hattest es ja verboten; im Schreiben will ich die Worte meiden, die ich von Mund zu Mund überhaupt nicht meiden könnte«[65] – ein Verzicht, der das Ende des Ich-Du-Verhältnisses besiegelt, der aber in der alsbald sich bildenden Legende der ›großen Liebenden‹ keine Spur hinterließ...

XI

In einer Konferenz über die *Evolution du théâtre* (1904) hat Gide behauptet, ein eigentümlich christliches Drama habe es nie gegeben. Es könne es auch nicht geben, denn die

---

63 Ebd., S. 85.   64 Ebd., S. 86.   65 Ebd., S. 149.

christliche Religion habe ein für alle Menschen verbindliches Ideal errichtet, vor dem die Verschiedenheit menschlicher Charaktere wesenlos werde. Die Figuren des Märtyrerdramas seien zwar wahre Christen, doch nur in dem Maße dramatisch, wie das Christliche vom Nicht-Christlichen in einen Konflikt gezogen werde. Dessen Ausgang sei providentiell vorentschieden, aber nicht mehr darstellbar: an der Schwelle zum Paradies ließen die Personen alle Leidenschaft zurück, die das Drama im Gang hielt. Der letzte Akt entziehe sich der Bühne; er spiele im Himmel, wo allein Goethe seinen *Faust II* folgerichtig enden ließ, während man bei Corneille oder Rotrou diesen ›sechsten Akt‹ nur noch ahnen könne, den Zustand der Erlösung, über den dramatisch auch nichts mehr zu sagen wäre.[66]

Als ob er dies als Herausforderung hätte aufnehmen und widerlegen wollen, verfaßte Gides Zeitgenosse Claudel eine Reihe von Dramen, gipfelnd im *Soulier de Satin*, mit der Absicht, im christlichen Glauben selbst eine genuine, bisher unausgeschöpfte Quelle des Tragischen zu entdecken. Es ist dies, aus unserer Perspektive gesehen, der Versuch, die ›große Frage‹ Augustins wieder aufzunehmen und anders zu beantworten. *Utrum frui se homines debeant, an uti, an utrumque*: nun soll das Entweder – Oder von Liebe zu Gott und Liebe zwischen Menschen durch eine dritte Möglichkeit, das Ausschöpfen des *an utrumque*, aufgehoben werden. Augustins Alternative forderte einen direkten Heilsweg. Doch ließe sich nicht auch ein indirekter Heilsweg denken, der durch die *fruitio hominis* zur *fruitio Dei*, durch die irdische Liebe zur göttlichen Liebe führt – ein Weg, auf dem das privilegierte Du nicht länger zur dritten Person herabgesetzt werden muß, weil es als Du für ein Ich heilsnotwendig ist? Nicht das Verhältnis des Individuums

---

66 André Gide, *Nouveaux Prétextes*, Paris 1947, S. 22 f.

zu seinem Gott, erst eigentlich seine unabdingbare Angewiesenheit auf den Andern, sei es ein bevorzugtes Du, sei es der kontingente Andere, begründet nach Claudel das christliche Drama der Moderne. Dabei kann seine Dramatik noch gesteigert werden, wenn ein geliebtes Du mit einem ungeliebten Dritten konkurriert, wenn das augustinische Beispiel der beiden Nächsten nicht mehr durch das Los zu entscheiden, sondern als Konflikt auszutragen ist.

Ich kann hier wiederum nur die Problematik der zwischenmenschlichen Konstellation anzeigen, einer Heidelberger Dissertation von Helga Meyer folgend, die das Werk in dieser Sicht schon eingehend interpretiert hat.[67] Claudel selbst hatte seine Intention 1944 anläßlich der Uraufführung des *Soulier de Satin* wie folgt umrissen:

> Il y un profond mystère et une source infinie de tragique dans le fait que nous sommes l'un à l'autre la condition du salut éternel, que nous portons en nous seuls! la clef de l'âme de tel ou tel de nos frères, qui ne peut être sauvé que par nous et à nos propres dépens. D'où dans le *Soulier de Satin*, le rôle si important de Don Camille. Plus que Rodrigue il a besoin de Prouhèze. Il a besoin dans Prouhèze de quelque chose qui est au delà du désir de Rodrigue. Une Prouhèze dégagée de toute attache humaine, de toute préférence, au regard de Dieu, de quoi que ce soit, l'Etoile pure dans le rayon de la Grâce! C'est cette Prouhèze seule qui est la condition de son propre salut, c'est elle dont il a absolument besoin, c'est elle qu'il désire d'un désir intelligent et désespéré, où se mêle à ce qu'il y a de meilleur

---

[67] Helga Meyer, *Das französische Drama des 20. Jahrhunderts als Drama der ›Wiederholung‹* (1952; ungedruckt). Aus dem *Soulier de Satin* wird im folgenden zit. nach: Paul Claudel: *Théâtre*, Paris 1948 (Bibliothèque de la Pléiade), S. 563–849.

dans un cœur d'homme, ce qu'il y a de plus animal et
ce qu'il y de plus diabolique! une jalousie qui épouse
celle de Dieu!⁶⁸

Claudels *Soulier de Satin*, großes Welttheater und Gesamtkunstwerk in eins, spielt auf drei Ebenen: einer welthistorischen, der Geschichte des spanischen Imperiums im Zeitalter der Entdeckungen in der Gegenreformation, deren Schauplatz die damalige Welt von Peru über Afrika bis Japan übergreift, einer providentiellen, die das Schicksal der Völker, Religionen und Konfessionen zur Heilsgeschichte überhöht, und einer zwischenmenschlichen, auf der die Personen in der Angewiesenheit auf den von Gott bestimmten Nächsten ihren Heilsweg suchen. Sie haben dabei ihr vorbestimmtes Geschick gleichwohl in eigener Wahl – der Liebe als acte gratuit – zu übernehmen und, ohne dies von Anbeginn zu wissen, in einer Wiederholung der Passion Christi zu vollenden. Dona Prouhèze, deren unbedingte Liebe zu Don Rodrigue der Heloisas zu Abaelard nicht nachsteht, geht wie die Figur eines Reigens durch die führenden Hände des Richters Don Pélage, ihres ersten Gatten, des Renegaten Don Camille, und ihres Schutzengels, um zu erfahren, wie irdische Liebe ihren Egoismus abstreifen und sich am Ende, in ihrem Opfertod für die Festung Mogador, wie für den einzig Geliebten, in *Charité* verwandeln kann.

Don Pélage stellt sie vor die Alternative, entweder Rodrigue zu folgen und mit dem Ehebruch ihre Gotteskindschaft zu verlieren oder sich von ihm zu trennen. Sie wählt die Trennung, dessen gewiß, daß Abwesenheit das Verlangen ihrer Liebe nur unendlich steigern könne (II,4). Der Ange gardien prüft sie mit der Frage: »Que dirais-tu si je te demandais entre Dieu et Rodrigue de choisir?« (II,8). Es ist

68 Claudel, *Théâtre* (s. Anm. 66), S. 138.

dies Augustins ›große Frage‹, auf die Prouhèze zunächst die Antwort verweigert. Darauf folgt ein Argument, das für Augustin noch undenkbar gewesen wäre. Der Engel nutzt das Gleichnis vom Angelhaken, den er als Fischer in das Herz seines Schützlings gesenkt habe, und gibt ihm einen überraschenden Sinn: »Mais quoi, si tu n'étais pas seulement une prise pour moi, mais une amorce?« Aus der providentiellen Sicht des Engels ist Prouhèze nicht nur seine Beute, sondern zugleich der Köder, um Rodrigue zu fangen: »Cet orgueilleux, il n'y avait pas d'autre moyen de lui faire comprendre le prochain, de le lui entrer dans la chair.« Was Augustin den Christen verwehrt hatte: *utrum frui se homines debeant*, wird hier in der irdischen Liebe zwischen Mann und Frau zur ersten Bedingung ihres ewigen Heils! Nicht anders als durch die Liebe zu Prouhèze um ihrer selbst willen hätte der hochmütige Rodrigue dazu gebracht werden können, Nächstenliebe als heilsnotwendige Angewiesenheit auf den Andern zu begreifen. Solche Liebe schließt im *Soulier de Satin* Körper und Seele zusammen: »de lui entrer dans la chair« rechtfertigt zugleich die geschlechtliche Liebe, denn Gott – fährt der Engel fort – sieht »cet amour des créatures l'une pour l'autre« mit Wohlgefallen, so daß auch die einzige Umarmung der Liebenden in der Szene der »Ombre double« (II,14) als eine verzeihliche Sünde (»Le péché aussi sert«[69], mit Rückbezug auf Eva) gelten darf. Hat doch diese einmalige Liebeserfüllung mit ihrem ›Nie wieder!‹ die Liebenden das verlorene Paradies begreifen lassen und ein unstillbares Verlangen erweckt, das irdische Liebe nicht einlösen könnte. Prouhèze wird am Ende für Rodrigue sterben müssen, um im Namen ihrer Liebe diese zu transzendieren und zur »étoile pure dans le rayon de la grâce« zu werden.

Kann man sich fragen, ob eine solche ›Evangelisation des

---

69 Ebd., S. 721.

Fleisches‹, wie sie Claudel hier vertritt,[70] von seiner Kirche wohl noch abgesegnet werden könnte, so wird sein »renouveau catholique« noch riskanter, wenn er Don Camille ins Spiel bringt und damit die Dialektik der Liebe als heilsnotwendiges Instrument am Fall eines ungeliebten Dritten noch verschärft. Im Verhältnis von Prouhèze zu Camille kehrt die Argumentation des Engels wieder, doch nun als Strategie des unbotmäßigen Renegaten, Prouhèzes Liebe zu erzwingen. Sie hat sich ihm erst mit den Worten verweigert: »Je ne suis pas chargée de vous refaire«, worauf er erwidert: »Qu'en savez vous? Mais c'est peut-être moi qui suis chargé de vous défaire«[71]. Diese Drohung bewahrheitet sich in der Tat. Als sie ihn nach dem Tod von Don Pélage heiraten mußte und er darunter leidet, nur ihren Körper besitzen, nicht aber ihre Seele erreichen zu können, die unverwandt Rodrigue gehört, stellt er sie vor eine letzte Wahl, der sie nicht entrinnen kann: Rodrigue aufzugeben oder sich Camilles Verdammnis schuldig zu machen: »Mais alors je suis damné, car mon âme ne peut être racheté que par la vôtre [...]. Prouhèze, je crois en vous! Prouhèze, je meurs de soif! Ah! cessez d'être une femme et laissez-moi voir enfin sur votre visage ce Dieu que vous êtes impuissante à contenir, et atteindre au fond de votre cœur cette eau dont Dieu a fait le vase«[72].

Kommt dies – mit profanen Augen betrachtet – nicht doch schon dem Tatbestand einer Erpressung ad maiorem Dei gloriam nahe? Ich vermag Claudels eigener Deutung, Camille brauche Prouhèze aus einem tieferen Verlangen als Rodrigue (»une jalousie qui épouse celle de Dieu«), nicht zu folgen. Zum einen, weil Camille nicht aus der höheren Sicht des Engels sprechen kann, es sei denn, er wäre in den göttlichen Heilsplan eingeweiht, wovon indes nicht die Rede ist.

---

70 Ebd., S. 723.   71 Ebd., S. 576.   72 Ebd., S. 744.

So muß offen bleiben, ob seine Rede, obschon sie zur Wandlung der Liebe in Charité beiträgt (»de vous défaire«), ein Verzweiflungsakt seines Glaubens oder eine infame Anmaßung ist. Zum andern, weil Claudel gerade Camille, dem zum Islam übergetretenen Renegaten, eine erstaunliche Umkehrung seiner Theologie – der heilsnotwendigen Angewiesenheit auf den Andern, der ein privilegiertes Du, aber auch ein ungeliebter Dritter sein kann – in den Mund gelegt hat. Gott selbst sei auf den Menschen, auf das letzte seiner verlorenen Schafe, angewiesen: »Ainsi, moi fini, si je tiens bon, j'arrête la Toute-Puissance, l'Infini souffre en moi limite et résistance, je lui impose ça contre sa nature, je puis être la cause en lui d'un mal et d'une souffrance infinie!«[73]

Schon Blasphemie oder noch Frömmigkeit? Wenn nicht gar eine Theologie der Kontingenz des Allmächtigen? Ich vermag dies nicht zu entscheiden und breche hier ab, im Bewußtsein, mit meinem Beitrag gewiß mehr Fragen offen gelassen als beantwortet zu haben. Mag dies zu guter Letzt demonstrieren, daß allen nicht vorentschiedenen Fragen ein Schuß Kontingenz eigen ist.

---

73 Ebd., S. 740.

Das Verstehen von Geschichte und seine Grenzen

I

Die folgende Betrachtung kann an einen Vortrag anknüpfen, den Hans Jonas dem Thema: »Wandel und Bestand – Vom Grunde der Verstehbarkeit des Geschichtlichen« gewidmet hat.[1] Danach sind drei grundsätzliche Positionen der historischen Hermeneutik zu unterscheiden. Die erste setzt eine unwandelbare Natur des Menschen voraus und bestimmt geschichtliches Verstehen als Erkenntnis des Gleichen durch Gleiches. Dementgegen geht die zweite von einer fundamentalen Wandelbarkeit der menschlichen Natur aus, die ein Erkennen des Anderen durch Anderes erfordert. Die dritte zieht daraus die radikale Folgerung, daß ›wahres‹ historisches Verstehen überhaupt unmöglich, mithin ein notwendiger Irrtum menschlicher Erkenntnis sei. In seiner Kritik an den Einseitigkeiten dieser Positionen hebt Jonas aber auch hervor, worin jede ihr Berechtigtes und – hermeneutisch gesehen – Unentbehrliches hat. Zur ersten: da es zwischen schlechthin Anderem kein Verstehen geben kann, müsse auch noch das Entfernteste in der Geschichte an einem Gemeinsamen teilhaben, welches das Andere zu einem Anderen innerhalb des Menschlichen macht. Zur zweiten: um diese Andersheit zu verstehen, müsse die Erkenntnis des Gleichen durch Gleiches überschritten und ein Austausch zwischen dem Eigenen und dem Fremden gesucht werden. Zur dritten: dann sei von dem vermeintlichen Fehlgang alles Verstehens noch soviel richtig, daß im fortschreitenden Verstehen stets ein Rest

---

1 Hans Jonas, *Wandel und Bestand. Vom Grunde der Verstehbarkeit des Geschichtlichen*, Frankfurt a. M. 1970.

des Unverstandenen untilgbar bleibe (*ganz* verständlich wäre nur das Flachste).

Der Grund der Verstehbarkeit des Geschichtlichen tritt zutage, wenn wir uns fragen, was wir faktisch in aller Begegnung mit Geschichte immer schon verstanden haben. Es sind dies nach Jonas drei ursprüngliche Dimensionen menschlichen Bezugs zur Welt, faßbar in Werkzeug, Bild und Grab: »In diesen Grundformen wird das dem Menschen wie aller Tierheit schlechthin Gegebene auf einzig menschliche Weise beantwortet und überboten: im Werkzeug die physische Notwendigkeit durch Erfindung; im Bild die sinnliche Anschauung durch Repräsentation und Imagination; im Grab der unabwendbare Tod durch Glaube und Pietät«[2]. In dieser Sicht werde gerade das Elementare, Außergeschichtliche paradoxerweise dem historischen Verstehen das Zugänglichste: als gemeinsamer Grund, von dem aus die Menschheitsgeschichte im Vehikel der Sprache ihre endlose Verschiedenheit entfaltet.

Was Jonas hier »außergeschichtlich« nennt, ist nicht – wie üblich – die Natur, sondern sind ursprüngliche Formen ihrer Aneignung, mithin Anfänge von Kultur, verstehbar in Leistungen eines sich selbst transzendierenden Verhaltens des Menschen. Die Natur als solche, in ihrem Für-sich-Sein, wäre – so können wir folgern – das Andere, an welchem die Verstehbarkeit des Geschichtlichen an ihre Grenze stößt. Dem widerspricht nur scheinbar, daß sich die Natur selbst durchaus auch geschichtlich betrachten läßt, sei es biologisch im Prozeß der Evolution des Lebens, sei es astronomisch in den Hypothesen zur Geschichte des Universums. Dereinst, in der alteuropäischen Ära, als Natur noch als zeitlos angesehen wurde, galt sie – wie die klassische Ontologie, Anthropologie und Ästhetik zeigen – keineswegs als

2 Ebd., S. 22.

Grenze, sondern als fraglose Basis allen Verstehens, die Geschichte hingegen als ein philosophischer Erkenntnis unwürdiger, nicht theoriefähiger Gegenstand. Erst die Neuzeit bestimmte Natur im Gegensatz zur Geschichte, als das »Andere des Geistes«, während die verachtete Historie unter der Prämisse: *verum et factum converguntur* zwischen Descartes und Vico zu hermeneutischer Dignität gelangte. Vicos Prämisse, die Basis der modernen, zur eigenen Disziplin avancierten Hermeneutik, begründet die Verstehbarkeit des Geschichtlichen aus seinem Werkcharakter und schließt eben damit die Natur als das vom Menschen nicht Gemachte und nicht Machbare aus dem Verstehen aus.

Zwar schien die im 18. Jahrhundert einsetzende Vergeschichtlichung der Natur ihre Kluft zur Geschichte wieder überbrückbar zu machen. Doch ist durch solche Grenzüberschreitungen die Trennung von Natur- und Geisteswissenschaften hermeneutisch nicht hinfällig geworden. Wenn sich heute eine Geschichte der Natur schreiben läßt, kann sie uns zum Beispiel zwar wohl Phasen der Evolution erkennbar machen und nach Naturgesetzen erklären. Doch wird uns damit die Evolution des Lebens, ein subjektloser, nicht zielgerichteter Prozeß der Natur, geschweige denn das Geschehen vom hypothetischen Urknall bis zum drohenden Wärmetod, gewiß nicht auf dieselbe Weise verstehbar wie zum Beispiel die Entstehung der französischen Revolution und ihre Folgen. Solches läßt sich nicht kausal als ein gesetzlicher Ablauf erklären, wohl aber historisch als ein ereignishaftes Geschehen verstehen. Der Ereignischarakter setzt ein unvorhersehbares Geschehen voraus, das kontingent, aber zugleich Ergebnis menschlichen Handelns, obschon der Interferenz mehrerer Subjekte entspringend, und daraus verständlich ist. Dabei läßt sich die Bedeutung eines Ereignisses – im Falle von 1789 die einer Epochenschwelle – oft erst an seiner Wirkung, mithin aus der durchaus wandelbaren Perspektive späterer Akteure oder Betrachter, erkennen.

Scheint darin eine hermeneutische Vernunft historischer Erkenntnis zu walten, so pflegt Geschichte unser Verstehen vor allem dort zu provozieren, wo die historische Wirklichkeit aller Vernunft Hohn spricht. Wird dies als blindes Verhängnis in der Art einer Naturkatastrophe angesehen und hingenommen, so kapituliert damit das Verstehen überhaupt (wer hätte jemals ein Erdbeben ›verstanden‹?). Die Renaturalisierung der Geschichte stößt an eine Grenze ihrer Verstehbarkeit und zeigt an, daß zwischen Erklären und Verstehen offenbar eine Grenzlinie verläuft, an der sich Natur und Geschichte scheiden.

Warum sich das so verhält, führt uns wieder zu Jonas zurück, zu seiner Erläuterung der dialogischen Prämisse des Verstehens. Geschichtliches Verstehen entspringt danach nicht dem Verhältnis von Subjekt und Objekt. Es ist weder aus Selbstbeobachtung oder Introspektion noch aus der Selbstaufgabe des Subjekts im Objekt, dem Erkenntnisideal Rankes, zu gewinnen. Kenntnis des eigenen Geistes setzt immer schon Kenntnis anderen Geistes voraus: wir müssen fähig sein, Andere zu verstehen, bevor wir uns selbst verstehen.[3] Die Besonderheit des historischen Verstehens beginnt erst damit, daß es sich nicht wie das gegenwärtige Verstehen der Hilfe von Rede und Gegenrede versichern kann. Die nachgelassene Rede der Vergangenheit bleibt einseitig; sie war nicht an uns gerichtet und kann keine Rückfrage mehr erwidern. Das rein Monologische der geschichtlichen Mitteilung ist eine inhärente Grenze des historischen Verstehens. So weit Jonas.

Doch ist dieses Schweigen der Vergangenheit keine unüberwindliche Grenze. Die Historik hat subtile Methoden

---

3 Ebd., S. 13.

der Quelleninterpretation und Strukturanalyse ausgebildet, die erlauben, den Erfahrungsraum und Erwartungshorizont einer vergangenen Welt zu rekonstruieren und gegenwärtigem Verstehen zu vermitteln.[4] Dabei kann ästhetisches Verstehen dem historischen zu Hilfe kommen. Als Zeugen einer Vergangenheit verstanden, haben Werke der Kunst vor dokumentarischen und urkundlichen Quellen den Vorzug, daß sie nicht auf Adressaten und Zwecke ihrer Zeit bezogen bleiben, sondern über deren aktuell begrenzten Horizont hinausreichen und noch späteren Zeiten – ihrer Nachwelt – vernehmbar sind. So können sie das faktische Wissen vom Vergangenen um die Vorstellung vom Leben einer vergangenen Welt bereichern, dank der ästhetischen Fiktion, die uns nie Erlebtes verstehbar zu machen vermag. Auch sprechen sie nicht selten von dem, was die offizielle Historiographie als »Geschichte der Sieger« – so Walter Benjamin[5] und die spätere Ideologiekritik – ausgrenzte: von der leidenden, unterdrückten, namenlosen Menschheit, von der Macht des Bösen wie von der herrschenden Ungerechtigkeit der Welt. Gewiß erscheint all dies sublimiert durch den Kanon der poetischen Gerechtigkeit, ist aber doch zumeist allein noch durch die Kunst bezeugt und auf die Nachwelt gekommen. Will man in dieser offiziell, in der ›Geschichte von oben‹, verschwiegenen »Tradition der Unterdrückten« eine Grenze des Verstehens in der Historiographie sehen, so kommt sie wohl erst in Theodor Lessings fulminantem Angriff auf *Geschichte als Sinngebung des Sinnlosen* voll zur Geltung. Sie findet sich nicht bei den früheren Klassikern der historischen Hermeneutik, denen wir uns jetzt zu-

---

4 Reinhart Koselleck, *Vergangene Zukunft. Zur Semantik geschichtlicher Zeiten*, Frankfurt a. M. 1979, bes. S. 349–375.
5 Walter Benjamin, »Geschichtsphilosophische Thesen«, in: W.B., *Gesammelte Schriften*, unter Mitwirkung von Theodor W. Adorno und Gershom Scholem hrsg. von Rolf Tiedemann und Hermann Schweppenhäuser, Frankfurt a. M. 1980, Bd. 7, 8.

wenden. Liest man sie heute wieder, so findet man es erstaunlich, daß sie allesamt die Grenzen historischen Verstehens kaum bedacht haben.

II

Droysens *Historik* beerbt Hegel mit der Prämisse: »Die Geschichte ist das Bewußtwerden und Bewußtsein der Menschheit über sich selbst«[6]. Das kann auch besagen: »das Wissen von ihr ist sie selbst«[7], setzt dann aber – was bei Droysen nicht übersehen werden darf – ein dialogisches Verhältnis des Subjekts der Geschichte zu seiner Mitwelt voraus: »Der Mensch wird, was er seiner Anlage nach ist, Totalität in sich, erst in dem Verstehen anderer, in dem Verstandenwerden von anderen, in den sittlichen Gemeinschaften (Familie, Volk, Staat, Religion usw.)«[8]. Verstehen ist für Droysen das vollkommenste Erkennen: »der menschlichste Akt des menschlichen Wesens [...] das innigste Band zwischen den Menschen und die Basis allen sittlichen Seins«[9]. Darum sei eigentliches Verstehen im Bereich der Natur wie in dem der Spekulation (so etwa bei Beweisen vom Dasein Gottes) nicht möglich.[10] Im Bereich der Geschichte hingegen gebe es »nichts, was den menschlichen Geist bewegt und sinnlichen Ausdruck gefunden hat, was nicht verstanden werden könnte«[11]. Die Verstehbarkeit des Geschichtlichen stößt in Droysens *Historik* an keine Grenze, weder beim unmittelbaren Geschehen, obschon es erst retrospek-

---

6 Johann Gustav Droysen, »Grundriß der Historik«, in: J.G.D., *Historik*, hrsg. von Rudolf Hübner, München ⁵1967, § 83.
7 Ebd., § 15.
8 Ebd., § 12.
9 Ebd., S. 26.
10 Ebd., S. 25.
11 Ebd., S. 24.

tiv zur Geschichte werde,[12] noch bei der Rekonstruktion von Vergangenem, dessen Fremdheit nicht zum Problem wird, sondern sogleich durch die »Kunst der Interpretation« sich aufzulösen scheint[13].

Droysens idealistische Voraussetzung: »Die Möglichkeit des Verstehens besteht in der uns kongenialen Art der Äußerungen, die uns als historisches Material vorliegen«[14], erscheint uns heute gewiß hermeneutisch naiv. Doch hat er sich nicht einfach auf die »wesentliche Gleichartigkeit und Gegenseitigkeit« menschlicher Äußerungen verlassen[15], sondern gefordert, Analogien historischer Erfahrung in die Heuristik einzubeziehen, »um das dunkle X durch Analogien zu erhellen«[16]. Wenn das »dunkle X« das vergangene Ereignis in seiner einstigen Gegenwart meint, die kein ›Bild aus der Vergangenheit‹ wiedergeben könne, so wäre gerade das historisch Einmalige, Individuelle, zunächst eine Grenze des Verstehens. Dann würde historisches Verstehen erfordern, Paradigmen vorangegangener Erfahrung einzusetzen, die durchaus der Erzählung singularer Ereignisse entstammen konnten. In der Tat ermöglichen erst solche Paradigmen, nicht schon die pure Beschreibung einer Tatsache oder eines Falles, das ›dunkle X‹ des neuen Ereignisses aus der Differenz in der Analogie, mithin vergleichend, in seiner historischen Einmaligkeit zu verstehen.

Daraus erklärt sich auch die Problematik des Einmaligkeitsaxioms in der Holocaust-Debatte wie im Historikerstreit über die horrenden Verbrechen des Hitlerregimes. Das Axiom ist fundamentalistisch mißbraucht und zu einer ›heiligen Kuh‹ geworden, als Unvergleichbarkeit verabsolutiert und damit das hermeneutische Verfahren selbst als Flucht aus Verantwortung verpönt worden. Auch das so nie

---

12 Ebd., § 45.   13 Ebd., S. 152.   14 Ebd., § 9.   15 Ebd.
16 Ebd., §§ 25 f.

Dagewesene, angesichts dessen alles historische Verstehen an die Grenze des Unfaßbaren stößt, vermag erst der Vergleich, der Rekurs auf Analogien historischer Erfahrung, als einmalig zu erweisen und moralisch zu verurteilen.

III

»Die Natur erklären wir, das Seelenleben verstehen wir«: mit dieser lapidaren Feststellung Wilhelm Diltheys[17] wird die Kluft zwischen Natur- und Geisteswissenschaften zur methodologischen Scheidung von Erklären und Verstehen verschärft. Verstehen gründet danach im Erleben: Diltheys Hermeneutik geht nicht von der geschichtlichen Wirklichkeit, sondern vom »Erlebnis« des »Lebens selbst« aus. Den Erlebnis-Begriff, der seither – mit der episodischen Erlebnisästhetik – gänzlich in Verruf geriet, hat Dilthey als ursprünglichen Modus des Für-mich-Daseins von Bewußtseinsinhalten eingeführt und damit den Weg beschritten, der zu Husserls Theorie der Lebenswelt und zu Heideggers Analyse der Umwelt führte.[18] Im Erlebnis als dem Erstgegebenen sind Physisches und Psychisches noch ungesondert.[19] Die psycho-physische Lebenseinheit ist sich selbst durch das Doppelverhältnis von Erleben und Verstehen bekannt.[20] Sie folgt im Fortgang von Erlebnis, Ausdruck und Verstehen dem inneren Prinzip der Individuation,[21] demgemäß ihr Subjekt im fortschreitenden Geschehen den Zusammenhang und je eigenen Sinn seines Lebens bilden und

---

17 Wilhelm Dilthey, »Ideen über eine beschreibende und zergliedernde Psychologie«, in: W.D., *Der Aufbau der geschichtlichen Welt in den Geisteswissenschaften*, Einl. von Manfred Riedel, Frankfurt a. M. 1981.
18 Ebd., S. 34 ff.
19 Ebd., S. 89.
20 Ebd., S. 98.
21 Ebd., S. 263.

finden kann. Insofern ist für Dilthey »die Selbstbiographie die höchste und am meisten instruktive Form, in welcher uns das Verstehen des Lebens entgegentritt«.[22]

Doch wie gelangt man von der deskriptiven Psychologie eines subjektiven Erlebniszusammenhangs zum Verständnis der geschichtlichen Welt, wie vom hermeneutischen Primat der Selbsterfahrung zum Verstehen des Fremden und Andern? Diesen Fragen vermag Diltheys Hermeneutik wie bekannt nicht mehr zu genügen. In dem Maße, wie sie das Verstehen des Individuellen bevorzugt und bereichert, verfehlt sie die Verstehbarkeit der geschichtlichen Realität: »Das Geheimnis der Person reizt um seiner selbst willen zu immer neuen und tieferen Versuchen des Verstehens. Und in solchem Verstehen öffnet sich das Reich der Individuen, das Menschen und ihre Schöpfungen umfaßt«[23]. Das Reich der Individuen ist indes nurmehr das Wunschbild einer geistigen Welt, das die Geschichte in ihrer Faktizität ignorieren will. Dies verrät sich an anderer Stelle, wo vom Einzelnen, Singularen, Individuellen, als einzigem Selbstwert die Rede ist, mit der Erläuterung: »in diesem Erlebbaren ist jeder Wert des Lebens enthalten, um dieses dreht sich der ganze äußere Lärm der Geschichte. Hier treten Zwecke auf, von denen die Natur nichts weiß«[24]. Die faktische Wirklichkeit des geschichtlichen Lebens ist offenbar eine Grenze, vor der Diltheys Hermeneutik innehält. Man möchte ihr die unsägliche geschichtliche Erfahrung unseres so weit hinter die Aufklärung zurückgefallenen Jahrhunderts entgegenhalten, die gewiß nicht mehr – wie der Zusammenhang der geistigen Welt – im Subjekt und seinem Erlebnis des Lebens selbst aufgehen dürfte.[25]

Die andere Grenze des Verstehens, die Dilthey nicht bedenkt, ist der Andere, das fremde Individuum. Er braucht

22 Ebd., S. 246. 23 Ebd., S. 262. 24 Ebd., S. 93. 25 Ebd., S. 235.

sie auch nicht zu bedenken, setzt er doch voraus: »Das Verstehen ist ein Wiederfinden des Ich im Du; der Geist findet sich auf immer höheren Stufen von Zusammenhang wieder; diese Selbigkeit des Geistes im Ich, im Du, in jedem Subjekt einer Gemeinschaft, in jedem System der Kultur, schließlich in der Totalität des Geistes und der Universalgeschichte macht das Zusammenwirken der verschiedenen Leistungen in den Geisteswissenschaften möglich«[26].

Diltheys Postulat der »Selbigkeit des Geistes«, einer transzendentalen Einheit der menschlichen Natur, die sich in allen geschichtlichen Gestalten individualisiere, vermag das Verstehen des Fremden nur um den Preis zu erübrigen, den Prozeß des Einander-Verstehens selbst zu harmonisieren. Wäre das Verstehen nurmehr ein Wiederfinden des Ich im Du, so bliebe es einseitig und würde das Du in seiner Andersheit belassen, unerkannt und am Prozeß des Verstehens unbeteiligt. Die fehlende Wechselseitigkeit wird eklatant, wenn Dilthey behauptet: »das Verstehen dringt in die fremden Lebensäußerungen durch eine Transposition aus der Fülle eigener Erlebnisse«[27]. Die Hermeneutik des Erlebens muß die Dialektik des Eigenen und des Fremden verfehlen, gelangt sie doch nicht zu der reflexiven Erfahrung, die den, der sie macht, nicht unverändert läßt, anders gesagt: die ihm ermöglicht, das Eigene im Verstehen des Andern selbst wieder anders zu sehen und neu zu verstehen. Die unhaltbare Behauptung: »Ein Gefühl, das wir nicht erlebt haben, können wir in einem anderen nicht wiederfinden«[28] ist kennzeichnend für die Schwächen der Diltheyschen Erlebnisästhetik. Denn es ist ja gerade die Leistung der ästhetischen Erfahrung, daß sie im Medium von Literatur und Kunst etablierte Grenzen des Verstehens zu überschreiten, Nicht-Erlebtes vorstellbar und am Fremden die

26 Ebd.   27 Ebd., S. 140.   28 Ebd., S. 241.

198 *Das Verstehen von Geschichte und seine Grenzen*

Möglichkeit, auch anders sein zu können, begreifbar zu machen vermag. Als ein schlichtes Beispiel mag dafür der Aphorismus von La Rochefoucauld genügen: »Il y a des gens qui n'auraient jamais été amoureux s'ils n'avaient jamais entendu parler de l'amour« (Nr. 136). Die Erlebnisästhetik reduziert die Vielfalt der ästhetischen Erfahrung auf Hineinversetzen, Nachbilden und Nacherleben: »Nacherleben ist das Schaffen in der Linie des Geschehens. So gehen wir mit der Zeitgeschichte vorwärts mit einem Ereignis in einem fernen Lande oder mit etwas, das in der Seele eines uns nahen Menschen vorgeht«[29]. Man sieht nicht, wie das Verstehen des Fremden aus der bloßen Nachbildung fremden Seelenlebens, geschweige denn aus dem Mit- und Nacherleben geschichtlichen Geschehens hervorgehen soll und begründet werden kann. Das subjektive, im reinen Erleben und Nacherleben aufgehende und darum unerwiderte Verstehen erreicht den Andern in seinem fremden Willen und seiner kontingenten Individualität so wenig wie die kontingente Wirklichkeit der Geschichte; ihre in Ängsten und Nöten erfahrene Macht scheint in Diltheys Hermeneutik die für sie allein bedeutsame Überlieferung nicht zu stören.

IV

Georg Simmels Beiträge zu einer hermeneutischen Historik[30] haben das Verdienst, daß er die Selbsttäuschung des naiven, empirischen Historismus verabschiedet hat, nämlich »daß man die Geschichte realistisch nachzuzeichnen glaubte, wo unsere Erkenntniskategorien ein nur durch *ihre*

---

29 Ebd., S. 264.
30 Georg Simmel, *Die Probleme der Geschichtsphilosophie*, München/Leipzig ⁴1922; G.S., »Das Problem der historischen Zeit« / »Vom Wesen des historischen Verstehens«, in: G.S., *Brücke und Tor*, Stuttgart 1957.

Forderungen stilisiertes Gebilde schuffen«[31]. Die gelebte geschichtliche Wirklichkeit ist zunächst ein »unübersehliches, formloses Chaos«[32], das Hinzunehmende, niemals zu Verstehende[33]. Was für Dilthey das Erstgegebene im Erlebnis des Lebens selbst war, ist für Simmel mithin die Grenze für ein Verstehen, das erst im nachhinein einsetzt, wenn das Leben die geistige Form des Historischen annimmt. Damit stellt sich die Grundfrage: wie wird aus Geschehen Geschichte? Simmels Antwort dürfte heute schwerlich noch einleuchten. Da die Wirklichkeit als solche das Hinzunehmende, niemals zu Verstehende sei, bedürfe es eines ideellen Inhalts, um solcher »Ohnmacht des Verstehens« abzuhelfen.[34] Gemeint ist die als zeitlos verstehbar angesehene Individualität, die in ideellen Charakteren, gleichviel ob in historischen wie Moritz von Sachsen oder in literarischen wie Othello, faßbar sei. Dabei versteigt sich Simmel zu der Behauptung: »Denn wie verschieden auch Ausgangspunkte und Wege, Interesse und Material sei, schließlich ist das Verstehen von Paulus und Ludwig XIV. das wesenhaft gleiche wie das eines persönlich Bekannten«[35].

Zwar können historische Personen wie die Genannten in ihrer Rezeptionsgeschichte durchaus den Status von ideellen Charakteren, damit aber auch schon überindividuelle Bedeutung erlangen und hernach als Paradigmen geschichtlicher Erfahrung dienen (wie z. B. das des Cäsarismus). Doch nicht dies meint Simmel, sondern die »wesentliche Gleichheit«[36] im Verstehenden und im zu Verstehenden, beruhend auf der Einheit der Persönlichkeit, als einem

---

31 Simmel, *Die Probleme der Geschichtsphilosophie* (s. Anm. 30), S. 217.
32 Simmel, *Brücke und Tor* (s. Anm. 30), S. 59.
33 Simmel, *Die Probleme der Geschichtsphilosophie* (s. Anm. 30), S. 36.
34 Ebd.
35 Simmel, *Brücke und Tor* (s. Anm. 30), S. 60.
36 Ebd., S. 61.

»Apriori, das Geschichte erst möglich macht«[37]. Dagegen spricht, daß in einer bis zum 18. Jahrhundert herrschenden Tradition Individualität keineswegs als Bedingung, vielmehr als Grenze des Exemplarischen, das Geschichte erst verstehbar macht, aufgefaßt wurde.[38] Zum andern bleibt das »individuelle Gesetz« auch hermeneutisch uneinsichtig, sofern Simmel die Erfahrung am eigenen Ich mit dem Verstehen des Du einfach kurzschließt und ignoriert, daß dieses Du im Zeitenabstand nicht mehr zu uns spricht, sein Fremdgewordensein mithin zum Problem wird. Auch bei Simmel verschwindet wie bei Dilthey aller Widerstand des Andern und Fremden im puren Vertrauen auf ein »Verstehen, das Einheit durch Einheit aufnimmt«[39]. Dieses Vertrauen dürfte sich nicht auf die bloße Behauptung stützen, daß das Du ein Urphänomen sei, ebenso wie das Ich, und für die praktische und historische Welt kategorial so entscheidend wie Substanz oder Kausalität für die Welt der Naturwissenschaft. Den Schritt zu einer dialogischen Hermeneutik hat erst Karl Löwith vollzogen.[40] Simmel bleibt davor stehen, wenn er die Kluft zwischen dem Ich und dem Nicht-Ich – wie schon Dilthey – durch das »Nachbilden einer Subjektivität« überbrücken will und schließlich erkennen muß, daß dies »doch nur wieder in einer Subjektivität möglich ist, die aber zugleich jener objektiv gegenübersteht – das ist das Rätsel des historischen Erkennens«[41].

37 Simmel, *Die Probleme der Geschichtsphilosophie* (s. Anm. 30), S. 33 f.
38 Siehe dazu: Hans Robert Jauß, »Vom Plurale tantum der Charaktere zum Singulare tantum des Individuums«, in: H. R. J., *Wege des Verstehens*, München 1994, Kap. 5.
39 Simmel, *Brücke und Tor* (s. Anm. 30), S. 69.
40 Siehe dazu: Hans Robert Jauß, »Karl Löwith und Luigi Pirandello. *Das Inividuum in der Rolle des Mitmenschen* – wiedergelesen«, in: *Romanistische Zeitschrift für Literaturgeschichte* 20 (1996) S. 200–226. [Vgl. S. 74–121 in der vorl. Ausg.]
41 Simmel, *Die Probleme der Geschichtsphilosophie* (s. Anm. 30), S. 40.

V

War für Simmel die Einsicht, daß die Geschichte ihre Form den Forderungen des Erkennens verdankt, nur solange Grund zur Skepsis, »wie man die historische Wahrheit mit der gelebten Wirklichkeit verwechselt und aus dieser das Ideal für jene gewinnen will, das doch nur aus ihr selber erwachsen kann«[42], so könnte der Schlußsatz dieser Schrift für Theodor Lessing der Ausgangspunkt seiner ungleich radikaleren Kritik an der historischen Vernunft gewesen sein. *Geschichte als Sinngebung des Sinnlosen*, 1916 »inmitten von Völkerbrand und Menschenmord« als ein flammendes Manifest gegen den Krieg verfaßt,[43] exponiert die Folgen jener Verwechslung als den seit Herodot bis zur gegenwärtigen Stunde von aller Historie verkündeten »frommen Wahn, daß Geschichte Vernunft und Sinn, Fortschritt und Gerechtigkeit wiederspiegle«[44]. Das Buch, um dessentwillen das NS-Regime für den Verfasser eine Kopfprämie ausgesetzt hatte, wonach er 1933 in Marienbad erschossen wurde, dekuvriert die Lüge aller historischen Ideale: »steigen wir aus der Wolkenschicht der reinen Idee auf der Geschichte blutgetränkten, notgepflasterten Boden, dann wird aus dem Ideal – die Lüge«[45]. Die Historie wird zur Lüge, weil wir gewohnt sind, »die Geschichte mit den Augen der überlebenden Sieger zu betrachten und keine Geschichte der untergegangenen Völker besitzen«[46]. Sie wird zur Lüge, weil ihre höchsten Werte nichts anderes sind als die »Geschichtsethik der Sterben- und Tötenkönner.«[47] Sie wird zur Lüge,

---

42 Ebd., S. 229.
43 Theodor Lessing, *Geschichte als Sinngebung des Sinnlosen*, München 1919, Nachdr. ebd. 1983.
44 Ebd., S. 12.
45 Ebd., S. 195.
46 Ebd., S. 65.
47 Ebd., S. 68.

weil sie uns einredet, angesichts der an ihrer Geschichte leidenden Menschheit habe man sich mit der Macht des Faktischen abzufinden, »beim Erfolg sich zu beruhigen und diesen als letzte Vernunft anzuerkennen«[48]. In summa: »Diese sinnlose Hülle nie enden wollender Machtwechselstreitigkeiten, dieser unaufhörliche Kampf aller gegen alle, auf den eine so riesige Summe von Kraft und Talent, Arbeit und Wert vergeudet wird, daß der zehnte Teil dieser Energien in den Dienst des Geistes gestellt, genügen würde, um die Erde zum Paradiese zu wandeln [...] wann endet diese Qual?«[49]

So wird nunmehr Geschichte als solche, ihre sinnfremde, unmenschliche, aller Gerechtigkeit spottende Wirklichkeit, zur Grenze des Verstehens! Theodor Lessing hat sich indes – als ›Dekonstruktivist‹ avant la lettre – nicht mit der »Zertrümmerung des Geschichtswahns«[50] begnügt. Er hatte den Ehrgeiz, für die Geschichtsforschung zu leisten, was Kant für die Gegenstandswelt forderte: »Nicht die menschlichen Angelegenheiten aus Wirklichkeit, sondern Wirklichkeit aus Bewußtsein zu begreifen«[51]. Dem verdankt die Hermeneutik seinen Entwurf einer historischen Kategorienlehre. Dort wird die Wandlung von Erlebnis in Geschichte in kritischen, mit Beispielreihen reich belegten Analysen der Sinnbildung im Sinnlosen ans Licht gerückt. Lessing setzt beim geschichtlichen Subjekt ein, in welchem sich eine ichbezügliche Spiegelung unseres eigenen Bildes verberge, und enthüllt die legendäre historische Größe an drastischen Fällen unbezweifelbarer Narren, genialer Verbrecher, gekrönter Bluthunde, gewissenloser Händler usw.[52] Er zeigt die Unzulänglichkeit geschichtlicher Motivation auf, die angesichts des Unerwarteten und Widersinnigen stets Gründe suche und finde, warum alles so habe kommen müssen, und

---

48 Ebd., S. 48.   49 Ebd., S. 82.   50 Ebd., S. 85.   51 Ebd., S. 119.
52 Ebd., §§ 7–12.

die den schieren historischen Zufall nachträglich als notwendig oder schicksalhaft zu amortisieren pflege.

Die nachträgliche Sinngebung (*logificatio post festum*) ist die übergreifende Kategorie dieser Historik. Aus ihr erklären sich: die Beruhigung bei den Tatsachen, die Überschätzung des historischen Erfolgs und Nachruhms, die demütige Hinnahme des eigenen Leidens als eigene Schuld,[53] aber auch die naive Teleologie der Historiographie, die den eigenen Standort unmerklich als Richt- und Endpunkt setze, um dorthin den richtungslosen Prozeß der Geschichte, in Phasen und Epochen gegliedert, zuordnen zu können.[54] Aus alledem ergibt sich, »daß die Geschichte umso sinnvoller wird, je weiter die Erinnerung an das unmittelbare Erlebnis verblaßt. Zuletzt wird alles zum Schauspiel«[55].

Schon bei Theodor Lessings Erkenntniskritik und Psychologie der Geschichte kann man sich fragen, ob ihre Befunde nicht auch noch anders zu lesen sind. Die vermutbare Kehrseite der erst nur negativ exponierten Kategorien tritt denn auch in ihrer Positivierung zutage, wenn hernach der Sinngebung des Sinnlosen das Vermögen der Befreiung von diesem Leben zugeschrieben, Geschichte als Erlösung von Wirklichkeit verstanden[56] und daraus auf eine »Heilkraft der geschichtlichen Selbstbesinnung« geschlossen wird[57].

Damit hat Lessing die Richtung seiner Fundamentalkritik stillschweigend umgekehrt. Nun erweisen sich die Kategorien der Verblendung und Selbsttäuschung der Historiker im nachhinein als solche einer keineswegs mehr illusionären Sinngebung, haben sie jetzt doch nichts Geringeres zu tragen als die Behauptung: »Die Geschichte ist Selbstbewußtsein des Menschengeschlechts«[58]. Es folgt ein dritter Teil, in dem von Geschichte als Ideal, als Formung und als Auferbauung gehandelt und ein »Weg ins Freie« gewiesen wird,

53 Ebd., S. 70. 54 Ebd., §§ 27–40. 55 Ebd., S. 83. 56 Ebd., § 72.
57 Ebd., S. 156. 58 Ebd., S. 87.

mit Buddha und Christus als Leitbildern, die »den Epikur vollenden« sollen.[59]

Auf diesen dithyrambischen Abgesang brauche ich hier nicht mehr einzugehen, wohl aber auf den Satz, den Lessing mit fragwürdigem Recht für sich beansprucht: »Die Geschichte ist Selbstbewußtsein des Menschengeschlechts.« So las man's schon bei Hegel, für Lessing die bête noire der Geschichtsphilosophie. Nur daß bei Hegel die Aneignung der Natur und sinnfremden Wirklichkeit in den fortschreitenden Gestalten des Bewußtseins Geschichte konstituiert, während Lessings Historik ein fundamentum in re fehlt, das sie gewiß benötigt, soll »Geschichte als Formung«[60] mehr sein als gegenstandslose Projektion oder pure Konstruktion eines für sich bleibenden Selbstbewußtseins. Das Leben selbst, für Lessing – wie schon für Simmel – das Erstgegebene, vermag den Sinn von Geschichte nicht zu konstituieren. Sein Begriff bleibt widersprüchlich und hermeneutisch ungeklärt: »Leben« wird erst als »elementarisch unfaßlich« eingeführt[61] und soll gleichwohl am Ende »bauend, gestaltend, zeugend, schöpferisch formend« sein[62]. Vor allem widerspricht der eigenwillige Begriff einer unmittelbar »ahmenden« Erfassung des Lebens[63], der im Verlauf der Betrachtung an die Stelle der Konstruktion von Ideologemen und »Traumdichtungen des Menschengeschlechts«[64] tritt, der These der »Geschichte als Formung«, die doch nur eine Leistung des Selbstbewußtseins der Menschheit, nicht der *natura naturans* sein kann.

Nimmt man diese abschließende These beim Wort, so muß sie Lessings radikal konstruktivistische Ausgangsthese revidieren: die Konstitution des Sinns von Geschichte kann nicht einfach beim Sinnlosen einsetzen. Wäre die geschicht-

---

59 Ebd., S. 196, 249. 60 Ebd., S. 218. 61 Ebd., S. 142. 62 Ebd., S. 256.
63 Ebd., S. 219. 64 Ebd., S. 19.

liche Wirklichkeit ein unerkennbares Ding an sich, nur absurd, das Sinnlose überhaupt, so wäre sie das pure Chaos, von dem Lessing zu Recht sagt, daß es keine Geschichte habe.[65] Daraus folgt, daß die Welt der vorhistorischen Tatsächlichkeit aber nur dann zur sinnhaften Geschichte werden kann, wenn sie selbst kein Chaos ist. Das besagt nun aber nicht, daß der Sinn der Geschichte im Tatsächlichen schon vorgegeben und nur noch zu entschlüsseln wäre. Wohl aber besagt dies für die Erfahrung von Geschichte, daß uns ihr Sinn jeweils, von Situation zu Situation, aufgegeben ist – aufgegeben zur Bestimmung in dem, was als Ereignis in re, als Moment des geschichtlichen Lebens, begegnet und post rem in fortschreitender Deutung verstehbar wird.

Davon ist bei Theodor Lessing nirgends die Rede. Hermeneutische Fragen brauchte er sich ja auch nicht zu stellen, da sein primärer Ansatz das Verstehen der geschichtlichen Realität a limine ausschloß. Insofern hinterläßt die aufgezeigte Kehre seiner Argumentation Fragen, die zum Abschluß unserer Betrachtung noch zu erörtern sind. Erstens: inwiefern ermöglicht der Ereignischarakter geschichtlicher Vorgänge ihr Verstehen und wo liegen dessen Grenzen? Zweitens: wie ist der Widerstand des Fremden, sei es fremd gewordener Vergangenheit, sei es der Fremdheit anderer Kulturen, zu überwinden und wo versagt die Hermeneutik des Fremdverstehens? Drittens: auch wenn Lessings radikaler Ansatz revidiert und die Konstitution des Sinns von Geschichte als Interpretation ihrer Realität begriffen wird, bleibt dann nicht doch das Problem, wie eine historische Hermeneutik mit Befunden von Unmenschlichkeit in der Geschichte fertig wird, die sich aller Sinnkonstitution versagen?

65 Ebd., S. 147.

VI

Zur Hermeneutik des Ereignisbegriffs muß ich hier auf Bd. V von »Poetik und Hermeneutik« (*Geschichte – Ereignis und Erzählung*, hrsg. von Reinhard Koselleck und Wolf Stempel, München 1973) verweisen. Erwähnt sei aus dieser Debatte nur das Problem der Strukturgeschichte: daß historisches Verstehen dort an eine Grenze stößt, wo ein Ereignis fehlt, das einen historischen Prozeß sonst im Horizont möglicher Bedeutung erfassen läßt. Das gilt vorab für langfristige Prozesse, deren Zeitspanne über die Erinnerungseinheit der jeweils lebenden Generationen hinausreicht (Paradefall: die antike Astronomie in Blumenbergs *Lebenszeit und Weltzeit*), aber auch für gesellschaftliche Strukturen, seien sie politisch, ökonomisch oder sozial, deren Wandel so schleichend und unmerklich ist, daß er sich dem Erfahrungswissen der Betroffenen entzieht. Es ist dies die Verstehensgrenze der klassischen Ereignisgeschichte, die von der modernen Strukturgeschichte aufgehoben wurde, was zu einer neuen Blüte historischer Studien führte. Wenn es dabei schien, als ob der Ereignisbegriff und die erzählende Historie ausgedient hätten, zeigte es sich doch bald – wie die Debatte in Bd. V von »Poetik und Hermeneutik« erwies –, daß auch die streng deskriptiven, quantifizierenden oder seriellen Methoden ohne die nur scheinbar veralteten hermeneutischen Kategorien nicht auskommen, soll der handelnde Mensch in der geschichtlichen Welt nicht zum bloßen Exponenten von anonymen Prozessen herabgewürdigt werden. Die Grundunterscheidung, daß sich Ereignisse nur erzählen, Strukturen nur beschreiben lassen, schließt nicht aus, daß sie in ein komplementäres Verhältnis treten können: »Der Prozeßcharakter der neuzeitlichen Geschichte ist gar nicht anders erfaßbar, als durch die wechselseitige Erklärung von Ereignissen durch Strukturen und umgekehrt«.⁶⁶ Wie schon bei Droysen vermerkt, können einmalige Ereignisse paradigmatisch und damit zur wiederholbaren Struktur werden, die künftiger Erfahrung vorgegeben ist. Andererseits können aufgewiesene Strukturen selbst wieder erzählbar werden, wenn sie einen Ereigniszusammenhang bedingen.

VII

Für die moderne, nach und gegen Dilthey konzipierte Hermeneutik ist der entscheidende Ausgangspunkt für das Verstehen nicht länger der vertraute Horizont der geistigen Welt, sondern die Erfahrung des Fremden. Das Problem des Verstehens von fremd konstituiertem Sinn hatte sich insbesondere für die Ethnologie und Soziologie, aber auch für die literarische Hermeneutik, vorab auf dem Feld der Mediävistik, gestellt. Dort wurde in den siebziger Jahren von mir und anderen der Begriff der *Alterität* in die Debatte über mittelalterliche Literatur eingeführt, um das Erkenntnisinteresse an dieser Epoche gegen das Mittelalterbild von Ernst Robert Curtius neu zu begründen. Waren dort alle spezifischen Züge der mittelalterlichen Literatur und Kultur ausgespart oder getilgt, die sich dem Dogma vom ungebrochenen Nachleben der Antike nicht fügten, so sollte nun gerade das ausgegrenzte Andere, Befremdliche, in der autoritativen Tradition antiker Bildung Verlorene dieser abgeschiedenen Vergangenheit zur Aufgabe des Verstehens werden.

Die dazu erforderte Hermeneutik der Alterität entspricht dem zweiten Typus von Hans Jonas: dem Erkennen von

---

66 Reinhart Koselleck, »Ereignis und Struktur«, in: *Geschichte – Ereignis und Erzählung*, hrsg. von R.K. und Rolf Stempel, München 1973 (Poetik und Hermeneutik, V), S. 560–571, hier S. 565.

Anderem durch Anderes. Andersheit ist nicht Fremdheit schlechthin, die ein hermeneutischer Nullwert wäre. Die Fremdheit des Andern muß nicht eine letzte Grenze des Verstehens bleiben, wie es einer naiven Hermeneutik widerfährt, die im Fremden nur das Eigene, im Du nur das Ich wiederfindet und damit das Eigene des Andern verkennt. Die Fremdheit des Andern kann vielmehr zur Grenze werden, sofern sie Unterscheidung und damit ein Verstehen ermöglicht, das in der Konfrontation des Eigenen mit dem Fremden die Möglichkeit, auch anders sein zu können, erfahrbar macht und damit den Andern in seinem Eigenrecht anerkennt.

Das gilt nicht allein für den zwischenmenschlichen Umgang, sondern auch für das Verstehen der Andersheit einer vergangenen Welt. Hierzu brauche ich nur an das sogenannte Regietheater zu erinnern. Dort setzt die ständige Konfrontierung der Horizonte von Vergangenheit und Gegenwart, des Fremden und Anderen mit dem Eigenen und Vertrauten, die Hermeneutik der Alterität gleichsam in Szene, um dem Publikum selbst die Reflexion über das Eigene und das Fremde aufzugeben.[67]

Das Problem des Fremdverstehens verschärft sich, wenn ein gemeinsamer geschichtlicher Horizont fehlt, der die Kluft zur Ferne anderer Kulturen überbrücken könnte. Dann verbleiben letztlich noch anthropologische Prämissen des immer schon Verstandenen, wie Werkzeug, Bild und Grab bei Hans Jonas oder wie Erfahrung und Erwartung als Kategorien der Erfahrung von Zeit und Geschichte bei Reinhart Koselleck,[68] die in der Debatte zwischen Ethnologie und Soziologie indes – soweit ich sehe – nicht einge-

---

67 Siehe dazu: Hans Robert Jauß, »Der Gebrauch der Fiktion in der Anschauung und Darstellung von Geschichte«, in H. R. J., *Ästhetische Erfahrung und literarische Hermeneutik*, Frankfurt a. M. 1982, S. 338–345.
68 Reinhart Koselleck, »Ereignis und Struktur« (s. Anm. 66).

bracht wurden.⁶⁹ Für die Frage nach den Grenzen des Fremdverstehens ist der Ausgangspunkt bedenkenswert, daß sich im Lateinischen die Bedeutung des Wortes *hostis* von Gast und Fremder zu Feind und Gegner allmählich verschoben hat.⁷⁰ Die Brücke des Gemeinsamen, die selbst noch in der Freund-Feind-Relation vorhanden sein kann, solange Spielregeln gewahrt bleiben, wird abgebrochen, wenn der Fremde Gegenstand eines absichtsvollen Mißverstehens wird.⁷¹ Die Soziologie des Fremden unterscheidet zwischen den Paradigmen des nahen und des fernen Fremden. Sie empfiehlt, »die Fremdheitsrelation, die sich bei der Erforschung ferner Kulturen bewährt hat, auf die eigene Gesellschaft als die nahe Fremde zu beziehen«⁷². Der hermeneutische Gewinn dieser »Kunst des entfremdenden Blicks« (Helmuth Plessner)⁷³ ist dem Literarhistoriker aus Montesquieus *Lettres Persanes* vertraut. Wird dadurch Selbstdistanz und Selbstrelativierung erzielt und Offenheit für das Fremde ermöglicht, so kann dieser Vorgang auf eine andere, noch nicht erwähnte Grenze des Verstehens stoßen: der Auflösung des Fremden durch einen »Sog des immer besser und vollständiger Verstehen-Wollens«⁷⁴. Wenn sich im 19. Jahrhundert als segensreiche Folge des Historismus eine Umwandlung des *horror alieni* in einen *amor alieni* abzeichnet,⁷⁵ so kann dieser in dem Maße, wie die Anverwandlung des Fremden zu seiner völligen Integration in das

69 Siehe dazu: Friedhelm Guttandin, »Die Relevanz des hermeneutischen Verstehens für eine Soziologie des Fremden«, in: *»Wirklichkeit« im Deutungsprozeß. Verstehen und Methoden in den Kultur- und Sozialwissenschaften,* hrsg. von Thomas Jung und Stefan Müller-Doohm, Frankfurt a. M. 1993, S. 458–494.
70 Ebd., S. 462.
71 Ebd., S. 465.
72 Ebd., S. 459.
73 Ebd., S. 473.
74 Ebd., S. 466.
75 Ebd.

Eigene führt, das Verstehen des Andern in die Pervertierung umschlagen lassen, sich seiner zu bemächtigen, wofür dann die »Wut des Verstehens« der zutreffende Gebrauch dieser Formulierung Schleiermachers wäre, den man damit zu Unrecht als Dekonstruktivisten avant la lettre vereinnahmen wollte.[76]

VIII

Die noch verbliebene Frage, wie eine historische Hermeneutik mit Befunden von Unmenschlichkeit in der Geschichte fertig wird, die sich aller Sinnkonstitution versagen, möchte ich nicht mehr selbst beantworten. Hier bin ich bisher nur zu einer Vermutung gelangt, die ich noch nicht zureichend begründen könnte und darum zur Diskussion stelle. Sie lautet: wenn uns das Unmenschliche in der Geschichte – die bittere Wahrheit des *homo homini lupus* – unerklärlich bleibt, wenn wir nicht verstehen können, daß der Mensch im Unterschied zum Tier seinesgleichen Böses antut, ist dann vielleicht das Böse selbst das Unerklärbare, auf welches das Verstehen als seine letzte Grenze stößt?

---

76 Entgegen Jochen Hörisch, *Die Wut des Verstehens. Zur Kritik der Hermeneutik*, Frankfurt a. M. 1988.

Textnachweise

Der Menschenfeind als Menschenfreund. Ein ›Charakter‹ im Horizontwandel des Verstehens. In: Französische Klassik. Hrsg. von Fritz Nies und Karlheinz Stierle. München: Fink, 1985. (Romanistisches Kolloquium. 3) S. 295–319. – © 1985 Wilhelm Fink GmbH & Co. Verlags-KG, München.

Der Tartuffe-Skandal im Lichte von Mimesis und Simulation. In: Mimesis und Simulation. Hrsg. von Gerhard Neumann und Andreas Kablitz. Freiburg: Rombach, 1997. S. 1–24. – Mit Genehmigung der Rombach GmbH Druck-Verlagshaus, Freiburg im Breisgau.

Karl Löwith und Luigi Pirandello. *Das Individuum in der Rolle des Mitmenschen* – wiedergelesen. In: Romanistische Zeitschrift für Literaturgeschichte 20 (1996) H. 1/2. S. 200–226. – Mit Genehmigung von Helga Jauß-Meyer, Konstanz.

Ich selbst und der Andere: Bemerkungen aus hermeneutischer Sicht. In: Geschichte und Vorgeschichte der modernen Subjektivität. Hrsg. von Reto Luzius Fetz, Roland Hagenbüchle und Peter Schulz. Bd. 1. Berlin / New York: de Gruyter, 1998. S. 369–379. – © 1998 Walter de Gruyter & Co., Berlin und New York.

Probleme des Verstehens: Das privilegierte Du und der kontingente Andere. In: Kontingenz. Hrsg. von Gerhard von Graevenitz und Odo Marquard in Zusammenarbeit mit Matthias Christen. München: Fink, 1998. (Poetik und Hermeneutik. XVII.) S. 457–488. – © 1998 Wilhelm Fink GmbH & Co. Verlags-KG, München.

Das Verstehen von Geschichte und seine Grenzen. – Vortrag, gehalten am 15. Februar 1997 anläßlich des Kolloquiums »Geschichte, Natur, Anthropologie« am 14./15. Februar 1997 in Konstanz. – Erstveröffentlichung. – Mit Genehmigung von Helga Jauß-Meyer, Konstanz.

Nachwort

Dieser Band versammelt die letzten Arbeiten von Hans Robert Jauß. Sie entstanden, mit einer Ausnahme, in den Jahren 1995 bis 1997. Den Vortrag über *Das Verstehen von Geschichte und seine Grenzen* hielt er im Februar 1997, unmittelbar vor seinem völlig unerwarteten, plötzlichen Tod. Und so spricht denn auch aus diesen Texten nicht ein sich Zurückziehender, sich Verabschiedender, sondern ein in seinen scharfsinnigen Fragen und optimistischen Antworten Ungebrochener und Unverwechselbarer – so wie man Jauß seit Jahrzehnten kannte. Gleichwohl bringen diese Arbeiten einen neuen, sehr persönlichen Ton in diese Unverwechselbarkeit. Sie haben etwas Bekenntnishaftes, das die zugleich verborgensten und wichtigsten Impulse Jaußschen Denkens wo nicht benennt, so doch erkennen läßt.

Was Jauß zu einem der bedeutendsten und international bekannten Literaturwissenschaftler im Nachkriegsdeutschland machte, war eine Neubesinnung auf den Umgang mit Literaturgeschichte. *Literaturgeschichte als Provokation der Literaturwissenschaft* hieß seine Konstanzer Antrittsvorlesung aus dem Jahre 1967, und was er provozieren wollte, war eine ganz bestimmte Literaturwissenschaft, die damals lauthals auf sich aufmerksam machte: der Strukturalismus, der alles angebliche Gerede über Literatur abschaffen und nur noch das gelten lassen wollte, was sich streng systematisch beschreiben läßt. Nicht daß Jauß dieses Beschreibungsinstrumentarium fremd gewesen wäre. Er selbst machte moderaten Gebrauch davon, wo immer ihm das angezeigt schien. Aber er war sich bewußt, daß es eben nur um ein Beschreibungsinstrumentarium ging. Keineswegs ließ sich damit der Text erreichen als Dokument einer ästhetischen Erfahrung, die allemal ihren historischen Index trägt. Dazu bedurfte es der Hermeneutik, nicht der traditionellen Hermeneutik Schleiermacherscher oder Diltheyscher Prägung, die das Historische ihrerseits in objektivistische Distanz rückte. Ausgangspunkt war für Jauß grundsätzlich das Jetzt der Interpreten, und hierin fand er wesentliche Anregungen bei Hans-Georg Gadamer: Verstehen als Reflexion des Zeitenabstands, als aktualisierende, als verjüngende Wiedergewinnung einer vergangenen Erfahrung für die Gegenwart, als »Applikation«. Solche Applikation setzt voraus, die Frage zu finden, auf die der Text dereinst Antwort war. Das aber ist kein Verfahren objektivistischer Rekonstruktion, sondern ein wesentlich dialogischer Vorgang, insofern der Fragende nicht abstrahieren kann, aber auch keineswegs abstrahieren soll von seinem eigenen Fragehorizont, denn nur so läßt sich auch die Antwort des Textes für die Gegenwart des Fragenden neu aktualisieren.

In dieser hermeneutischen ›Logik von Frage und Antwort‹, wie Gadamer sie mit dem Historiker Robert G. Collingwood nennt und wie auch Jauß sie aufnimmt, stecken eine Reihe methodischer Probleme, weil sie Kriterien für adäquate oder weniger adäquate Rezeptionen nicht benennen kann. Gadamer selbst suchte die Lösung im Rekurs auf einen Klassizismus in dem Sinne, daß die »ursprüngliche Sagkraft« des Textes den Spielraum seiner Applikationen kontrolliere, richtiges Verstehen von falschem trenne. Jauß sah darin eine normative Vorentscheidung, die er nicht mitmachen wollte, und so ersetzte er Gadamers Prinzip vermittelnder Wirkungsgeschichte durch die Geschichte vermittelnder Rezeptionen: Rezeptionsgeschichte ist die sukzessive Entfaltung eines im Text angelegten Sinnpotentials, und meine eigene Rezeption ist immer schon, mehr oder weniger bewußt, mehr oder weniger ausdrücklich, durch diese Geschichte früherer Rezeptionen vermittelt, wie sie sie ihrerseits weiterführt.

Applikation wird damit anders dimensioniert als bei Gadamer. Primär ist nicht eine klassisch-normative Sagkraft des Textes, in dessen Wirkungsgeschichte ich mich einreihe. Primär ist der je gegenwärtige gesellschaftliche Kommunikationszusammenhang, für den ich den historischen Kontext des Werkes fruchtbar zu machen suche. Diese Distanznahme von Gadamers Hypostasierung des Klassischen teilt Jauß mit der Theorie kommunikativen Handelns von Jürgen Habermas. Verstehen gewinnt damit in eins einen nachdrücklich aufklärerischen Impetus und eine unausdrückliche Teleologie, sofern die Vergangenheit befragt wird auf eine sukzessive Freilegung von Problemen gegenwärtiger Selbstverständigung. Da sucht sich etwas »durchzusetzen«, insbesondere im Übergang von der Antike zur Neuzeit, etwas ist dies »nicht mehr« und jenes »noch nicht« – Formeln, die nicht nur Jaußens rezeptionsgeschichtliche Untersuchungen durchziehen, sondern auch solche, die eine bestimmte Epoche fokussieren. Sie fehlen denn auch nicht in den Artikeln dieses Bandes.

Diese unausdrückliche Teleologie ist der eine Idealismus, dem Jauß selbst bei seiner offiziellen Absage an alle Idealismen verhaftet blieb. Er wollte kein Hegelianer sein, hat ihn aber, wenn er ihn gerade gut brauchen konnte, ohne Berührungsängste zitiert. Der andere Idealismus steckt in seiner häufigen Bezugnahme auf Kants *Kritik der Urteilskraft*. Das methodische Problem, mittels welcher Kriterien sich hermeneutische Horizontverschmelzung kontrollieren, worin sich richtiges Verstehen von falschem unterscheiden lasse, hatte er von Gadamer übernommen. Aber wo Gadamer auf die Norm des Klassischen vertraut, hält Jauß es mit der »Notwendigkeit der Beistimmung aller«, die nach Kant das ästhetische Urteil legitimiert, wobei er stillschweigend jene Prämisse übergeht, unter der bei Kant selbst diese Beistimmung allererst ihre Verbindlichkeit erhält. Denn keineswegs meint ja Kant die Beistimmung schlechthin aller, sondern nur all derer, die einer aufgeklärten Elite angehören und also mit einer immer schon voraussetzbaren kulturellen Prägung ihrer Beistimmung Gewicht verleihen. Jauß geht über diesen versteckten Kantischen Idealismus noch hinaus, wenn er die ästhetische Erfahrung nicht etwa mit interesselosem Wohlgefallen gleichsetzt, sondern sie fundiert sieht in aufgeklärter Moralität. Man kann sagen, daß für Jauß die Schnittmenge des Ästhetischen und des Moralischen immer größer wurde, was er vielleicht nie so deutlich und explizit bekannt hat wie gerade in seinen letzten Arbeiten. Zugleich wird hier aber auch deutlich, wie wenig Jauß aus einem unreflektierten Optimismus heraus so entschieden für diese Moralität optierte. Er sah keine Alternative zum Vertrauen auf die Selbstmächtigkeit und Selbstverantwortung des Subjekts, er wollte Widerspruch anmelden zu dem, was er für den perspektivenlosen Defätismus der Postmoderne hielt.

Der Artikel über den *Menschenfeind als Menschenfreund* entstand etwa zeitgleich mit Jaußens Hauptwerk über *Ästhetische Erfahrung und literarische Hermeneutik* (1982). An einem komischen Charakter wird der Horizontwandel menschlichen Selbstverständnisses verfolgt, im ständigen Wechselspiel von Begriffsgeschichte und komischer Perspektivierung. Die antike Prämisse einer unwandelbaren menschlichen Natur in Menanders *Dyskolos*, der noch vorindividuelle Zwiespalt zwischen Soseinmüssen und Soseinwollen in Molières *Misanthrope*, die Entkomisierung der Figur durch Rousseau und schließlich der moderne Widerspruch zwischen Selbstsein und Sein für die anderen bei Hofmannsthals *Schwierigem* sind hier die entscheidenden Stationen. Dabei ist bezeichnend, wie Jauß die an Hofmannsthal entwickelte unantikische Veränderbarkeit des Charakters näherhin begreift: nicht als Selbstentfaltung eines Individuums im Sinne des deutschen Idealismus, sondern in der sozialen Reintegration des Grafen Bühl durch Helene Altenwyl. Das wird ausdrücklich gewendet gegen jene verbreitete pessimistische Lesart im Sinne einer dementierten Ich-Identität, mit der sich Hofmannsthal ins Wien der Jahrhundertwende einfügte. Auch wenn der Protagonist, so hält Jauß dagegen, nicht schon das Soziale wiedererreicht, so doch zumindest das Soziable »eines wiederum ersten Paars«, die »Wahrheit für zwei« als Versprechen einer zukünftigen »Wahrheit für alle«. Das mag eine forcierte Lesart sein, aber sie ist bezeichnend für Jaußens Anstrengung, ästhetische Erfahrung letztlich in einer positiven Moralität zu begründen.

Hierin hat der späte Artikel über den *Tartuffe-Skandal im Lichte von Mimesis und Simulation* ein durchaus gemeinsames Substrat mit dem über den *Menschenfeind*. Wieder beginnt Jauß mit einer begriffsgeschichtlichen Skizze, die sichtbar macht, weshalb der Streit um den Scheinheiligen mehr war als eine bloße Kabale religiöser Eiferer. Wenn prätendierte *imitatio Christi* zur bloßen *simulatio* verkommen kann, wenn die Sprache selbst es nicht erlaubt, zwischen wahrer und falscher Devotion zu unterscheiden, gerät die gesamte klassische, nach Michel Foucault auf dem Transparenz-Postulat errichtete Repräsentationsepisteme ins Wanken. Heuchelei öffnet sich dann, ganz wie es die moralistisch-augustinische Anthropologie beschreibt, auf eine Abgründigkeit, wie sie die Antike, aber auch die biblische Polemik gegen die Pharisäer noch nicht kannten. Aber Jauß wäre nicht Jauß, wenn er diesem moralistischen Pessimismus nicht doch noch zu entweichen suchte mit der vom Chevalier de Méré aufgezeigten Alternative einer zwanglosen Aufrichtigkeit, die sich aus innerer Distanz heraus von vornherein abfindet mit jener Komödie aller Komödien, die die Welt ist.

Das ist weniger emphatisch als die Evokation eines »wiederum ersten Paars«, auf die er die Rezeptionsgeschichte des Misanthropen angelegt hatte, aber die Grundstruktur ist dieselbe. Jaußens dialogische Hermeneutik überbrückt nicht nur die Distanz zwischen einst und jetzt, sondern er unterstellt ihr auch das Jetzt selbst, d. h. den gegenwärtigen Diskussionskontext, zu dem sich der Interpret ins Verhältnis zu setzen hat. Und wenn dieser Kontext im Zeichen der Postmoderne immer wieder dazu neigt, Subjektivität zu dezentrieren, ja die rationale Selbstmächtigkeit des Ichs als eine abendländische Fiktion zu dekuvrieren, so hält Jauß unbeirrt dagegen mit dem Bemühen, immer auch die andere, die optimistische Variante zur Sprache zu bringen. Ein Satz wie der von Paul de Man, wonach nur negative Erfahrungen ästhetisierbar seien, war ihm selbst nicht nachvollziehbar, und dennoch oder vielleicht gerade deshalb hat er den Dialog auch mit dem Dekonstruktivismus gesucht. Jauß hat nie Einseitigkeiten geleugnet – man muß immer auch etwas vergessen, wenn man etwas verstehen will, pflegte er zu sagen. Aber das ging einher mit der unbeirrbaren Insistenz auch auf dem, was andere vergessen hatten. Das war seine Stärke in jedem Diskussionskontext, und das hat seiner Stimme ihr Gewicht und die Kontinuität ihrer Wirkung eingetragen.

So mag es auch nur auf den ersten Blick leicht anachronistisch wirken, wenn Jauß sein hermeneutisches Credo vielleicht am deutlichsten artikuliert hat in der späten Hommage an seinen akademischen Lehrer Karl Löwith. *Löwith und Luigi Pirandello* – das liest sich zunächst nach dem bekannten Modell: eine Rezeption Pirandellos, vermittelt durch eine vorhergehende, eben die Löwiths. Aber Löwith hat nicht einfach Pirandello verstehen wollen, sondern seine eigene Hermeneutik des Sich-Verstehens im anderen, des Miteinanderseins als Miteinandersprechen in kritischer Absetzung von Pirandello entwickelt. Dialogisches Verstehen erhält damit eine Metaebene, auf der Jauß eine dritte Position neben der Pirandellos und Löwiths zu artikulieren sucht. Pirandello hat, als ein herausragender Repräsentant der klassischen Moderne, ein Subjekt auf die Bühne gebracht, das sich entäußert an seine Rollenhaftigkeit. Das ist seine Absage an die traditionelle subjektzentrierte Perspektive samt ihrer idealistischen Teleologie der Selbstverwirklichung, wie sie exemplarisch dem Bildungsroman zugrunde lag. Wenn aber demgegenüber Löwith die Konstitution des Ichs durch das Du, also das »Individuum in der Rolle des Mitmenschen«, einklagt, so setzt er damit einen Rollenbegriff voraus, der Pirandello, so Jauß, noch nicht zur Verfügung stand. Dabei sieht Jauß Löwith selbst noch einer Dichotomie von Eigentlichkeit und Uneigentlichkeit verpflichtet, wenn dieser das Miteinander an Vorzugsgestalten wie die der Freundschaft, also an ein moralisch oder emotional privilegiertes Du, bindet. Diese Dichotomie sieht Jauß erst überwunden in Helmuth Plessners Konzept vom »Doppelgängertum« des Menschen als eines Wesens, das sich nie einholt, dem rollenhafte Entäußerung keine Entfremdung bringt, sondern überhaupt erst »die Chance, ganz er selbst zu sein«.

Nicht am privilegierten Du also, sondern am kontingenten anderen hat sich Verstehen zu bewähren – in diesen Gedanken mündet eine Hermeneutik, die damit begonnen hatte, Texte der Vergangenheit einer verjüngenden Rezeption zu unterziehen. Am Ende dieses Projekts steht eine Genealogie ästhetischer Erfahrung, die nachdrücklich befragt wird auf das moralische Fundament verstehenden Umgangs mit dem beliebigen anderen. Unser Band macht diese Zuspitzung sinnfällig im Schritt von dem Artikel *Der Menschenfeind als Menschenfreund* zu den beiden ein Jahrzehnt später entstandenen Abhandlungen *Ich selbst und der Andere* und *Probleme des Verstehens*, Jaußens Beitrag zum letzten, der Kontingenz gewidmeten Band von »Poetik und Hermeneutik«. Wieder geht es um den sukzessiven Abbau der Vormacht des Allgemeinen über das Besondere, aber wo sich in dem früheren Artikel am Ende noch ein privilegiertes Du fand, da wird dem Verstehen nunmehr auch diese letzte Instanz eines ausgezeichneten anderen entzogen. Die historische Schwerpunktsetzung ist in beiden Artikeln unterschiedlich, das systematische Interesse dasselbe. Sie bezeugen noch einmal eindrucksvoll, wie souverän Jauß verfügte über abendländische Literatur-, Philosophie- und Theologiegeschichte. Von Aristoteles über Augustinus, Dante, Montaigne und La Bruyère bis hin zu Claudel wird ein Bogen gespannt, der einmündet in eine Frage. Den kontingenten anderen findet Jauß nicht in der Literatur, sondern im biblischen Gebot der Nächstenliebe. Der beliebige andere ist der Nächste, und dieser verlangt nicht einmal mehr nach dem Verstehen seiner Eigenheit, sondern allein noch nach dem tätigen Erkennen seiner Not. Anders als Freundschaft, anders offenbar auch als das in der Liebe sich findende menschliche Paar kann Nächstenliebe jedweden idealistischen »Vorgriffs auf Vollkommenheit« entbehren. Gleichwohl verweist auch sie wo nicht auf ein gemeinsames Drittes, so doch auf ein höheres Prinzip, eben auf die Liebe zum Nächsten um Gottes willen. Jauß sieht, worauf er sich, von Claudel provoziert, zubewegt, und das ist die Frage, ob nicht dieser Gott selbst ins Zwielicht einer »Theologie der Kontingenz des Allmächtigen« gerät.

Jaußens letzte Auslassungen zur Hermeneutik entfalten damit eine gegenläufige Teleologie, die der aufklärerische Optimismus, der sein gesamtes Œuvre prägt, allenfalls erahnen ließ, insbesondere dann, wenn er sich auf den anthropologischen Pessimismus der Moralistik einließ. Wie schon sein Lehrer Gerhard Hess fokussierte er dabei mehr die Verdrängungsleistung der Gesellschaft als das verdrängte anthropologische Substrat, das von Augustin denunzierte Erzübel des *amor sui*, das unvordenkliche Böse der menschlichen Natur. In seinem letzten Vortrag, gehalten im Kreise von Historikern anläßlich des 65. Geburtstags von Dieter Groh, geht es nun ausdrücklich um das *Verstehen von Geschichte und seine Grenzen*. An seine Grenzen gerät das Verstehen angesichts der geschichtlichen Realität des Bösen, wie sie Jauß nicht bei Droysen, nicht bei Dilthey, Husserl oder Heidegger reflektiert findet, sondern erstmals bei Theodor Lessing unter dem Eindruck des Ersten Weltkriegs. Was aber bei Lessing selbst noch von einer pessimistischen Variante der Lebensphilosophie her gedacht und damit letztlich doch wiederum erklärt ist, forciert Jauß zu der Frage, ob nicht das Böse selbst das schlechthin Unerklärbare sei. Jauß hat die *Dialektik der Aufklärung* von Max Horkheimer und Theodor W. Adorno wiederholt zitiert. Dort findet sich bekanntlich eine Antwort auch auf diese Frage. Jauß hat sich nie explizit auf sie eingelassen, nie sich auch zu Autoren wie de Sade oder Laclos näherhin geäußert. Rousseau war ihm ›kontestativ‹ genug. Es ist, als habe Jauß mit seiner letzten Frage selbst noch den Preis benannt, um den sein großes Lebenswerk erkauft ist, eine Apologie des Verstehens, die ohne alle Idealismen auskommen wollte und doch nicht ohne sie auskam. Die Absage an den Löwith unterstellten Vorgriff auf Vollkommenheit, der der Freundschaft zugrunde liege, ist einem Schüler und Freund gewidmet. Und was wäre jene Solidarität des menschlichen Paars, wie er sie exemplarisch in Giraudoux' *Amphitryon 38* inszeniert fand, anderes als ein Vorgriff auf Vollkommenheit, dem Jupiter selbst seinen Segen gibt?

Rainer Warning

Deutsche Philosophie der Gegenwart

IN RECLAMS UNIVERSAL-BIBLIOTHEK

Ulrich Beck, Die feindlose Demokratie. 195 S. UB 9340

Dieter Birnbacher, Tun und Unterlassen. 389 S. UB 9392 – Verantwortung für zukünftige Generationen. 297 S. UB 8447

Hans Blumenberg, Ein mögliches Selbstverständnis 221 S. UB 9650 – Wirklichkeiten, in denen wir leben. 176 S. UB 7715 – Lebensthemen. 173 S. UB 9651

Günter Figal, Nietzsche. Eine philosophische Einführung. 293 S. UB 9752 – Der Sinn des Verstehens. 157 S. UB 9492

Kurt Flasch, Augustin. Einführung in sein Denken. 487 S. UB 9962 – Das philosophische Denken im Mittelalter. Von Augustin zu Macchiavelli. 720 S. UB 8342

Manfred Frank, Selbstbewußtsein und Selbsterkenntnis. Essays zur analytischen Philosophie der Subjektivität. 485 S. UB 8689 – Stil in der Philosophie. 115 S. UB 8791

Hans-Georg Gadamer, Die Aktualität des Schönen. Kunst als Spiel, Symbol und Fest. 77 S. UB 9844 – Der Anfang der Philosophie. 175 S. UB 9495 – Der Anfang des Wissens. 181 S. UB 9756

Gerhard Gamm, Der Deutsche Idealismus. 274 S. UB 9655

Lutz Geldsetzer, Die Philosophenwelt. In Versen vorgestellt. 306 S. UB 9404

Lutz Geldsetzer / Hong Han-ding, Grundlagen der chinesischen Philosophie. 328 S. UB 9689

Paul Hoyningen-Huene, Formale Logik. Eine philosophische Einführung. 335 S. UB 9692

Volker Gerhardt, Pathos und Distanz. Studien zur Philosophie Friedrich Nietzsches. 221 S. UB 8504 – Selbstbestimmung. Das Prinzip der Individualität. 463 S. UB 9761

Jürgen Habermas, Politik, Kunst, Religion. 151 S. UB 9902

Dieter Henrich, Selbstverhältnisse. Gedanken zu den Grundlagen der klassischen Philosophie. 212 S. UB 7852

Otfried Höffe, Den Staat braucht selbst ein Volk von Teufeln. Philosophische Versuche zur Rechts- und Staatsethik. 174 S. UB 8507

Bernulf Kanitscheider, Kosmologie. Geschichte und Systematik in philosophischer Perspektive. 512 S. UB 8025

Reinhard Knodt, Ästhetische Korrespondenzen. Denken im technischen Raum. 166 S. UB 8986

Hans Lenk, Macht und Machbarkeit der Technik. 152 S. UB 8989

Wolfgang Lenzen, Liebe, Leben, Tod. 324 S. UB 9772

Wolf Lepenies, Gefährliche Wahlverwandtschaften. Essays zur Wissenschaftsgeschichte. 165 S. UB 8550

Odo Marquard, Abschied vom Prinzipiellen. 152 S. UB 7724 – Apologie des Zufälligen. 144 S. UB 8351 – Skepsis und Zustimmung. Philosophische Studien. 137 S. UB 9334

Ekkehard Martens, Zwischen Gut und Böse. 222 S. UB 9635 – Die Sache des Sokrates. 160 S. UB 8823 – Philosophieren mit Kindern. 202 S. UB 9778

Günther Patzig, Tatsachen, Normen, Sätze. 183 S. UB 9986

Norbert Schneider, Erkenntnistheorie im 20. Jahrhundert. 334 S. UB 9702 – Geschichte der Ästhetik von der Aufklärung bis zur Postmoderne. 352 S. UB 9457

Joachim Schulte, Wittgenstein. Eine Einführung. 248 S. UB 8564

Walter Schulz, Vernunft und Freiheit. Aufsätze und Vorträge. 175 S. UB 7704

Roland Simon-Schaefer, Kleine Philosophie für Berenike. 263 S. UB 9466

Robert Spaemann, Philosophische Essays. Erweiterte Ausgabe 1994. 264 S. UB 7961

Holm Tetens, Geist, Gehirn, Maschine. Philosophische Versuche über ihren Zusammenhang. 175 S. UB 8999

Ernst Tugendhat, Probleme der Ethik. 181 S. UB 8250

Ernst Tugendhat / Ursula Wolf, Logisch-semantische Propädeutik. 268 S. UB 8206

Gerhard Vollmer, Biophilosophie. 204 S. UB 9396

Carl Friedrich von Weizsäcker, Ein Blick auf Platon. Ideenlehre, Logik und Physik. 144 S. UB 7731

Wolfgang Welsch, Ästhetisches Denken. 228 S. 19 Abb. UB 8681 – Grenzgänge der Ästhetik. 350 S. UB 9612

Philipp Reclam jun. Stuttgart

Interpretationen
IN RECLAMS UNIVERSAL-BIBLIOTHEK

Auswahl

zu *Lessings Dramen.* 211 S. UB 8411

zu *Dramen des Sturm und Drang.* 252 S. UB 8410

zu *Goethes Dramen.* 392 S. UB 8417

zu *Goethes Erzählwerk.* 461 S. UB 8081

zu *Schillers Dramen.* 431 S. UB 8807

zu *Kleists Dramen.* 196 S. UB 17502

zu *Kleists Erzählungen.* 264 S. UB 17505

zu *Georg Büchner.* 218 S. UB 8415

zu *Erzählungen und Novellen des 19. Jahrhunderts.*
  Band 1. 422 S. UB 8413
  Band 2. 431 S. UB 8414

zu *Romane des 19. Jahrhunderts.* 423 S. UB 8418

zu *Fontanes Novellen und Romane.* 304 S. UB 8416

zu *Dramen des Naturalismus.* 285 S. UB 8412

zu *Brechts Dramen.* 188 S. UB 8813

zu *Thomas Mann, Romane und Erzählungen.* 360 S. UB 8810

zu *Franz Kafka, Romane und Erzählungen.* 320 S. UB 8811

zu *Hermann Hesse, Romane.* 175 S. UB 8812

Philipp Reclam jun. Stuttgart